Wladimir Woinowitsch
Ihr seid auf dem richtigen Weg, Genossen!

Wladimir Woinowitsch
Ihr seid auf
dem richtigen Weg,
Genossen!

Piper
München · Zürich

ISBN 3-492-03004-1
© R. Piper GmbH & Co. KG, München 1986
Gesetzt aus der Palatino-Antiqua
Gesamtherstellung:
Carl Ueberreuter Druckerei Ges. m. b. H.
Printed in Austria

Inhalt

Wenige Worte über meine Person

Geboren wurde ich am 26. September 1932 in Duschanbe, der Hauptstadt Tadschikistans. Mein Vater war Journalist, meine Mutter Mathematiklehrerin. Der Nationalität nach war meine Mutter Jüdin, mein Vater Russe serbischer Abstammung.

Eine tatarisch-russische Pariserin war, als sie von meiner Herkunft erfuhr, äußerst erstaunt und fragte, wieso ich mich denn für einen russischen Schriftsteller hielte. Worauf ich erwiderte, ich hielte mich nicht für einen russischen Schriftsteller – ich sei einer.

Meine Kenntnisse über meine Vorfahren mütterlicherseits reichen nicht über meinen Großvater hinaus, der wohl Müller gewesen ist. Über meinen väterlichen Stammbaum weiß ich bei weitem mehr.

Unser Geschlecht geht auf einen gewissen Iwan Wojna zurück, dessen Name – »Wojna«, also »Krieg« – unmißverständlich auf seine Beschäftigung hinweist. Unter den Vorfahren gab es viel Militär und überhaupt kriegerische Männer, darunter einige Generäle und Admirale. Einer von ihnen, der Admiral Marko Iwanowitsch Woinowitsch, trat unter Katharina der Zweiten in den Dienst der russischen Kriegsflotte, den er, wie es in einer alten Enzyklopädie heißt, »im Archipel begann, wo er sich durch seinen Mut auszeichnete«. Im Schwarzen Meer war er Kapitän des ersten Linienschiffes »Katharinas Ruhm«, er war der Begründer und der erste Kommandeur der russischen Schwarzmeerflotte. Die Hauptlandungsbrücke im Hafen von Sewastopol wurde ihm zu Ehren »Grafskaja« benannt. Auch viele seiner Nachfahren waren Seeleute. Diese Tradition endete offenbar mit meinem Urgroßvater und seinen vier Brüdern: Alle fünf besaßen das Kapitänspatent für große Fahrt. Doch gab es in unserer Familie auch Menschen mit friedlichen Berufen. Einer von ihnen, Iwo Woinowitsch, anerkannter Klassiker der serbo-kroatischen Literatur, Bruder meines Großvaters Dragomir Nikolajewitsch Woinowitsch, schrieb die im zaristischen Rußland weithin bekannte »Geschichte des serbischen Volkes«, mein Vater Nikolaij Pawlowitsch übersetzte einen bedeutenden Teil der serbischen Epen ins Russische (wovon leider nur ein Bruchteil veröffentlicht wurde). Es tat mir wohl zu erfahren, daß auch Milovan Djilas ein entfernter Verwandter von mir ist; seine Mutter war eine geborene Woinowitsch.

Ungeachtet dieser meiner etwas ungewöhnlichen Abstammung verlief der erste Teil meines Lebens auf die für jemanden meiner Generation ganz und gar landesübliche Art. Ich war noch keine vier, als mein Vater auf eine völlig alberne politische Anschuldigung hin verhaftet wurde. Nach sowjetischen Begriffen verbrachte er relativ kurze Zeit in Straflagern, »nur« fünf Jahre. Im Mai 1941 (einen Monat vor Ausbruch des Krieges) wurde er nicht nur freigelassen, sondern sogar rehabilitiert, auch war man bereit, ihn wieder in die Partei aufzunehmen. Worauf mein Vater, ungeübt in der Kunst des Verstellens, erwiderte: »In eure Partei will ich nie wieder.«

Ihm war klar, daß diese Antwort ihn den Kopf kosten konnte, und so fuhr er mit mir gleich am Tage seiner Heimkehr in die Ukraine, nach Saproschje, wo seine Schwester, meine Tante Anna Pawlowna, mit Mann und zwei Kindern lebte. Meine Mutter blieb in Tadschikistan, ihr fehlten noch ein paar Monate bis zur Abschlußprüfung an dem Pädagogischen Institut.

Ich glaube, man hätte meinen Vater auch in der Ukraine

gefunden, doch da brach der Krieg aus, gleich in den ersten Tagen ging er freiwillig an die Front. Er kam als Invalide zurück. Allerdings nicht hoffnungslos verkrüppelt, nur der eine Arm blieb steif.

Mein eigenes Leben glich dem von Millionen meiner Altersgenossen. Kindergarten, Gedichte über Lenin, Lieder über Stalin, erstes Schuljahr, Krieg, zwei Evakuierungen, Hungersnot während des Krieges, ein Hungerleben auch danach. Meine Eltern waren völlig außerstande, mich zu ernähren, und ab elf begann ich, mir mein Essen selbst zu verdienen. Ich arbeitete im Kolchos, auf dem Bau, in der Fabrik, bei der Eisenbahn, als Instruktor im ländlichen Bezirks-Exekutivkomitee und kurze Zeit als Redakteur im Radio. War vier Jahre Soldat. Lernte wenig, mit Unterbrechungen und ohne dabei mit dem Arbeiten aufzuhören. Doch meine Eltern waren gebildete Menschen, sie lasen viel, und auch ich las viel. Unseren eigentlichen Reichtum bildete immer eine nicht umfangreiche, aber gut gewählte Bibliothek.

Sein ganzes Leben lang hat mein Vater Gedichte und später Prosa geschrieben; weil aber weder das eine noch das andere den ideologischen Forderungen der Zeit entsprach, gelang es ihm kaum, etwas zu veröffentlichen.

Ich hatte da schon mehr Glück. Noch während meines Militärdienstes begann ich Gedichte zu schreiben, die ganz bald darauf gedruckt wurden. 1960 schrieb ich für verschiedene Komponisten an die fünfzig Liedertexte, und einige von ihnen waren seinerzeit – ohne Übertreibung – allen Leuten in der Sowjetunion wohlbekannt. Im gleichen Jahr schrieb ich meinen ersten Kurzroman über das Leben auf dem Lande, »Wir leben hier«, der 1961 in der Januarausgabe der Literaturzeitschrift »Nowyj mir« erschien. Die sowjetische Kritik nahm den Roman alles in allem wohlwollend auf, der unlängst verstorbene Schriftsteller Wladimir Tendrjakow gar begrüßte mein literarisches Debüt mit einem Artikel unter der Überschrift »Da ist eine frische

Stimme!« Doch zugleich stellten sich auch wachsame Kritiker ein, die in mir sofort den potentiellen Bösewicht witterten. Einer von ihnen bemerkte schon damals in seinem Artikel »Wahrheit der Epoche und vorgetäuschte Objektivität« zu Recht, daß ich eine freudlose, bedrückende Wirklichkeit schilderte und zu einer »uns fremden Poetik« in der Beschreibung des Lebens »wie es ist« tendierte.

Da ich auch weiterhin das Leben so zu beschreiben suchte, »wie es ist«, ließen die Bedrängnisse nicht auf sich warten. Schon 1963 verriß einer der Chefideologen des Chruschtschowschen Tauwetters, Leonid Iljitschow, meine Erzählung »Will ehrlich sein«, worauf in den führenden sowjetischen Zeitungen (»Iswestija«, »Trud«, »Stroitelnaja gaseta«) die von den Redaktionen fabrizierten, wutentbrannten Zuschriften der »sowjetischen Aktivisten« und »Helden der sozialistischen Arbeit« erschienen, deren Überschriften etwa so lauteten: »Gesichtspunkt und Pikkel«, »Das ist verlogen!«, »Der Literat mit dem Teerpinsel«. Doch die richtige Hetzjagd begann 1968, als ich die Petitionen für Daniel und Sinjawskij, später für Ginsburg, Galanskow, Laschkowa und Dobrowolskij unterzeichnete. Die Hetze wurde noch schlimmer, nachdem die Obrigkeit den Anfang meines Romans »Die denkwürdigen Abenteuer des Soldaten Iwan Tschonkin« gelesen hatte. Fünf Jahre lang ertrug ich diese Hetzjagd in der Hoffnung, meine Stellung als »offizieller« Schriftsteller halten zu können, doch dann erkannte ich, daß ich diesen Titel nur behalten konnte, wenn ich mich von den mir wesentlichen literarischen Plänen und von meiner Vorstellung von Ehre und Gewissen lossagte. 1973 ließ ich das erste Buch des »Tschonkin« demonstrativ in den Westen gelangen, unterzeichnete die kollektive Petition für Solschenizyn, schrieb einen offenen satirischen Brief gegen die Gründung der »Allunions-Agentur für Autorenrechte« (später schrieb ich noch einige andere ähnliche Briefe), wonach ich im Februar 1974 aus dem Schriftstellerverband ausgeschlossen wurde.

Fast sieben Jahre lebte ich dann noch unter dem ständigen Druck des KGB, in einer Atmosphäre ununterbrochener Drohungen, Erpressungen und Provokationen, schrieb Bücher und satirische Briefe bezüglich dieses oder jenes Vorgehens der sowjetischen Machthaber und sorgte demonstrativ dafür, daß Bücher wie Briefe in den Westen gelangten. Im Januar 1980, gleich nachdem Sacharow aus Moskau nach Gorki zwangsverschickt wurde, schrieb ich an die Zeitung »Iswestija« einen Brief, in dem ich den Stil offizieller Dankesbezeugungen irgendwelcher Ordensträger parodierte: »Gestatten Sie mir durch Vermittlung Ihrer Zeitung meinen tiefen Ekel zu bekunden vor allen Behörden und Arbeitskollektiven sowie vor einzelnen Genossen, einschließlich aller Aktivisten, Meister des künstlerischen Wortes, verdienter Theaterkünstler, Helden sozialistischer Arbeit, Akademiker, Preisträger und Volksvertreter, die sich bereits an der Hetzjagd beteiligen oder erst beteiligen werden – an der Hetzjagd gegen den besten Menschen unseres Landes: Andrej Dmitrijewitsch Sacharow.«

Im Gegensatz zu meinen früheren Briefen blieb dieser nicht unbeantwortet. Etwa einen Monat darauf, am Tage der Wahl zum Obersten Sowjet der RSFSR, erschien bei mir ein finster dreinschauender Mann namens Bogdanow, der sich als Mitarbeiter des Bezirkskomitees der KPdSU zu erkennen gab.

Dieser Bogdanow bezog Stellung in der Zimmermitte und erklärte im Ton eines Feldherrn, der einer geschlagenen Armee die Kapitulationsbedingungen verkündet: »Ich habe den Auftrag, Ihnen zu sagen, daß die Geduld der Sowjetregierung und des sowjetischen Volkes erschöpft ist.«

Ich dachte, er würde mich sofort erschießen, doch es kam ganz anders. Im Gegensatz zu allen anderen Bürgern der Sowjetunion sah ich mich nicht vor eine fiktive, sondern vor eine reale Wahl gestellt: entweder – oder. Angesichts des Umstandes, daß die Geduld der Sowjetregierung und des sowjetischen Volkes gleichzeitig mit der meinen sich erschöpft hatte, wählte ich das »Oder«, und es war noch nicht einmal ein Jahr vergangen, als ich mich am 21. Dezember 1980 im Westen wiederfand.

Und noch ein halbes Jahr später wurde mir auf Breschnews Anordnung die sowjetische Staatsbürgerschaft aberkannt.

Statt eines Vorworts

Die Welt als Tonne

Einst verbrachte ich den Sommer auf einer Datscha in der Nähe von Moskau, wo ich, abgesehen davon, daß ich dies und jenes schrieb und mich vergeblich abmühte, so simples Gemüse wie Radieschen zu züchten, mich auch noch der müßigen Beobachtung diverser Lebensformen widmete.

Auf unserem Grundstück stand eine Blechtonne, halb gefüllt mit faulig-modrigem Wasser, dessen Spiegel sich dank dem Wechsel von Sonne und Regen fast immer gleich blieb. In diesem Moderwasser hauste im Sommer eine Art schwimmender Käfer, die pfeilschnell über das Wasser huschten und tief nach irgend etwas Unsichtbarem tauchten. Diese Käfer kamen mir recht rätselhaft vor. Wovon ernährten sie sich? Wie konnten sie oder ihre Larven überleben, wenn im Winter das Wasser in der Tonne zu Eis gefror? Doch irgendwie überlebten sie, vermehrten sich, hatten auch was zu fressen. Ich überlegte: Angenommen, diese Käfer vermöchten zu denken? Welche Vorstellungen könnten sie von der sie umgebenden Welt haben? Die wäre doch etwa so: Die Welt ist tonnenförmig und zur Hälfte voll modrigen Wassers. Modriges Wasser ist viel besser als frisches (manchmal kommt frisches Wasser von oben geflossen), denn es ist ideal für die Fortbewegung, speichert die Wärme und enthält etliche nahrhafte Substanzen. Die Grenze der Welt ist leicht erreichbar, bildet eine Rundung und besteht aus irgendeiner harten Materie. Doch jenseits dieser stabilen und faßbaren Welt gibt es offenbar noch andere Welten, in denen es keineswegs so verläßlich stabil zugeht. Dort ist es mal hell, mal dunkel. Wenn es hell ist, schwimmt dort etwas Rundes und Heißes, ist es dunkel, dann erscheinen so etwas wie leuchtende Käfer. Jene Welt ist viel schlechter als diese, denn von dort kommt mal Hitze, mal Kälte. Und manchmal donnert und blitzt es dort.

Und da, bei Betrachtung dieser naturgegebenen Diogenesse, kam mir der Gedanke: Aber das sind doch wir, wir sowjetischen Menschen!

Wir werden geboren, wir leben und sterben in einer Tonne. Wir wissen nicht, was jenseits der Tonne geschieht, wir erinnern uns nicht daran, wie wir in die Tonne geraten sind. Wie verschieden unsere Herkunft auch sein mag, im Laufe der in der Tonne verbrachten Jahre hat sich bei uns allen eine gemeinsame Vorstellung von der Welt entwickelt – die Welt ist eine Tonne. Die Bewohner der Tonne haben ihre eigenen Vorstellungen von Gut und Böse, sie haben ihre Heiligen und ihre Lumpen. Die klügsten unter ihnen vermuten, daß irgendwo andere Welten existieren, daß es vielleicht viele solcher Tonnen gibt, in denen das Leben anders organisiert sein mag. Die Freiheitsdurstigen streben hinaus aus der Tonne, krabbeln die rostigen Wände hinauf, stürzen, krabbeln aufs neue. Die Hartnäckigsten gehen drauf oder erreichen den Rand der Tonne. Und plötzlich öffnet sich vor ihnen eine neue, nie gesehene, vielfarbige Welt: Gras, Blumen, Vierbeiner, Fische, Vögel, Schmetterlinge, Libellen ... Da gibt es Wasser und Land und Luft, und in diesen drei Elementen bewegt sich jeder, wie er mag und kann: Der eine fliegt, der andere schwimmt, der dritte kriecht und – alles ohne Befehle oder Verbote. Allerdings muß jeder sich selbst seine Nahrung beschaffen, jeder sich selbst darum kümmern, daß er nicht zertreten, aufgepickt oder verschluckt wird.

Herrgott, was tut sich da bloß! Schnell zurück in die Tonne!

Hier gibt es keine Blumen, kein Gras, nur modriges Wasser, nur kümmerliche Nahrung, doch dafür ist es ruhig. Du kuschelst dich an die Wand, du döst vor dich hin und bist sicher, daß niemand dich zertritt oder aufpickt.

Es lebe die Tonne!

Wie haben Sie nur so leben können?

Als ich in den Westen kam, hatte ich keineswegs vor, hier Propagandareden zu schwingen. Doch wo immer ich hinkomme, stellen mir Leute, sobald sie erfahren, daß ich Russe bin, Fragen. Sie wollen wissen: Welcher Art ist diese Supermacht, die imstande ist, die ganze Welt zu vernichten? Welche Menschen leben dort und wovon? Man fragt mich, ich antworte. Doch jede Antwort ruft eine neue Frage hervor. Es stellt sich heraus, daß unser alltägliches Leben den westlichen Menschen rätselhaft und unverständlich erscheint, wie das Leben der Käfer in der Tonne.

Einmal, als wir längere Zeit in den Vereinigten Staaten waren, besuchten meine Frau und ich eine Malerin, die wir kennengelernt hatten. Sie lebte mit ihrem Mann, einem Ingenieur, und ihren elf Kindern auf einer Farm, denn in der Stadt wäre ihnen ein Haus oder eine große Wohnung zu kostspielig gewesen, in einer kleinen Wohnung aber wollten sie nicht leben: Die Amerikaner sind eben verwöhnt. In meiner Jugend wohnte ich in Moskau bei einer ebenso großen Familie zur Untermiete. Unser Staat hatte damals diesen dreizehn Personen großherzig eine Vierzimmerwohnung auf dem Kutusow-Prospekt zugeteilt. Davon vermieteten sie also ein Zimmer. »Ist es euch denn in drei Zimmern nicht zu eng?« fragte ich. »Ach i wo!« hatte die Mutter erwidert. »Uns sind schon zwei Zimmer übergenug. Wir wollen immer alle zusammenhocken, sind es von früher, als wir ein Zimmer in der Gemeinschaftswohnung hatten, nicht anders gewöhnt.«

Doch zurück zu den Amerikanern. Wir wollten also zu der Malerin und nahmen uns ein Taxi. Unterwegs redeten wir mit dem Fahrer über dies und jenes. Taxifahrer sind überall gesprächig, egal ob in Moskau oder in Amerika. Als er unseren Akzent hörte, fragte der Fahrer natürlich, woher wir kämen. Ich sagte, aus Rußland. »Oh, Russia!« sagte er mit Respekt. »Na, und wie ist so das Leben in Russia?« – »Tja, wie soll ich sagen? Immer schlechter und schlechter.« – »Genau wie bei uns«, meinte der Taxifahrer. »Das Leben wird Jahr um Jahr teurer. Vor zehn Jahren hat so'n Auto viertausend gekostet, und heute sind es neun. Dabei schaffe ich noch nicht mal jeden Monat meine drei Tausender.« – »Na ja«, sagte ich, »gewiß, so ist es eben, freilich. Und wie steht es mit dem Fleisch, kriegen Sie es auf Lebensmittelkarten oder hintenherum? Durch Beziehungen?« Zuerst verstand er meine Frage gar nicht, dann aber sagte er, daß er Fleisch, wie überhaupt alle Lebensmittel, im nächsten Supermarkt kaufe. »Und nun stellen Sie sich vor«, sagte ich, »daß es weder in Ihrem Supermarkt noch in der Nachbarschaft, noch in der nächstgelegenen Stadt Fleisch gibt; kein Fleisch, keine Konserven, keine Wurst, keine Würstchen.« – »Ja«, sagte der Fahrer, »das habe ich schon gehört, daß es bei den Russen mit dem Fleisch hapert. Das ist unangenehm, aber schließlich kann man auch Hühnchen essen.« Da mußten meine Frau und ich lachen, denn er hatte fast wortwörtlich den Ausspruch der französischen Königin Marie-Antoinette wiederholt, die zweihundert Jahre zuvor gesagt hatte: »Warum rebelliert das Volk? Wenn es kein Brot hat, soll es doch Kuchen essen.« Unser Fahrer wurde ärgerlich und meinte, im Gegensatz zu der Königin sei er keineswegs lebensfremd, diese »chickens« aber könne man wirklich in beliebiger Menge aufziehen.

Die Aufzucht sei sehr einfach. Die »chickens« kriechen

von alleine aus den Eiern und wachsen von alleine, man müsse ihnen nur Futter streuen. Ich versuchte, ihm das System der sozialistischen Landwirtschaft zu schildern, in dem niemals etwas sehr einfach ist, aber er wollte nichts davon hören. »Was erzählen Sie mir da, was hat das mit dem System zu tun, diese Hühnerfarmen kosten ja kaum was, die kann man bei jedem System in beliebiger Menge hindonnern.« Und er redete so überzeugend, daß ich nahe dran war, ihm restlos zu glauben.

Na ja, wir kamen schließlich an, die Malerin begrüßte uns und zeigte uns das ganze Haus. Sie hatte das große zweistöckige Gebäude nach ihren eigenen bizarren Ideen umgebaut, so daß sich viele Ecken, Rundungen und Verästelungen ergaben. Und natürlich eine unglaubliche Menge Zimmer. Jedes der elf Kinder hatte ein eigenes Zimmer. Sie selbst und ihr Mann je ein Arbeitszimmer. Und noch ein Schlafzimmer und ein Wohnzimmer und ein Eßzimmer und noch irgend etwas, allein an Badezimmern gab es fünf oder sechs. Und für die Kinder allerhand Sportgeräte und ein Indianerzelt und ein quicklebendiges Pony und noch mancherlei Dinge und Geräte. Und eine Schaukel war am Ast einer hohen Eiche befestigt, und während wir auf der Terrasse Tee tranken, sausten die besagten Kinder mit Gequieke über unseren Köpfen hin und her.

So saßen wir also auf der Terrasse, tranken Tee und sprachen über das alltägliche Leben – solche schlichten Gespräche ziehe ich allem intellektuellen Geschwafel vor. Ich fragte unsere Gastgeber, ob sie es nicht recht schwer hätten. Sie sagten, im großen und ganzen sei es nicht leicht. So ein Haus, so viele Kinder, so viele Sorgen, und sie seien ja keine Millionäre, seien gewöhnliche Leute, »middle-class«, wie man in Amerika sagt. Und dann begannen sie, uns Fragen zu stellen, und es ergab sich von selbst, daß ich ihnen mein nach sowjetischen Begriffen geradezu durchschnittliches Leben erzählte: Daß ich noch keine vier Jahre alt war, als man meinen Vater auf Grund einer idiotischen politischen Anschuldigung verhaftete. Daß er sitzen mußte, aber – wiederum für sowjetische Begriffe – gar nicht lange, bloß fünf Jahre. Daß er aus dem Krieg als Invalide heimkehrte. Und daß ich, wie Millionen anderer auch, mit elf Jahren in den Kolchos kam. Es folgten Gewerbeschule, Fabrik, Abendschule, Militärdienst – eben das Übliche. Danach freilich wurde ich Schriftsteller, und von da an ging es nicht mehr ganz so banal weiter. Ich begann, in Büchern das zu beschreiben, was ich im realen Leben sah, und es gab Schwierigkeiten und Schereien. Und dann fing ich auch noch an, andere Menschen in Schutz zu nehmen, indem ich offene Briefe und Proteste schrieb. Zur Strafe wurde ich aus dem Schriftstellerverband ausgeschlossen, nicht mehr gedruckt, aller Verdienstmöglichkeiten beraubt, man wollte mich zum Schmarotzer erklären (was strafbar gewesen wäre), das Telefon wurde gesperrt, man drohte, mich zu ermorden (einmal bekam ich sogar vergiftete Zigaretten zugesteckt). Autoreifen wurden durchbohrt, Überfälle von Rowdys und alle möglichen anderen Provokationen inszeniert. Es ging so weit, daß meinen alten Eltern erklärt wurde, ich sei ums Leben gekommen. Doch immerhin – ich kam nicht ins Gefängnis, wurde auch nicht umgebracht, nur außer Landes gejagt, was andere sehr erstrebenswert finden. Und so könne man meinen Lebenslauf als durchaus wohlgeraten bezeichnen. Doch unsere Gastgeberin fand ihn gar nicht wohlgeraten. Sie sagte: »Wie haben Sie nur so leben können? Warum haben Sie sich nicht an Ihre Regierung gewandt?«

Ihre ältesten Töchter, Studentinnen, lachten; ihrem Alter entsprechend, war es ihnen peinlich, daß ihre Mutter so dumm war. Ich aber lachte nicht, ich fand die Fragen durchaus vernünftig und erklärte ihr, wie unsere Regierung auf derlei reagierte.

»Na, da hätten Sie die Regierung doch verklagen können!« Die Töchter lachten ihre Mutter erst recht aus. »Na schön, ich verstehe, das Gericht kann von derselben Sorte sein. Aber man hätte doch an die Zeitung schreiben können, sich an die öffentliche Meinung wenden! Unterbrecht mich nicht! Mag sein, ich bin alt, ich bin dumm, ich verstehe nichts. Ich habe solche Politiker niemals kennengelernt, solche Zeitungen nie gelesen, nicht gewußt, daß es solche Richter gibt. Aber wenn es sinnlos ist, sich an sie zu wenden, so kann man doch letzten Endes einfach auf die Straße gehen, unter Menschen und rufen: ›Leute, schaut her, was sich hier tut...‹«

Uns, den Zöglingen des sowjetischen Systems, kommen solche Äußerungen westlicher Menschen manchmal komisch, manchmal ärgerlich vor: Wie kann man nur so naiv sein?! Aber ich verstehe nicht, warum man sich darüber aufregen sollte. Ja, sie sind naiv, ja, sie können sich unser Leben nicht vorstellen, selbst wenn sie sich noch so viel Mühe geben.

Doch gibt es auch welche, die sich keinerlei Mühe geben.

Bier für russische Panzersoldaten

An einem der ersten Abende meines Aufenthalts in Deutschland geriet ich in eine Gesellschaft, in der man sehr rasch auf die sowjetische Kriegsbedrohung zu sprechen kam, darauf, daß sowjetische Panzer in kürzester Zeit hier sein könnten. Meine neuen Bekannten sprachen ganz ernsthaft darüber, was wohl in solch einem Fall zu tun sei. Ein Pferdehändler sagte, man müsse schon heute, ohne erst die Panzerinvasion abzuwarten, nach Australien fliehen. Ein anderer, ein Brauereibesitzer, fragte mich, ob Russen wohl Bier möchten, er hoffte, daß die Ankunft bierseliger sowjetischer Panzersoldaten seinen Umsatz steigern würde. Ein junger Philosoph vereinigte auf unbegreifliche Weise die Angst vor den sowjetischen Panzern mit dem Glauben daran, daß in der Sowjetunion Rechtsordnung, soziale Gerechtigkeit und Gleichheit herrschten. Meine Gegenargumente hörte er sich milde lächelnd an, als wüßte er von vornherein, daß ich voreingenommen sei. Er hatte natürlich von den sowjetischen Lagern und dem stalinistischen Terror gelesen, forderte mich aber auf zuzugeben, daß in den Jahren der sowjetischen Herrschaft Rußland enorme Fortschritte gemacht habe, zum mächtigen Industriestaat geworden sei, nun, und die Erfolge im Kosmos sprächen wohl für sich selbst.

Ich geriet immer tiefer in diesen Streit, und der Philosoph erklärte mir, die Sowjetmacht habe immerhin die Werktätigen von der kapitalistischen Ausbeutung befreit, von der Angst um den kommenden Tag. Ich begann an seiner Kompetenz zu zweifeln, als er behauptete, die sowjetischen Menschen hätten nie Hunger gekannt. Ich fragte ihn, ob er schon etwas über die Hungersnot in der Ukraine, die einigen Millionen das Leben gekostet hatte, gehört habe oder über den Hunger im belagerten Leningrad. Ich erzählte ihm, wie die Menschen an Hunger starben, wie auch ich selbst im Winter 1943 vor Kujbyschew und drei Jahre später in Saporoschje beinahe daran gestorben wäre. Er achtete nicht auf meine Einwände und stritt weiter. Auf irgendein Argument von mir erwiderte er: »Na ja, Rußland als solches ist ja ein kleines Land, nicht größer als Bayern.« Und als ich ihn entgeistert ansah, setzte er hinzu: »Ich meine nicht die ganze Sowjetunion, sondern nur Rußland.« Und als ich daraufhin sagte, man könne wohl verschiedener Ansicht sein, aber das eigentliche Rußland erstrecke sich immerhin etwa von Smolensk bis Wladiwostok, fragte schon ein anderer, wo denn Wladiwostok liege.

Ein anderes Mal wurde ich gefragt, ob die Russen die Sprachen der anderen Völker der Sowjetunion gut verständen, ob mir z. B. das Georgische geläufig sei. Auch fragte man mich, ob es in Moskau Hotels und Taxis gebe und warum russisches Geld überhaupt existiere, da man doch nichts damit kaufen könne.

Sollten die Russen unter meinen Lesern diese Zeilen lesen, werden sie bestätigend mit dem Kopf nicken. Die Menschen im Westen kennen uns nicht, werden sie sagen, sie kennen und sie verstehen uns nicht. Doch ich möchte hinzufügen: Nicht nur westliche Menschen kennen uns nicht – auch wir selbst kennen uns nicht. Ich bin hier russischen Emigranten der zwanziger Jahre begegnet, die fest davon überzeugt sind, daß im Politbüro, im Generalstab und im KGB nur Juden sitzen. Es ist unmöglich, ihnen das auszureden. Unlängst war ich in dem Vortrag eines alten russischen Schriftstellers, der behauptete, in Rußland gebe es heute nicht einen einzigen Zigeuner mehr, alle seien vernichtet worden. Ich begegnete hier Emigranten jüngster Zeit, die erst im Westen den Namen Sacharow gehört haben. In der Sowjetunion selbst wissen Millionen Menschen nichts von der Kollektivierung, nichts von den Stalinschen Säuberungen und nichts von dem, was heute geschieht.

Diese Unwissenheit hat viele Gründe. Ausländische Korrespondenten, die in Moskau gearbeitet haben, stellen immer wieder fest, daß die sowjetische Gesellschaft den Ausländern verschlossen ist. Doch nicht nur den Ausländern – den Sowjetbürgern nicht minder, vor allem denjenigen, die keine ausländischen Sender hören. Jede beliebige, oft ganz simple Information ist bei uns geheim. Geheim sind einzelne Betriebe, geheim ganze Inseln und Städte, die Ausländer wie Sowjetbürger nicht ohne Erlaubnis betreten dürfen. Geheimgehalten werden Epidemien, Naturkatastrophen, Zugentgleisungen und Flugzeugabstürze. Geheim sind die realen Ernteergebnisse wie auch alle echten industriellen Produktionsziffern schlechthin. Geheim ist die Anzahl der Alkoholiker und Drogensüchtigen. Nie mehr genannt werden die Namen der aus dem Lande vertriebenen Schriftsteller und ebensowenig die Titel ihrer

Bücher. Ungenannt bleiben sogar die Namen einiger der bedeutendsten Kämpfer aus der Zeit der Revolution und des Bürgerkrieges, ungenannt auch die Namen von einigen sowjetischen Politikern der jüngsten Vergangenheit. Im Lexikon gibt es z. B. das Stichwort »Trotzkismus«, nicht aber das Stichwort »Trotzki«.

Man droht den sowjetischen Menschen von klein auf mit den ausländischen Spionen und dem einheimischen KGB, man ermahnt sie zur Wachsamkeit, erzieht sie dazu, den Mund zu halten.

Es gibt auch berufsbedingte Abschottungen. In der Sowjetunion leben die Arbeiter für sich, die Künstler für sich, die Sportler für sich. Die Parteibürokraten, die Diplomaten, die KGB-Schergen, die hohen Militärs leben hinter Zäunen, abgeschirmt von Menschen anderer Kreise, die in die umzäunten Gebiete nicht eindringen dürfen. Getrennt von anderen leben auch die Schriftsteller. Von Zeit zu Zeit begeben sie sich auf sogenannte »schöpferische« Dienstreisen »zum Studium des Lebens« – manchmal allein, meistens aber in »Brigaden«; sie besuchen die »mustergültigen« Kolchosen oder Industriebetriebe, wo man ihnen die Fassade, will heißen, die fiktive Seite des Lebens, zeigt und sie, genau wie die Ausländer, anlügt. Die erdrückende Mehrzahl der Schriftsteller (und es gibt ihrer in der Sowjetunion über 8 000) hat keine Ahnung vom Leben des eigenen Volkes, die wenigen aber, die es kennen und wahrheitsgetreu zu schildern versuchen, werden von den Machthabern verfolgt, der Zusammenarbeit mit ausländischen Geheimdiensten beschuldigt und oft hart bestraft.

In der Sowjetunion gibt es viele Geheimnisse, doch, wie ich schon sagte, das größte, wichtigste und sorgsamst gehütete Geheimnis dieses Staates ist das reale, gewöhnliche Alltagsleben der sowjetischen Menschen.

Der Aufdeckung dieses Geheimnisses ist mein Buch gewidmet. Ich nehme verschiedene Seiten des sowjetischen Lebens, betrachte sie unter verschiedenen Gesichtswin-

keln, erzähle Geschichten aus dem Leben verschiedener
Leute – Bauern, Arbeiter, Militärs, Parteibürokraten jeder
Rangstufe, Schriftsteller – und aus meinem eigenen Leben.
Und all diese Teilchen – Momentaufnahmen sowjetischen
Lebens sozusagen – müßten eigentlich ein geschlossenes
Ganzes ergeben.

Der Begriff »sowjetische Menschen« oder »sowjetisches
Volk«, abgeleitet von der Regierungsform Sowjet (= Rat),
wirkt etwas unnatürlich. Ebenso unnatürlich wäre es, ein
Volk »monarchistisch« oder »parlamentarisch« zu nennen
oder gar alle Völker der EG unter dem Begriff »Europage-
meinschaftsvolk« zu vereinen. Dennoch gebrauche ich oft
das Adjektiv »sowjetisch«, weil ich keinen anderen Ober-
begriff für die Menschen der verschiedenen Nationalitä-
ten, die in der Sowjetunion leben, kenne. Dieser Oberbe-
griff aber ist notwendig, denn die nun schon seit einigen
Generationen das ganze Leben bestimmenden gemeinsamen Gesetze, Verhaltensregeln und Lebensbedingungen
schaffen, ohne die nationalen Besonderheiten völlig zu eli-
minieren, allen gemeinsame Traditionen und Gewohnheiten. Für mich hat in diesem Fall das Wort »sowjetisch« keinen negativen Beiklang. Unter den sowjetischen Menschen gibt es, genau wie unter allen Menschen, kluge,
dumme, begabte, unbegabte, moralisch hochstehende und
gemeine. Doch wollte man einen Russen, einen Amerikaner, einen Eskimo und einen Thailänder in eine gemeinsame Gefängniszelle pferchen und sie dort etliche Jahre
festhalten, so würde man entdecken, daß, bei aller nationalen und individuellen Verschiedenheit, sie die gleichen
Neigungen und Gewohnheiten entwickeln, daß sie alle
engzeilig, mit kleinen Buchstaben schreiben, vor hellem
Sonnenschein zurückschrecken und an Klaustrophobie leiden. Sollten aber in der gleichen Zelle ihre Kinder und Enkelkinder aufwachsen, so würden diese schon von frühester Kindheit an lernen, die Aufseher zu beschwindeln,
kleine Gegenstände in Kleiderfalten, das Brot unter dem

Kopfkissen zu verstecken. Sogar später, in die Freiheit und in ein normales, wohlgeordnetes Leben entlassen, würden sie diese Gewohnheiten noch lange beibehalten und sie vielleicht sogar an ihre Nachkommen vererben.

Ich bin nicht gewillt, den jetzt in Mode gekommenen Terminus »homo sovieticus« zu gebrauchen, weil ich ihn für äußerst ungerecht und falsch halte. Dieses verachtungswürdige Wesen, das über doppelte oder sogar dreifache Bewußtseinsebenen verfügt (es denkt das eine, sagt das andere, tut das dritte), gibt es in der Sowjetunion schon, doch auch unter den westlichen Menschen begegnet man ihm recht oft.

Aber davon wird später noch die Rede sein.

I. Unser täglich Brot

Bilder aus dem
sowjetischen Leben

Die unschätzbare Bürde

Über den sowjetischen Paß

Befassen wir uns also zunächst mit dem sowjetischen Paß. Wie sagt doch Majakowski:
»Aus meiner weiten Hose hole ich
Den Nachweis unschätzbarer Bürde.
Lest und staunt und beneidet mich –
Ich bin der Sowjetunion Bürger!«
Starke Worte. Prächtig gesagt. Nur das mit dem Beneiden, das mag wohl etwas übertrieben sein.

Ich weiß noch, wie einmal meine Frau und ich in unserem Auto, einem »Saporoschez«, herumgereist sind. Nicht jenem buckligen, von dem Witzbolde behaupten, es flüchte vor den Hunden auf die Bäume wie eine Katze, sondern mit dem »Saporoschez« 968, einem neueren Modell. Hübscher als das alte, aber leider auch launischer. Es streikt in den allerunpassendsten Momenten – mal beim Überholen auf enger Straße, mal beim Überqueren von Bahngleisen. Dessen ungeachtet haben wir mit ihm alle baltischen Republiken bereist.

Zurück fuhren wir über Minsk. Wollten dort eine Ruhepause einlegen. In einem der zentral gelegenen Hotels, versteht sich. Und hier nun wurde ich sofort an Majakowskis Verse erinnert:
»Bei einigen Pässen – Lächeln nach Maß. Bei anderen – schnödes Verabscheuen. Ehrfürchtig nimmt man zum Beispiel den Paß mit behäbigem englischen Leuen.« Zu denen der Dänen und diverser anderer Skandinavier verhält man sich auch nicht übel, auf den polnischen aber schaut man,

getreu nach Majakowski, wie die Geiß aufs Plakat. Was aber den sowjetischen Paß betrifft, so erweckt er, hammer- und sichelverziert, auf dem Territorium der Sowjetunion wirklich nur schnödes Verabscheuen. Ein reiseerfahrener Bürger traut sich mit diesem rothäutigen Druckerzeugnis gar nicht erst an die Rezeption, er weiß schon im voraus, was ihm da blüht.

In Minsk stand so ein Unerfahrener vor mir in der Schlange. Am Schalter wurde ihm gesagt: »Alles besetzt, wir erwarten eine Reisegruppe aus Westdeutschland.« Der Pechvogel kehrte der Schlange notgedrungen den Rücken und sagte zu mir – flüsternd, versteht sich! –: »Ich war hier in Minsk während der Besatzungszeit, da hing draußen vor diesem Hotel ein Schild ›Nur für Deutsche‹. Und heute ist es also auch nur für Deutsche. Wer hat eigentlich wen besiegt?«

Nun, ich hatte mehr Erfahrung als dieser Bürger, ich wußte, daß man auch mit dem sowjetischen Paß durch- kommen kann, vorausgesetzt, er enthält die entsprechende Ergänzung. Etwa in Form eines hineingesteckten Geld- scheins. Allerdings muß man da einiges abschätzen kön- nen – die Kategorie des Hotels, die Jahreszeit, die persönli- chen Ansprüche des Geschäftsführers. Also nicht zu viel hineinlegen, wohl aber genügend. Gibt man zu viel – ver- liert man das Gesicht, setzt sich selbst herab. Gibt man zu wenig – fühlt sich der Geschäftsführer herabgesetzt, kann einen Skandal provozieren, von Bestechungsversuch re- den. Mit Geldscheinen muß man also sehr umsichtig ver- fahren. Bestechung ist überhaupt nicht jedermanns Sache. Wenn Sie aber zusätzlich ein anderes Büchelchen haben, tunlichst auch rot, sieht es schon anders aus. Zum Beispiel ist es gut, ein »Held der Sowjetunion« zu sein, ein Abge- ordneter oder ein Preisträger. Auch beim Anblick des Büchleins mit der Aufschrift »KGB«, also des Staatssicher- heits-Komitees, erblüht das Lächeln nach Maß wie bei dem englischen Leuen. Ein Journalisten-Ausweis tut auch gute

Dienste, besonders wenn er von der satirischen Zeitschrift »Krokodil« ausgestellt ist. Der Ausweis des Schriftstellerverbandes ist in den besonders wichtigen Listen nicht verzeichnet, tut aber auch seine Wirkung. Die Geschäftsführung eines jeden Hotels fürchtet die Schreiber.

Als ich damals in Minsk schließlich an der Reihe war, legte ich den Paß hin, obenauf aber den Schriftsteller-Ausweis. Um Mißverständnissen vorzubeugen, stellte ich mich ungefragt vor: »Schriftsteller aus Moskau in Begleitung der Ehefrau, hergereist zwecks Erledigung eines dienstlichen Auftrags.« Der Erste Geschäftsführer war hell begeistert, sein Assistent war es auch. Sofort bekam ich das beste Zimmer und einen bewachten Parkplatz. Und hier nun, als die Zuweisung für den Parkplatz ausgefüllt wurde, passierte mir eine Entgleisung. Erst fragte der Geschäftsführer nach dem Autokennzeichen und schrieb es hin, dann kam die Frage nach der Marke. Und mit der mir eigenen Offenherzigkeit sagte ich »Saporoschez«. Der Geschäftsführer zuckte heftig zusammen ob der ihm zugefügten Kränkung, seine Hand erstarrte und weigerte sich, dieses Wort zu schreiben.

Meine Frau begriff im Nu meinen Schnitzer, beugte sich vor und schrie: »Der neue! Der neue Saporoschez! Der neue!«

Dem Geschäftsführer waren sie beide gleich, der alte wie der neue – Konservenbüchsen, die eine nur etwas länger als die andere. Wenn es sonst keiner weiß – der Geschäftsführer eines guten Hotels weiß mit Sicherheit, daß Leute von einigem Rang keinen Wagen unter dem »Shiguli« fahren.

Dieser Vorfall ist mir eine Lehre gewesen, später pflegte ich auf die Frage nach meinem Wagen stets geheimnisvoll »ausländische Marke« zu sagen. Damals aber war das Hotelzimmer meiner Frau und mir ja schon zugewiesen worden, es gab kein Zurück. Doch sah mich der Geschäftsführer reichlich scheel an bis zu dem Augenblick, da ich ihm, quasi als Entschuldigung für meinen »Saporoschez«, ein Päckchen ungarische Filzstifte schenkte.

Hier taucht automatisch ein anderes Thema auf – das vom Verhältnis der jeweiligen Vertreter der Macht zu den verschiedenen Automarken. Jeder sowjetische Polizist weiß, daß man den Besitzer eines »Saporoschez« jederzeit um etliche Rubel erleichtern kann, auch wenn dieser das Gesetz nicht im mindesten übertreten hat. Mit dem Fahrer eines »Shiguli« muß man schon eine Spur höflicher umgehen, der Besitzer eines »Wolga« kann sogar ein recht wichtiger Vogel sein, den sollte man lieber in Ruhe lassen. Na, und vor den »Tschaikas« und »SILs« muß man immer stramm stehen, egal, wer drin sitzt. Doch darüber ein andermal. Zurück zu unserem Thema, den Pässen.

Ich habe einen Bekannten. Einen Amerikaner. Einen Professor. Aber er heißt Rabinowitsch – genau wie der unausrottbare Rabinowitsch in jüdischen Witzen. Ja, dieser Rabinowitsch also, der amerikanische Professor, lebte eine Zeitlang in Moskau, im Hotel »Rossija«, während seine Freunde, gleichfalls Amerikaner, zur selben Zeit im Hotel »Metropol« Quartier bezogen hatten. Und eines Tages ging Rabinowitsch, Amerikaner und Professor, seine Freunde besuchen, betrat das »Metropol« und gelangte ungehindert hinauf. Sie saßen ein Weilchen zusammen, tranken, wie es halt üblich ist, Gin oder Whisky ohne jede »Sakusska«, den Imbiß, redeten dies und jenes und trennten sich wieder. Rabinowitsch ging, verließ das »Metropol«, bog um die Ecke zum Dsershinski-Platz – und hier ergriffen ihn zwei kräftige Burschen, bogen ihm wortlos die Arme nach hinten und verstauten ihn in einem grauen Auto.

»Was soll das?« schrie Rabinowitsch. »Wer seid ihr? Was gibt euch das Recht?«

»Eben das werden wir dir sehr bald erklären«, versprachen ihm die beiden vieldeutig.

Sie brachten ihn aber nicht zum KGB, sondern zur Polizei, und zwar geradewegs zum Boß. »Der von uns festgenommene Bürger wurde überführt, amerikanische Touristen im Hotel ›Metropol‹ besucht zu haben.«

»Aha«, sagte der Boß und faßte Rabinowitsch ins Auge. »Dein Name?«

Rabinowitsch sagte: »Rabinowitsch.«

Und natürlich schlotterten ihm angesichts solcher Behandlung ein wenig die Knie.

»Ach so, Rabinowitsch«, sagte der Boß, zufrieden nicht nur, weil es ein jüdischer, sondern weil es auch ein so simpler Name war – so simpel wie etwa Iwanow.

»Wie kommst du denn dazu, Rabinowitsch?« sprach der Boß. »Wer hat dir denn so was erlaubt, Rabinowitsch? Dir werd' ich's schon zeigen, Rabinowitsch!«

Und fuchtelte mit den Händen vor Rabinowitschs Gesichts herum, als wolle er zuschlagen. Aber er beherrschte sich mannhaft, schlug noch nicht zu und forderte barsch: »Den Paß.«

Rabinowitsch – die Hände zitterten unwillkürlich – holte aus seinen keineswegs weiten Hosen das besagte Büchlein hervor, aber nicht rot, sondern blau eingebunden. Und auf dem Umschlag war kein Hammer zu sehen und auch sonst kein landwirtschaftliches Gerät, sondern ein in Gold geprägter Vogel, einem Adler nicht unähnlich.

Der Boß nahm dieses Ding in die Hand, ganz wie Majakowski es im Gedicht schildert: wie einen Igel, wie ein zweischneidiges Rasiermesser, wie eine Schlange mit zwanzig Giftzungen, zwei Meter lang.

»Aha. So-so. Sie sind also Rabinowitsch«, sagte der Boß und sein Gesicht verfärbte sich bläulich, passend zum Paß. »Entschuldigung, Herr Rabinowitsch. Ein Versehen, Herr Rabinowitsch. Wir bitten um Ihr Verständnis, Herr Rabinowitsch. Wir dachten, Herr Rabinowitsch, Sie seien unser Rabinowitsch.«

Rabinowitsch kam langsam zu sich, nahm seinen Paß zurück.

»Nein«, sprach er erleichtert. »Gott sei Dank bin ich nicht Ihr Rabinowitsch, ich bin deren Rabinowitsch.«

Der sowjetische Paß, die sowjetische Staatsangehörigkeit... Wie viele erhabene dichterische Worte besingen die Ehre, ein Bürger der UdSSR zu sein. Freilich, die Ehre ist groß, doch derjenige, der versucht, sich ihrer zu entledigen, gerät in arge Schwierigkeiten. In sowjetischen Lagern und Gefängnissen sitzen außer den wirklichen Verbrechern, die übrigens gleichfalls die Ehre haben, Bürger der UdSSR zu sein, auch noch die Häftlinge aus Gewissensgründen, unter ihnen auch solche, die sich dieser Ehre entledigen und auf den Titel eines Bürgers der UdSSR verzichten wollten. Ihr Verbrechen besteht eben in diesem Wunsch. Ein Bekannter von mir, der Schriftsteller Gelij Snegirjow, hatte vor einigen Jahren seinen Paß an das damalige Staatsoberhaupt Breschnew geschickt und dazu geschrieben, er verzichte auf die sowjetische Staatsangehörigkeit. Zur Strafe wurde der schwerkranke Snegirjow verhaftet und gefoltert, er starb im Krankenhaus des Gefängnisses.

Im Westen leben Millionen ehemaliger sowjetischer Bürger, die vor vielen Jahren freiwillig oder unfreiwillig ihr Heimatland verlassen haben. Sehr viele von ihnen sind inzwischen schon alt, sie haben hier Kinder und Kindeskinder, sie besitzen seit langem den Paß des Landes, in dem sie leben, einige haben sogar ihre russische Sprache verlernt. Der sowjetische Staat aber betrachtet sie noch immer als seine Bürger, ungeachtet all ihrer Briefe, Erklärungen und Proteste. Wozu wohl? Um sie gegebenenfalls mit aller Härte der sowjetischen Gesetze bestrafen zu können. Und zwar ohne einen großen Unterschied zu machen zwischen denen, die wirklich ein Verbrechen begangen haben, und jenen, die lediglich nicht mehr die Bürger des Landes der Sowjets sein wollten.

Gleichzeitig aber wenden die sowjetischen Behörden die Aberkennung der Staatsangehörigkeit als eine Form der

Bestrafung an, am häufigsten gegen Kunst- und Literatur-
schaffende. Ich möchte daran erinnern, daß Menschen,
von denen einige weltberühmt sind und auf die jedes Land
stolz sein würde, auf diese Weise bestraft worden sind:
Menschen wie der Cellist und Dirigent Mstislaw Rostro-
powitsch, der Maler Oskar Rjabin, die Schriftsteller Solschenizyn, Sinowjew, Maksimow, Nekrassow, Kopelew,
Aksjonow, Wladimow. Auf den Verlust ihrer Staatsbürgerschaft reagierten diese Menschen, die ihre Heimat und ihr
Volk lieben, mit Schmerz, Zorn und Empörung.

Manche reagieren auf diesen Verlust auch mit schwar-
zem Humor. Einer, dem die Staatsangehörigkeit aberkannt
worden ist und der darum von anderen, die eine Aberkennung ersehnen, beneidet wird, schnitt aus einer sowjetischen Zeitung die diesbezügliche Bekanntmachung des
Präsidiums des Obersten Sowjets der UdSSR aus, rahmte
den Ausschnitt ein und schmückte damit seine Wand. Und
pflegte seinen Gästen zu sagen:

»Lest und staunt und bewundert mich –
ich bin der Sowjetunion Bürger nicht!«

Unser täglich Brot

In der sowjetischen Presse ist ziemlich viel vom Brot die Rede. Man soll nicht zuviel davon essen, man wird dick. Auch Fleisch, sagen sie, soll man nicht übermäßig viel verbrauchen; und auch das, um das Dickwerden zu vermeiden. Obwohl Wölfe, sagen wir mal, Fleisch sehr wohl essen, aber nicht besonders dick sind. Dabei fressen sie es unkultiviert, nicht wissenschaftlich. Bei uns aber ist alles fest auf eine wissenschaftliche Basis gestellt. Und kaum, daß an diesem oder jenem Lebensmittel Mangel herrscht, sind auch schon Gelehrte der entsprechenden Wissenschaften zur Stelle, die in den großen Zeitungen lange gelehrte Artikel veröffentlichen und beweisen, daß es schädlich ist, das zu essen, was es nicht gibt. Dem nicht zuzustimmen, ist natürlich schwer.

In irgendeiner Zeitung las ich von einem geschickten Koch, der 500 Gerichte aus Kartoffeln herstellen konnte. Dies natürlich nur, wenn es überhaupt Kartoffeln gibt (ich erinnere mich, daß es sogar in Moskau bei der Kartoffelversorgung Unterbrechungen gab).

Fünfhundert Gerichte – das muß man schon sagen – sind nicht wenig. So sehr ich mir auch den Kopf zerbrochen habe, es fielen mir nicht mehr als 15 ein. Aber wenn dieser Koch schon so erfinderisch ist, daß er sich 500 ausgedacht hat, dann kann ich ihm vielleicht das 501. vorschlagen.

Während des Krieges lebte meine Familie einige Zeit in der Nähe der Stadt Kuibyschew. Im Sommer 1943 ging es noch einigermaßen, aber vom Herbst an wurde es schlimm. In unserer Familie gab es drei Arbeitende, die in einem Rüstungsbetrieb beschäftigt waren und Tagesrationen von 700 Gramm Brot bekamen; meine Tante, eine Angestellte, bekam entweder 500 oder 400 Gramm (ich erinnere mich nicht genau); die Großmutter und ich bekamen als Nichtarbeitende je 250 Gramm. Und dick waren wir alle nicht.

Mit uns lebte noch ein Kaninchen, das wir uns angeschafft hatten, um es später aufzuessen. Aber später – und so ging es uns immer mit unseren Tieren – hatten wir uns so daran gewöhnt, hatten es so liebgewonnen, daß uns einfach ganz unmöglich schien, es zu schlachten. Also wurden wir erst recht nicht dick. Ganz im Gegenteil, wir magerten von Tag zu Tag mehr ab als bei Beachtung der allerstrengsten modernen Diät. Und unser Kaninchen wurde mit uns zusammen dünn. Dann, als es schon zu einer richtigen Hungersnot gekommen war, lief uns dieses Kaninchen weg; offenbar, weil es einen schnellen Tod von der Hand eines entschlossenen Menschen für besser hielt als den langsamen Hungertod zusammen mit so humanen Leuten wie uns.

Um die Wahrheit zu sagen, solange dieses Kaninchen bei uns war, haben wir ganz schön auf seine Kosten gelebt, und auch als es weg war, haben wir seinen ehrlichen Namen weiter mißbraucht. Es war nämlich so, daß ich immer zu den in der Nähe stationierten Soldaten ging und in der Küche um Kartoffelschalen »für das Kaninchen« bat. Und alle Soldaten wunderten sich: »Wieso frißt euer Kaninchen so viel?« Sie wußten nicht, daß das Kaninchen sechs Kostgänger hatte. Wenn wir nicht so schamhaft gewesen wären und um Kartoffeln für uns gebeten hätten, hätten die Soldaten uns diese gewiß nicht verweigert, denn sie hatten viel davon und schälten sie keineswegs sparsam. Aus diesen dicken Schalen buken wir dann in einer Art Schmieröl Kartoffelpuffer. Und die schmeckten mir damals über alle Maßen köstlich. So kann ich also dem geschickten Koch für alle Fälle ein 501. Gericht empfehlen.

Doch kehren wir zum Brot zurück. Von Zeit zu Zeit quillt unsere gesamte Parteipresse buchstäblich über von wissenschaftlichen Artikeln, publizistischen Auftritten, Feuilletons, Gedichten, Poemen und Romanen, die alle dem Brot gewidmet sind.

Nun, und so ist es doch auch. Das Wort »Brot« sagt unserem Ohr und Herzen bedeutend mehr als der Name jeder anderen Speise. Brot enthält alle zur Aufrechterhaltung des Lebens notwendigen Komponenten: Eiweiß, Kohlehydrate und viele mehr. Solange der Mensch Brot hat, kann man nicht sagen, daß er hungert. Auch im Gebet bittet der Mensch Gott vor allem »Unser täglich Brot gib uns heute«. Fast alle, die wir unter den Bedingungen der sowjetischen Wirklichkeit aufgewachsen sind, haben früher oder später Krieg und Hunger erlebt und haben uns daran gewöhnt, im Brot fast etwas Heiliges zu sehen. Trotz des Mangels an Fleisch wird niemand den verurteilen, der einen verdorbenen Fleischklops in den Mülleimer wirft, aber ein Stück Brot . . .

Was habe ich nicht alles an zornigen Zeilen, in Vers und Prosa, über diejenigen gelesen, die, den Krieg und die Blockade von Leningrad vergessend, ganze Brotlaibe in den Mülleimer warfen. Darüber gibt es mehr Gedichte als entsprechende Anlässe. Aber wenn es nur um ganze Brotlaibe ginge! Die Presse fordert das Volk darüber hinaus sowohl zürnend als auch lyrisch oder romantisch auf, jeden Bissen, jede Kruste, jeden Krümel aufzubewahren und zu nutzen. Fällt dir ein Stück zu Boden, puste drauf, spuck drauf und iß es! Ist es vertrocknet, zu hart für deine Zähne, weiche es in Wasser auf und iß es! Und selbst wenn es grün verschimmelt ist, muß man daran denken, daß der Schimmel Penicillin enthält.

Kürzlich las ich zufällig in der *Nedelja*, daß im Kiewer Stadtteil Oktjabrskij entscheidende Maßnahmen ergriffen werden. In den Geschäften hängen jetzt an den Wänden nicht nur Vorschläge für die Zubereitung von Speisen aus vertrocknetem Brot (allein schon diese Vorschläge würden ein entsprechendes Poem rechtfertigen), sondern man organisierte auch das Einsammeln von Krümeln.

Aber was soll das eigentlich, Genossen? Der sorgsame Umgang mit Brot ist natürlich notwendig, doch muß man wirklich jedes Stückchen, auf das man zufällig getreten ist, aufheben, muß man jeden Krümel, der unter den Tisch gefallen ist, aufpicken? Wir sind doch keine Spatzen, keine Bettler, keine Geizhälse. Und warum reibt man uns so viele Jahre lang den Krieg und die Blockade von Leningrad unter die Nase? Viele von denen, die nach dem Kriege und erst recht nach der Blockade geboren wurden, sind doch schon ergraut und kahlköpfig. Und täglich zeigt das Fernsehen Werktätige des Dorfes, Fahrer von Mähdreschern und Traktoristen mit staubbedeckten Gesichtern, die Ernteschlachten schlagen. Nun lebe ich aber schon drei Jahre im Westen, ohne irgendwelche besonderen Schlachten und Kämpfe bemerkt zu haben. Im Fernsehen habe ich auch noch nie irgendwelche Traktoristen und Fahrer von Mähdreschern gesehen. In den Zeitungen finde ich auch keine Aufrufe, Brotkrümel zu sammeln, und dennoch gibt es in den Läden alles in Hülle und Fülle.

Wo bleibt denn nun unser Brot bei all den gigantischen Anstrengungen?

Es gibt, sagen sie, immer noch uneinsichtige Bürger, die Brot an Schweine verfüttern. Über diese Schweinehalter wird in den Zeitungen geschrieben, und es fehlt nicht viel, daß man sie sogar einsperrt.

Apropos Schweine. Ungefähr vor zehn Jahren lebte ich einen Monat lang in der Stadt Klinzy, im Smolensker Gebiet. Und natürlich besuchte ich auch die örtlichen Lebensmittelgeschäfte. Ganz gewöhnliches Fleisch gab es natürlich nicht. Selbst Wurst mit grünlichem Schimmelanflug bekam man nur an Feiertagen. Dafür gab es Schweineschwänze und Schweinefüße im Überfluß. Daraus machten die Ortsansässigen Sülze.

Nun, einige Kritikaster schimpften natürlich, daß man sie nur mit Füßen und Schwänzen fütterte. Andere, Einsichtigere, sagten: Diese Vollgefressenen! Und erinnerten wieder an Krieg und Blockade. Ich aber unterstützte weder die einen noch die anderen, sondern dachte: Woher kommen die vielen Füße und Schwänze, und wo ist das geblieben, dem sie entsprossen sind, die Schweine selbst? Gut, Klinzy ist natürlich eine sowjetische Stadt. Also gab es auch ein Rayonkomitee der Partei und ein Exekutivkomitee des Rayonsowjets. Es konnten aber doch die verantwortlichen Funktionäre dieser Institutionen, wie viele es immer sein mochten, nicht alle diese Schweine verschlungen und der nichtverantwortlichen Bevölkerung nur Schwänze und Füße übriggelassen haben? Und das um so weniger, als es sich im großen und ganzen um ein landwirtschaftliches Gebiet handelte, in dem es unter allen Umständen mehr Schweine als leitende Genossen geben mußte.

In einer anderen Stadt aber, in der es weder Schwänze noch Füße gab und auch die Brotversorgung nicht klappte, wurde ich richtig nachdenklich. Gut, es gibt kein Brot, das ist klar, die Schweine essen es auf. Wo aber sind dann die Schweine?

Und erst später, wieder in Moskau zurück, wurde ich aufgeklärt. Ich fuhr da mal mit meiner Katze im Trolleybus zum Tierarzt. Ich selbst verhielt mich still, und auch die Katze störte niemanden. Da fiel plötzlich ein aggressives altes Weiblein in brutalster Weise über mich her. »Aha«, sagte sie, »darum gibt es kein Fleisch, weil allerlei uneinsichtige Leute Hunde und Katzen halten.« Andere Fahrgäste unterstützten sie auf das nachdrücklichste. Ich machte mir direkt Sorgen, daß sie meine Katze lynchen würden. Und mich dazu. Also machte ich mich aus dem Staube, kroch aus dem Trolleybus und ging zu Fuß, nicht zum

Doktor, sondern nach Hause. Mit der Katze auf dem Arm. Daheim gab es Streit mit meiner Frau, weil die Katze ihre Spritze nicht bekommen hatte, und meine Laune war total verdorben. Also betrank ich mich, natürlich mit Wodka. Der Wodka war natürlich Mist, aus Sägespänen gemacht. Denn wenn man Brot nicht einmal an Schweine verfüttern kann, dann hat man erst recht kein Getreide übrig, das sich in Wodka verwandeln ließe.

Wodka hatte ich also getrunken und fing an, nach etwas Eßbarem zu suchen. Brot war nicht da, die Schweine hatten es gefressen. Schweinefleisch war auch nicht da, die Katze hatte es gefressen. Ich nahm eine Gurke, die frißt weder Schwein noch Katze, denn sie ist gesalzen. Die Katze zu meinen Füßen miaute aber, sie wollte was zu essen. Ich gab ihr Milch, gut, daß die Alte aus dem Trolleybus das nicht sah. Selber trank ich noch von meinem mistigen Wodka, griff mir vom Regal ein Buch des vorrevolutionären Schriftstellers Wlass Doroschewitsch, legte mich aufs Sofa und begann zu lesen.

Doroschewitsch berichtet, wie Schaljapin einst in Italien auftrat und die italienischen Zeitungen damals schrieben, Sänger aus Rußland nach Italien zu bringen, sei ebensolcher Unsinn, wie Weizen nach Rußland einzuführen. Ich dachte: auch das noch! Schien es denn wirklich unsinnig zu sein, Weizen nach Rußland einzuführen? Aber dann überlegte ich mir: Es ist tatsächlich unsinnig. Rußland nämlich oder, genauer gesagt, die Sowjetunion ist doch ein so riesiges Land, da gibt es verschiedene Böden, dürre, sumpfige, Böden unter Dauerfrost; aber es gibt auch nicht schlechte, gute oder sogar ausgezeichnete Böden. Und dann das Klima. In Verbindung mit dem Kolchossystem ist es natürlich schrecklich, für sich genommen ist es stellenweise rauh, stellenweise aber auch durchaus nicht schlecht. Und Nahrung läßt sich auf diesen Böden und bei diesem Klima so viel erzeugen, daß sie sowohl für uns ausreicht als auch für die Schweine und die Katzen.

Natürlich muß man selbst im Überfluß mit Brot sorgsam umgehen, so wie mit jedem anderen Erzeugnis menschlicher Arbeit auch. Aber doch nicht so, daß man besondere Gerichte aus trockenen Brotrinden zubereitet oder Krümel und zu Boden gefallene Bissen aufklaubt. Sollen es doch die Schweine fressen. Das wäre ja wohl keine zu große Blasphemie, wenn man bedenkt, daß wir selbst diese Schweine verzehren – wenn es gelingt, ein solches zu ergattern.

Yolki-palki

Der Absturz des südkoreanischen Jumbo-Jets

»Yolki-palki«*, rief der sowjetische Kampfflieger, als er den fremden Jet im Visier hatte. »Also ich gehe jetzt, bei mir brennt schon das S. G.«

Die Übersetzer der UNO zerbrachen sich später die Köpfe darüber, was hier wohl die »Yolki« und die »Palki« sollten, die sich doch zehntausend Meter tiefer befanden als das, was sich oben abspielte.

Ich weiß nicht, was S. G. bedeutet: »sapass gorjutschewo« (Brennstoffreserve) oder vielleicht »sarjad gotow« (abschußbereit)? Ich weiß nur, daß für gewöhnlich mit »Yolki-palki« ein Gefühl der Nervosität, der Begeisterung, Verärgerung oder Unruhe ausgedrückt wird. Es gibt dafür andere Wörter, die oft im täglichen Leben verwendet werden, deren Gebrauch über Funk aber streng verboten ist. Sogar der Abschuß eines Passagierflugzeuges erfordert es, daß man sich zivilisiert ausdrückt. Notfalls kann man ja Euphemismen benutzen, das heißt, man kann unanständige Wörter durch gleichbedeutende anständige ersetzen.

Despotische Regimes zeichneten sich schon immer durch einen Hang zur Ablehnung ordinärer Wörter und Wendungen aus; unvorstellbare Grausamkeit war stets von verbaler Prüderie begleitet. Die Nazis bezeichneten die Liquidierung von Millionen Juden als »Endlösung der Judenfrage«. In der UdSSR hießen Massenrepressalien beispielsweise »Kollektivierung« oder »Kampf gegen die Op-

---

* Auf russisch wörtlich: Tannen, Stöcke. Bedeutet soviel wie »Scheibenkleister« statt »Scheiße« (Anm. d. Übers.).

position«, später »Fehler des Personenkultes«. Bei einer Aggression gegen andere Staaten spricht man sehr gewählt von »Bruderhilfe«.

Als 1971 drei Sowjetkosmonauten ums Leben kamen, sagte der Sprecher im Fernsehen nicht einfach: »Liebe Genossen, es ist ein Unglück passiert«, nein, mit erhobener Stimme verkündete er, die Mission sei erfolgreich beendet, die und die Aufgaben seien im Verlauf des Fluges erfüllt und die Bremsaggregate rechtzeitig eingeschaltet worden; das Raumschiff sei in die Erdatmosphäre eingetreten und eine weiche Landung sei an der vorgesehenen Stelle erfolgt. Die Kosmonauten wurden auf ihren Sitzen ... – hier wechselte der Sprecher vom triumphierend-feierlichen zu einem feierlich-traurigen Tonfall und beendete den Satz – ... ohne Lebenszeichen gefunden. Alles war in bester Ordnung, nur daß irgendwelche Zeichen fehlten.

Genauso war es im Fall des koreanischen Flugzeugs. Es hieß nicht einfach, es sei abgeschossen worden; nein, es habe Kurs auf das Japanische Meer genommen. Erst unter dem starken Druck der westlichen öffentlichen Meinung tauchte eine neue Formulierung auf: Ergreifung der Mittel zwecks Unterbrechung des Fluges. Tatsächlich wurde der Flug unterbrochen, das Flugzeug flog »in Richtung Japanisches Meer«. Dieses Meer befand sich unten, und eben dorthin bewegte sich das besagte Flugzeug. Das größte und schönste aller Flugzeuge der Welt taumelte hilflos in der Luft wie ein Herbstblatt. Die Passagiere flogen von ihren Sitzen, prallten gegen die Decke, gegen die Sitzlehnen, gegeneinander. Das herzzerreißende Schreien von über zweihundert Menschen wurde von den Flugkontrollstellen nicht registriert, doch man kann es sich leicht vorstellen. Die Fluglotsen vernahmen nur die Stimme des sowjetischen Piloten, der – yolki-palki! – befürchtete, daß ihm vielleicht das Benzin bis zum Flugplatz nicht reichen würde.

Hier möchte ich doch ein paar Worte zur Verteidigung

des sowjetischen Piloten sagen. Es wird behauptet, er habe sich weder irren noch ein Passagierflugzeug mit einem Aufklärer, eine »Boeing 747« mit einer »Boeing 707« verwechseln können, um so weniger, als ja die Aufschrift deutlich sichtbar war. Trotzdem sind all diese Beweise wertlos. Vielleicht hat der Sowjetpilot die »Boeing 747« irgendwann auf einem Bild gesehen, vielleicht auch nicht. Das Bild ist eine Sache, die Wirklichkeit eine andere. Und daß da »Corean Airlines« stand – nun ja, schreiben kann man vieles. Auf den sowjetischen Spionage-Lkws, die durch ganz Europa rollen, steht auch »SOVTRANS-AUTO«.

Alle Sowjetmenschen, insbesondere das Militär, werden in einer hysterischen Spionageangst erzogen; es wird ihnen eingehämmert, daß fast jeder Ausländer ein Spion sei. Fürchterliches berichtet man über die Machenschaften ausländischer Geheimdienste. Als ich Soldat war, erzählte man uns eine Geschichte – sie stand sogar in unserem Lehrbuch – von einem Hund, der auf dem Militärflugplatz herumlief, später kam heraus, daß ihm anstelle eines seiner Augen ein Fotoapparat eingesetzt worden war.

In Polen wurde uns eingehämmert, auf keinen Fall Kontakte mit der dortigen Bevölkerung anzuknüpfen, alle polnischen Mädchen arbeiteten für den amerikanischen Geheimdienst. Man erzählte uns, daß einmal ein nicht genügend wachsamer Offizier einer polnischen Frau half, ihren Koffer in den Waggon zu heben, und am nächsten Tag sei in westlichen Zeitungen ein Foto erschienen mit der Erklärung, hier seien Sowjettruppen abgebildet, die Polen nach Sibirien abtransportierten.

Der eingeschüchterte sowjetische Bürger sieht in jedem Menschen mit einer dunklen Brille, einer Kamera oder gar einem Fernglas einen feindlichen Spion. In Moskau ist mein Nachbar, ein Schriftsteller, der seine Erzählungen bei Parkspaziergängen auf Tonband sprach, mehrmals von der Milizstreife angehalten worden unter dem Verdacht, er setze sich mit Hilfe eines Senders mit seiner Zentrale in Verbindung.

In den sechziger Jahren berichteten die sowjetischen Zeitungen von einem alten Mann, der im Winter im Schnee immer barfuß und nur in Unterhosen herumlief, um sich abzuhärten. Auf diese Art wollte er seine Gesundheit fördern und sein Leben verlängern, was ihm jedoch nicht gelingen sollte. Einmal, in Unterhosen und barfuß, verlief er sich nämlich im Wald und fand sich in der Nähe eines Militärobjektes wieder. Als der Wächter diesen merkwürdigen Menschen bemerkte, dachte er sofort: »Yolki-palki, ein Spion!« Er versuchte den Alten aufzuhalten und schoß ihn erst nieder, als dieser die Flucht ergriff. Die Zeitungen, die die Lebensweise des Alten verherrlicht hatten, verloren natürlich kein Wort über dessen letzten Spaziergang.

Übrigens, vor 19 Jahren war es mir möglich, die Insel Sachalin aufzusuchen. Kurz vor meiner Ankunft stürzte dort eine »Il-18« ab, worüber selbstverständlich nichts in den Zeitungen stand. Das Flugzeug fiel auf einen Hügel, und die Leichen der Passagiere wurden nach allen Seiten hin verstreut. Als mein Freund nun versuchte, diesen Hügel zu fotografieren (nicht einmal die Leichen), waren die wachsamen Bürger nahe daran, ihm den Fotoapparat auf dem Kopf zu zerschlagen. Auf Sachalin hielt ich in zahlreichen Armee-Einheiten literarische Vorträge, möglicherweise auch in derjenigen, in der heute der Major dient, der die koreanische »Boeing« abschoß. Irgendein Pilot, ebenfalls ein Major (inzwischen vielleicht zum General befördert), erzählte mir damals, daß er einmal mit seinen Kollegen in Moskau war und daß sie am zentralen Telegrafenamt einen Ausländer bemerkten, der sie – yolki-palki! – fotografierte. Den haben sie natürlich geschnappt, ihm den Fotoapparat aus der Hand gezerrt, den Film belichtet und den Fotografen selbst ins Milizrevier gebracht.

»Warum habt ihr das getan?« fragte ich den Major.

»Das verstehst du nicht?« fragte er mich.

»Nein, versteh' ich nicht.«

»Wir waren doch in Uniform, und er fotografierte uns.«

»Na und? Was konnte er denn mit seinen Fotos anstellen?«

»Das verstehst du nicht?«

»Keineswegs.«

»Und wenn er sie in einer Zeitung veröffentlicht hätte?«

»Und wenn schon? Was wäre schon dabei, wenn ein ausländischer Leser erfahren würde, daß am zentralen Telegrafenamt einmal drei Offiziere standen?«

»Das verstehst du nicht?«

Das verstand ich natürlich nicht. Auch heute kann ich das noch nicht verstehen. Um so etwas überhaupt verstehen zu können, braucht man einen Psychiater; aber der Major blieb, obwohl er mir den Grund für seine Unruhe nicht erklären konnte, bei seiner Ansicht, wenn man unter Ansicht das meint, was mit Worten nicht auszudrücken ist.

Stellen wir uns also einen solchen Major vor, den ein ausländischer Tourist erschreckt hatte. Was soll man von ihm erwarten, wenn er – befehlsgemäß mit seiner Maschine aufgestiegen – plötzlich ein riesiges Flugzeug mit fremder Aufschrift vor sich sieht. Yolki-palki! Woher soll er wissen, daß es sich um ein einfaches Passagierflugzeug handelt, das vom Kurs abgekommen ist? Außerdem ist er Soldat, seine Aufgabe ist es also, Befehle auszuführen, und nicht, sich über sie Gedanken zu machen: Wie es in einem Lied heißt, »... und wenn was nicht stimmt, ist's nicht unsere Sache, die Heimat hat's befohlen, und das werd' ich jetzt machen ... !«

Viele tragen die Schuld an der Katastrophe des Jumbo-Jets. Darunter der koreanische Pilot, der einen fatalen Irrtum begangen hatte; jene amerikanischen und japanischen Fluglotsen, denen das von seinem Kurs abgekommene Flugzeug außer Kontrolle geriet, und selbstverständlich jener sowjetische General, der, ebenfalls in Spionagehysterie erzogen, den Schießbefehl erteilte. In der Reihe der Schuldigen würde ich den sowjetischen Piloten an die letzte Stelle setzen. Er führte nur den Befehl aus. Und trotzdem . . .

Im Jahre 1945 warf der amerikanische Major Claude Itherly, dem Befehl seiner Vorgesetzten folgend, die Atombombe auf Hiroshima.

Es war eine der beiden Bomben, die den Kriegsausgang bestimmten. Hätte es sie nicht gegeben, so hätte sich der Widerstand hinausgezögert, und die Zahl der Opfer wäre noch größer geworden. Vom arithmetischen und strategischen Standpunkt aus gesehen, war also alles in Ordnung. Daß als Folge der Explosion Tausende von Unschuldigen umkamen . . . nun, was war da zu machen? Krieg ist eben Krieg, und die Bombe macht keinen Unterschied zwischen Recht und Unrecht (es wäre selbstverständlich gerechter gewesen, wenn sie nur die japanischen Generäle getötet hätte).

Alles das ist richtig. Aber das Gewissen Itherlys hielt nicht Schritt mit der Logik, der Strategie und der Arithmetik. Als er erfuhr, was er unten durch seinen Knopfdruck angerichtet hatte, wurde er wahnsinnig.

Und der sowjetische Major? Ob ihn vielleicht auch Gewissensbisse plagen würden, wenn er erführe, daß man an der Küste Japans die enthauptete Leiche eines Kindes fand? Und den Leichnam einer Frau ohne Kopf. Und einen weiteren Leichnam ohne Kopf, Arme und Beine? Ganz einfach ein Stück menschlichen Fleisches, das einige Zeit im Meerwasser gelegen hatte?

Auf dem Boden ist dieser Major ein einfacher, friedlicher Mensch. Er liest Zeitung, geht mit seiner Frau in den Offiziersklub, hilft den Kindern beim Rechnen oder geht mit ihnen zum Angeln. Er ist kein Bandit. Weder schießt er nachts auf einen verirrten Spaziergänger, noch sticht er ihn mit dem Messer nieder.

Aber wie sehr ich mich bemühe, seine Tat zu rechtferti-

gen, eine Frage würde ich ihm dennoch stellen: »Yolki-
palki, Major! Schläfst du wirklich in aller Ruhe unter dem
von dir verteidigten Himmel? Und das von dir geköpfte
Kind erscheint dir nie im Traum?«

Ohne Fürsorge der Leninistischen Partei

Wenn mir vor zehn oder fünf Jahren irgend jemand gesagt hätte, daß ich in einem deutschen Dorf leben und zu meinen Nachbarn nicht »Sdrastwuitje«, »Spassibo« und »do swidanja« sagen würde, sondern »Guten Tag«, »Danke schön« und »Auf Wiedersehen«, nicht um alles in der Welt hätte ich das geglaubt. Aber so ist es gekommen. Unser Dorf bei München heißt Stockdorf. »Stock« heißt auf russisch »palka«. Wir nennen dieses Dorf Palkino, und unsere Moskauer Freunde gaben ihm den Spitznamen Perepalkino, im Anklang an das Literatendorf bei Moskau, Peredelkino.

Also, jetzt lebe ich in Stockdorf und sehe Moskau nur manchmal, wenn es im Fernsehen gezeigt wird. Ich muß dazu sagen, daß ich es mir immer ansehe, wenn es gezeigt wird, obwohl ich weiß, daß ich davon schlechte Laune bekomme, aber trotzdem sehe ich es mir an. Und so lief es auch diesmal. Wir schalten also den Fernsehcr ein und schauen: Da ist Moskau. Der Rote Platz. Führerporträts, das GUM. Es ist justament eine Sendung über das GUM.

Eine Schlange steht an. Eine riesig lange Schlange. Um das Kaufhaus herum. Im Kaufhaus drin. Sie ergießt sich in die einzelnen Abteilungen. Ich weiß nicht, was es an diesem Tag zu kaufen gab. Vielleicht waren jugoslawische Stiefel ausgeworfen worden oder Schuluniformen oder sonst etwas. Im übrigen, was auch immer dort angeboten würde, es würde sich eine Schlange bilden, weil alles gebraucht wird. Da drückt sich also das Volk; die hinteren drängen gegen die vorderen. Manche Gesichter sind voller Entschlossenheit durchzuhalten und zu gewinnen, auf anderen liegt der Ausdruck totaler Hoffnungslosigkeit; diese Menschen wissen im vorhinein, daß man den ganzen Tag lang steht, von der Seite angerempelt wird und, endlich am Ladentisch angelangt, die Verkäuferin rufen hört: »Kasse, keine Uniform mehr eintippen! Uniformen sind aus!« Und zu den Käufern: »Bürger, steht nicht umsonst an, drängelt euch nicht!«

Und irgendeine Bürgerin, die dennoch auf ein Wunder hofft, wird die Verkäuferin anflehen: »Wieso denn das, ich bin extra aus Woronesch hergekommen!« Und man wird ihr sagen: »Alle sind extra hergekommen!« – »Aber ich brauch' doch bloß eine!« Auch dies ist kein Argument. Alle brauchen bloß eine. Alle, das sind Tausende, und für jeden kann man's nicht herbeischaffen.

Ich schaute mir das an und wurde tieftraurig. Das war mein verflossenes Leben. Achtundvierzig Jahre hatte ich in der Sowjetunion gelebt und selber in Schlangen einen Weg zurückgelegt, der, wenn man ihn addierte, von Moskau bis nach Wladiwostok gereicht hätte. Ich erinnere mich an Schlangestehen nach Brot, auf den Bahnhöfen nach heißem Wasser, in den Behörden nach irgendeinem läppischen Papier, im Krieg an schleppendes Anstehen vor den Frauentoiletten. Heute steht man, dem erhöhten Wohlstand angemessen, Schlange nach Bier, nach Waschpulver, nach Handschuhen, nach Zahnpasta, nach Toilettenpapier und sogar nach dem Rubikwürfel.

Es gibt verschiedene Schlangen. Manche bilden sich für ein paar Minuten, manche für eine Nacht und manche für ein paar Tage. Nach einem Auto oder einer Wohnung stehen die Leute jahrelang Schlange. Dennoch konnte ich mir überhaupt nicht vorstellen, wie schrecklich eine lebendige Schlange aussieht, wenn man sie als Außenstehender betrachtet.

Im Fernsehen wurden alle diese Schlangen gezeigt, in allen Abteilungen und in den verschiedenen Stockwerken, und anschließend eine dicke, ältere Angestellte des GUM. Ich verstand nicht, als was sie da fungierte, ob als örtliche Parteiführerin oder als Leiterin einer Sektion, aber politisch war sie auf der Höhe. Sie erklärte den westdeutschen Fernsehzuschauern, daß der Überfluß, den sie hier mit eigenen Augen sähen, vom sowjetischen Volke unter der Führung und dank der unermüdlichen Fürsorge unserer Leninistischen Partei erreicht werde.

Ich schaute mir das an, hörte mir das an und dachte: Wo steht bloß den sowjetischen Menschen der Kopf! Sie versteht selbst nicht, was sie da faselt. Alle diese Waren, die im GUM ausgestellt sind, können doch bei westlichen Menschen nur Spott auslösen.

Ich erinnere mich an den Witz über einen Amerikaner, der auf eine Menschenschlange zugeht und fragt, was hier verkauft werde. Man sagt ihm: »Sie haben Schuhe ausgeworfen!« Er besieht sie sich und sagt: »Ja, bei uns werden solche auch weggeworfen.«

Na schön, diese Tante aus dem GUM hatte vielleicht keine Reiseerfahrung, war nie im Leben im Ausland gewesen und konnte sich den Unterschied zwischen dem armseligen GUM und einem beliebigen, ganz einfachen westlichen Laden eben nicht vorstellen. Der Sekretär der Moskauer Sektion des Schriftstellerverbandes der UdSSR, Felix Kusnezow, jedoch, der kennt den Unterschied. Der hat Reiseerfahrung. Der war im Ausland. Der stand in seiner Freizeit, die ihm vom Kampf für den Frieden übrigblieb, mit aufgesperrtem Mund in den hiesigen Geschäften. Und der sollte sich schämen, in der Rolle der von mir erwähnten Tante aufzutreten.

Aber nein, er schämt sich nicht. In seinem Artikel, der unter der Überschrift »Nicht zu spät kommen« in der Literaturzeitung erschien, stellt er die Unheil stiftenden Imperialisten bloß und schreibt unter anderem, daß Leute aus dem Westen, die die UdSSR besuchten, sich über die »ruhige, entspannte und sachliche Atmosphäre in unserem Lande« verwunderten, während gleichzeitig im Westen die panische Angst vor einer Atomkatastrophe wachse. Und etwas weiter unten heißt es: »Wir arbeiten ruhig, lösen die Probleme mit unserem Ernährungsprogramm und vervollkommnen den Sozialismus.«

Wenn schon das Ernährungsprogramm die Ausländer in Erstaunen setzt, dann nur dadurch, daß es überhaupt existiert. Im siebenundsechzigsten Jahr der Sowjetmacht und fast vierzig Jahre nach Kriegsende. Da kann man sich nur wundern. Hierzulande löst keiner Probleme mit einem Ernährungsprogramm. Hier gibt es das einfach nicht. Hier geht man in einen Laden und kauft sich, was man braucht.

Kürzlich hörte ich die Geschichte von einer sehr orthodoxen Professorin für Marxismus-Leninismus, nennen wir sie Irina. Es hatte sie zum ersten Mal in den Westen, genauer, nach München verschlagen. Zusammen mit ihren deutschen Begleitern ging Irina in ein Geschäft. Sobald sie sah, was hier alles in den Regalen stand, schloß sie blitzschnell, daß dies zum Zwecke der Provokation aufgestellt worden war. Sie wußte (man hatte es ihr eingetrichtert), daß man hier auf der Hut sein mußte.

Sie sieht zwölf Sorten Orangen. »Das haben wir auch«, sagt sie. Sie sieht siebzig Sorten Wurst: »Das haben wir auch.« Sie sieht einhundertfünfzig Sorten Käse. »Das haben wir auch.« Sie tritt an ein weiteres Regal heran, dort steht Toilettenpapier: weißes, rosafarbenes, geblümtes, gepünkteltes und kariertes; gewöhnliches, doppeltes, glattes und genopptes. »Das«, sagt sie, »haben wir auch . . .« und fällt ihn Ohnmacht. Als sie zu sich kommt, schleppt man sie auf einer Bahre in ein Auto mit blickgeschützten Fenstern. Sie erschrickt, denkt, es sei eine »grüne Minna«. »Was ist das?« fragt sie. Man sagt ihr: »Ein Rettungswagen.« – »Ah«, sagt sie beruhigt, »das haben wir auch.«

Ein anderer älterer Mann aus der Sowjetunion kam her, um seine Tochter, die einen Deutschen geheiratet hatte, zu besuchen. Und ging ebenfalls mit ihr in ein Geschäft. Sie beginnt groß anzugeben, was es hier nicht alles gebe. Er besieht sich alles und runzelt die Stirn: »Nein«, sagt er, »zeig' mir einen richtigen, echten Laden.« – »Und was soll das hier für einer sein?« – »Das weiß ich nicht«, sagt er, »vielleicht ein Sonderladen, einer für Ausländer. Du sollst mir aber einen richtigen zeigen, einen für die einfachen Leute.« Die Tochter versucht ihm klarzumachen, daß dies ein Laden für alle sei, für die einfachen und die besseren Leute. Aber er besteht darauf und wiederholt andauernd: »Das kann nicht sein, zeig mir einen richtigen.«

Sie schleift ihn von einem Laden in den anderen; er geht mit, schaut, traut seinen Augen nicht und verlangt wieder, sie solle ihm einen richtigen Laden zeigen. »Ja, was für einen richtigen denn?« ärgert sie sich. »Meinst du so einen miesen Laden wie den bei euch am Sokol?« – »Na ja, auch so einen, wenn's sein muß.« – »Aber wir haben hier keine solchen Läden. Möchtest du vielleicht, daß ich dir einen Dorfkonsum zeige?« – »Ja, zeig ihn mir«, sagt der Vater.

Gut. Sie läßt ihn in ihr Auto einsteigen und fährt etwa fünfzig Kilometer aufs Land nach Hintertupfing. Wieder gehen sie in einen Laden. Sie kommen heraus, der Vater blickt sich um, sieht, die Häuser ringsherum sind ein-, eher zweistöckig, gediegen, aus Stein gemauert, ziegelgedeckt, mit riesengroßen Fenstern, mit Balkonen und Blumen auf den Balkonen. Und nicht eine Bruchbude. »Und das soll ein gewöhnliches deutsches Dorf sein?« fragt der Vater. »Ja«, sagt die Tochter, »ein ganz normales Durchschnittsdorf.« – »Nein«, sagt der Vater, »zeig mir ein richtiges Dorf.«

Ich möchte, daß man mich richtig versteht: Reichtum an sich bewegt und verleitet mein Herz nicht. Ich persönlich würde ein nicht gerade hungriges, aber sagen wir, bescheidenes Leben in einer freien Gesellschaft einem reichen Leben in einer unfreien Gesellschaft vorziehen. Indes zeigt die Praxis (und die Theorie ebenfalls), daß freie Menschen mehr materielle Werte erzeugen als unfreie. Das hat im übrigen sogar Karl Marx bemerkt.

Das ist es, weshalb die Bewohner nicht nur Deutschlands, sondern aller westlichen Länder einen solchen Überfluß an materiellen Gütern erreicht haben, den sich sowjetische Menschen nicht einmal im Traum vorstellen können. Und den sie übrigens erreicht haben ohne jegliche Fürsorge seitens der Leninistischen Partei.

Ihr seid auf dem richtigen Weg, Genossen!

Der richtige Weg

Vor rund fünfzehn Jahren kehrten meine Frau und ich vom Aufenthalt am Schwarzen Meer nach Moskau zurück und gerieten etwa in der Gegend um Armawir auf eine breite und nach sowjetischem Maßstab durchaus gute Autostraße, die Pjatigorsk mit Rostow am Don verband. Jedenfalls hatten wir den Eindruck, daß diese Straße die richtige sei und, obwohl es an der Abzweigung keinerlei Wegweiser gab, bogen wir in sie ein und fuhren weiter in der Annahme, ein Hinweisschild würde bald kommen, und notfalls müßten wir dann umkehren.

Die Straße war leer. Äußerst selten kamen uns Autos entgegen, in unsere Richtung schien außer uns niemand zu fahren. Das irritierte uns freilich nicht. Hauptsache, wir kommen bald an ein Schild. Aha, da kommt wohl eins . . .

Das große Straßenschild erspähten wir schon von weitem. Doch beim Heranfahren erkannten wir, daß es ein riesiges Lenin-Porträt war – das Porträt eines gütig aussehenden Alten mit Schirmmütze und einem bescheidenen roten Schleifchen auf dem Jackenrevers. Die Hand leicht gekrümmt zur Schirmmütze erhoben, empfahl Wladimir Iljitsch freundlich blinzelnd die von uns gewählte Reiseroute: »Ihr seid auf dem richtigen Weg, Genossen« – so stand es mit großen Lettern unter dem Porträt geschrieben. Sollte Genosse Lenin jemals diese Worte wirklich gesprochen haben, so meinte er höchstvermutlich den gemeinsamen Weg des Volkes zum Kommunismus, doch auf einem Straßenschild prangend, gewann der Ausspruch einen viel konkreteren Sinn.

Verständlich, daß uns in diesem Fall die Mitteilung des Anführers des Weltproletariats nicht ganz befriedigen konnte, eine genauere Information wäre uns lieber gewesen, doch was sollten wir machen – wir fuhren halt weiter. Die Straße war weiterhin öde und leer, ohne Ansiedlungen, ohne Tankstellen, ohne Wegweiser, sogar ohne die – wenn auch sinnlosen – Sperrholzschilder, auf denen die anliegenden Kolchosen der Allgemeinheit kundtun, wie viele Eier und Milchprodukte sie während des laufenden Fünfjahresplans dem Staate zu liefern gedenken. Einzig das Leninporträt mit dem gleichbleibenden Lächeln und denselben Worten »Ihr seid auf dem richtigen Weg, Genossen!« tauchte mit nervtötender Regelmäßigkeit am Straßenrand auf.

Nachdem wir an die hundert Kilometer gefahren waren, überholten wir endlich einen Traktor und erfuhren vom Fahrer, daß der Weg natürlich der richtige sei, nur die Richtung sei die entgegengesetzte. Wir wendeten, fuhren zurück, und wieder erschienen am Straßenrand, kamen näher, flitzten vorüber und verschwanden die Leninporträts mit der Beteuerung des »richtigen Weges«...

Denke ich an sowjetische Propaganda, so fällt mir sofort diese Straße wieder ein und diese ungezählten Porträts mit ihren sinnentleerten Worten.

Hersteller und Verbraucher

Die sowjetische Propaganda mit der amerikanischen und überhaupt der westlichen zu vergleichen ist schwierig und vielleicht sogar unmöglich, denn die sowjetische Propaganda ist das wichtigste Erzeugnis des sowjetischen Systems, ihre Produktionsrate übertrifft bei weitem die der

Erzeugnisse der Landwirtschaft, der Leicht- und Schwerindustrie und sogar der Rüstungsindustrie.

Mit der Herstellung von Propaganda sind natürlich in erster Linie die Propaganda-Organe der Kommunistischen Partei, der Jugendorganisation Komsomol und des Komitees der Staatssicherheit, des KGB also, beschäftigt. Beschäftigt sind damit auch alle Zeitungen, das Fernsehen und der Hörfunk, das Kino und das Theater, die regionalen Verbände der Schriftsteller, Maler, Komponisten und sogar die offizielle Kirche. Doch außer diesen Organisationen sind auch durchwegs alle Fabriken, Kolchosen, Krankenhäuser, Baukombinate und Truppenteile an der Herstellung von Propaganda beteiligt. Jeder Direktor, Verwalter, Leiter, Vorsitzende oder militärische Vorgesetzte muß dafür Sorge tragen, daß auf dem ihm unterstellten Territorium eine genügend große Anzahl der Porträts Lenins und der amtierenden Mitglieder des Politbüros des ZK der KPdSU aufgestellt ist (und sollte einer von ihnen seines Amtes enthoben werden, so muß sein Porträt sofort und für ewige Zeiten verschwinden). Ferner müssen vorhanden sein: eine genügende Menge Spruchbänder mit nichtssagenden Parolen wie »Das Volk und die Partei sind eins«, »Die Lehre von Marx ist allmächtig, da sie richtig ist« oder »Der Kommunismus wird unweigerlich siegen«; ebenso Wandzeitungen, egal, was drinsteht, Hauptsache sie hängen aus, ebenso Ehrentafeln mit den Porträts sogenannter »Aktivisten« (um als Aktivist anerkannt zu werden, muß man nicht nur Spitzenarbeiter, sondern auch selbst aktiver Hersteller oder zumindest Verbraucher der Propaganda sein) – und obendrein noch alle möglichen Plakate mit Aufrufen, Zitaten, Zahlen und Prozentangaben über die Übererfüllung des Produktionsplans. Diese Zahlen, die mit dem realen Tatbestand nichts zu tun haben, hängen allerorten. Ich sah sogar im Behandlungszimmer des Zahnarztes die schriftliche Verpflichtung zur Materialersparnis.

Jeder Boß, ob groß oder klein, weiß, daß ihm bei irgendeiner Kontrolle seiner Tätigkeit die Nichterfüllung des Plans, eine Sauferei, ein Diebstahl, Schwänzen der Arbeit und Bestechlichkeit allenfalls noch nachgesehen werden können, daß aber Schlamperei im Umgang mit diesen Porträts, Plakaten, Parolen, Zitaten und Zahlen unverzeihlich ist.

Verbraucher der Propaganda ist jeder Sowjetmensch sein Leben lang, beginnend mit dem Kinderhort oder der Schule, wo er das erste Mal im Leben Mitglied eines Kollektivs wird – denn schon im Hort hängen all diese Parolen, Plakate, Porträts und die Wandzeitung. Je nach Alter, sozialer Stellung, Parteizugehörigkeit und Bildungsgrad wird jedem die Propaganda in jener Form angeboten, die, nach Meinung der Machthaber, seiner Auffassungsgabe entspricht.

Unabhängig von ihrem Berufsziel studieren alle Studenten den Marxismus-Leninismus und die Geschichte der KPdSU, die je nach den wandelbaren Forderungen der Propaganda verändert werden. Arbeiter, Kolchosbauern und Soldaten müssen politische Lehrgänge und Zirkel besuchen, wo sie einst die Biographie des Genossen Stalin, dann die zu literarischen Meisterwerken erklärten »Werke des Genossen Breschnew« studieren mußten, während heute Genosse Gorbatschow wohl schon damit befaßt ist, Studiumwürdiges zu schaffen. Theoretisch sind all solche Kurse freiwillig und unentgeltlich, doch weiß natürlich jeder sowjetische Mensch, daß seine Anwesenheit oder sein Fehlen eine unmittelbare Auswirkung auf seine Lebensumstände hat und sich bei Stellungswechsel, Prämienverteilung, Wohnungsbeschaffung, Urlaubsgestaltung oder der Zuteilung von Importhühnern zu den Festtagen bemerkbar machen wird.

Um es mit den Worten eines Bosses an seinen Untergebenen zu sagen: »Arbeite ganz selbstlos und uneigennützig, wir werden es dir schon bezahlen.«

Die Wirkung der sowjetischen Propaganda

Längst vergangen sind für die sowjetische Propaganda
jene glücklichen Zeiten, als die widersprüchlichen Aufrufe
der Partei in der Volksmasse einen Widerhall fanden, als
die Menschen mit Begeisterung Fabriken in Sibirien bauten oder in Spanien »für die Freiheit kämpften«, als sie auf
Demonstrationen entzückt die Fahnen schwenkten und die
Porträts der Führer trugen, als es sie überglücklich machte,
Lenin, Trotzki oder Stalin auch nur von ferne zu sehen, als
sie sich rote Schleifen an die Brust hefteten und ihren
Neugeborenen revolutionäre Namen gaben – etwa Wladi-
len (*Wladi*mir *Len*in), Melor (Anfangsbuchstaben von
Marx, Engels, Lenin, Oktober-Revolution), Kim (russische
Anfangsbuchstaben von »Kommunistische Internationale
der Jugend«) oder ganz einfach »Traktorina« oder »Indu-
stria«.

In jenen gesegneten Zeiten wandte sich die sowjetische
Jugend nicht naserümpfend von sowjetischen Symbolen
ab. Jünglinge zierten ihre Sporttrikots und Anoraks mit
den Abzeichen der »Internationalen Hilfsorganisation für
Revolutionskämpfer«, abgekürzt MOPR, oder des »Wo-
roschilow-Schützen«, einer Auszeichnung für treffsicheres
Schießen, worin Woroschilow angeblich Meister war, und
die jungen Mädchen trugen rote Kopftücher. Ich kann
mich noch daran erinnern, daß die Budjonny-Helmmützen
in Mode waren, die Uniformjacke à la Stalin und sogar der
Stalinsche Schnurrbart.

Lang ist es her, Gras ist darüber gewachsen.

Jetzt gehen die Leute auch zu Demonstrationen,
schwenken Fahnen und Spruchbänder, aber nur, wenn sie
diesen Tag später abbummeln können oder ihn bezahlt bekommen.

Und die Mode ist heute ganz anders. Es sind nicht mehr
revolutionäre Parolen, die heute ein sowjetischer junger
oder auch nicht mehr so ganz junger Mann mit bebender

Stimme ausspricht, sondern die Namen verschiedener westlicher Firmen und Gegenstände. Die Worte »Chesterfield«, »Panasonic« oder »Mercedes« sagen seinem Herzen wesentlich mehr als »Freiheit, Gleichheit, Brüderlichkeit«. Westliche Kleidung wird nicht nur ihrer tatsächlichen Qualität wegen bevorzugt. Die Jeans steigen sprunghaft im Preis, wenn die Hintertasche ein deutlich sichtbares Etikett mit der Aufschrift »Mustang« oder »Levis« aufweist; und der Preis sinkt, sofern das Etikett fehlt. Sehr in Mode sind T-Shirts und Hemden mit der Aufschrift »Coca-Cola« oder »I love New York«. Es heißt, in Moskau seien sogar T-Shirts mit den Worten »I vote Reagan« aufgetaucht. Wenn es an Geld oder der Möglichkeit, ein echtes ausländisches T-Shirt zu ergattern, fehlt, kann man auch einen Ersatz kaufen – ein T-Shirt sowjetischer Provenienz, doch mit den gleichen Worten. Aber versuchen Sie mal ein T-Shirt, und sei es von allerbester Qualität, mit der Aufschrift: »Ich liebe Moskau« oder »Ich liebe Lenin« oder vielleicht »Ich wähle Gorbatschow« – natürlich auf Russisch, mit kyrillischen Lettern – zu verkaufen. Sie werden dafür nicht nur nicht gelobt, sondern höchstwahrscheinlich zur Untersuchung in eine psychiatrische Klinik gebracht, denn einen solchen Slogan wird man als böswilligen Hohn werten.

Sowjetischen Menschen scheint alles Westliche erstrebenswert. Whisky und Coca-Cola sind begehrenswerter als Wodka und Kwaß, das russische Getränk aus Malz und gegorenem Brot. Es ist schier unmöglich, in das Konzert irgendeines stimmlosen amerikanischen Sängers oder in eine eigentlich uninteressante amerikanische Ausstellung zu gelangen, so überfüllt sind sie. Und das irritiert natürlich die sowjetischen Propagandisten. Seinerzeit schrieb einer der linientreuesten sowjetischen Schriftsteller, der verbohrte Stalinist Wsewolod Kotschetow, einen ganzen Roman darüber, wie auf Weisung der CIA in der Sowjetunion eine amerikanische Jazzband gastiert; Solistin ist eine empörend aufdringliche Negersängerin, die auf der Bühne mit ihrem dicken Hintern derartig wackelt (natürlich auch auf Weisung der CIA), daß der wankelmütige Teil der sowjetischen Jugend von dem zersetzenden westlichen Ungeist angesteckt wird, das Studium des Marxismus-Leninismus aufgibt und von der Erfüllung wichtiger volkswirtschaftlicher Aufgaben abgelenkt wird. (Und Kotschetow hatte ganz recht: die Jugend war abgelenkt und sang statt ihrer russischen Heimatlieder einen ideologisch verderblichen und sogar lästerlichen Song:

Rasputín, Rasputín,
greatest russian love-machine . . .).

Und unlängst hatte ich in London Gelegenheit, mir sowjetisches Fernsehen anzuschauen, und zwar den Vortrag eines Doktors der Philosophie. Er berichtete, welcher amoralischen und arglistigen Methoden sich weltweit die Imperialisten bedienten, um die monolithische Einheit des sowjetischen Volkes zu untergraben und letzten Endes das unerschütterliche Ordnungssystem zu Fall zu bringen. Zur Zeit des Bürgerkrieges versuchten sie die Sowjetmacht mittels einer direkten Intervention zu stürzen. Es klappte nicht. Sie versuchten uns mit allen möglichen wirtschaftlichen Sanktionen zu erwürgen. Es klappte nicht. Hofften, uns mit Hilfe der Hitler-Horden zu vernichten. Es klappte nicht. Meinten, uns zersetzen zu können, indem sie die sogenannten Dissidenten benutzten. Es klappte nicht. Jetzt geben sie Millionen von Dollars für die mit bürgerlicher Symbolik verzierten Jeans und T-Shirts aus, die sie in unser Land schicken. Sie schrecken vor nichts zurück, sogar mit ihrer eigenen amerikanischen Flagge bepflastern sie Teile der Hose, die die Gesäßbacken verdecken. Diese Flagge auf dem Gesäß hat den Doktor der Philosophie so empört, daß er ihr den restlichen Teil seiner Rede widmete, schäumend vor Verachtung über die amerikanische Flagge und jene Stelle, an der diese verruchten Imperialisten sie anbringen.

Doch wie immer erzeugen all solche Reden die gegenteilige Reaktion. Mittlerweile hat die sowjetische Propaganda den Vertrauenskredit ihrer Verbraucher völlig erschöpft. Ja, mit ihrer ständigen Verlogenheit und Prinzipienlosigkeit hat sie das genaue Gegenteil erreicht: Alles, was sie verurteilt, weckt beim sowjetischen Menschen tiefstes Interesse; alles, was sie preist – einen nicht minder tiefen Widerwillen. Wenn zum Beispiel die sowjetische Presse den einen oder anderen Schriftsteller lobt, wird er natürlich gedruckt, aber wohl kaum gelesen. So ist die Popularität von Michail Sostschenko, Anna Achmatowa, Boris Pasternak und Alexander Solschenizyn sprunghaft gestiegen, nachdem die sowjetische Propaganda sie vernichtend verrissen hatte, während Wassilij Grossman, der es verdient, im gleichen Atemzug genannt zu werden, nur deshalb so wenig bekannt ist, weil er in aller Stille, ohne Propagandagegröle abgewürgt wurde.

Die sowjetischen Massenmedien verfluchen tagtäglich die Vereinigten Staaten von Amerika, schildern in den düstersten Farben die Arbeitslosigkeit, die Rassendiskriminierung, das Verbrechertum, die Geldentwertung und die Verelendung der Bevölkerung. Doch gerade darum meint ein großer Teil der sowjetischen Bevölkerung, daß es in Amerika überhaupt keine ernsthaften Probleme gibt, daß das Geld dort auf den Bäumen wächst und daß man, ohne zu arbeiten, luxuriös leben, Spielhöllen besuchen und einen Cadillac fahren kann. Und so kommt es, daß einige Emigranten, die statt ihrem Wunschtraum dem realen Leben begegnen, von Amerika zutiefst enttäuscht sind und die sowjetische Propaganda beschimpfen, weil sie sie angeblich falsch informiert hat. Das ist wie in der Anekdote: Im Zug fragt ein Reisender den anderen, wohin dieser fährt. »Nach Berdytschew.« Der erste Reisende ist empört: »Warum belügen Sie mich? Sie sagen, Sie fahren nach Berdytschew, damit ich glaube, Sie führen nach Shitomir, während Sie in Wirklichkeit nach Berdytschew fahren.«

Die sowjetische kommunistische Propaganda hat die Orientierung verloren und nähert sich allmählich der antikommunistischen und antisowjetischen Propaganda an. So behauptet zum Beispiel die antisowjetische Propaganda, daß es lauter Verbrecher waren, die den Sowjetstaat seit seinem Entstehen regierten. Fast das gleiche behauptet auch die Sowjetpropaganda. Von Trotzki bis Chruschtschow wurden Dutzende der führenden Politiker zu »Feinden des Volkes«, »Agenten« des Imperialismus oder der ausländischen Geheimdienste, bestenfalls zu parteifeindlichen Fraktionsmachern und Voluntaristen erklärt – zum Teil bis auf den heutigen Tag.

Sowohl die sowjetische als auch die antisowjetische Propaganda behauptet, einen Sozialismus mit menschlichem Gesicht gebe es nicht und könne es nicht geben.

Sämtliche Mutmaßungen westlicher Futurologen über die mögliche Evolution des sowjetischen Systems weist die Sowjetpropaganda mit äußerster Empörung zurück, indem sie behauptet, eine Evolution gebe es nicht und würde es niemals geben. (Diese Behauptung ist ebenso unwissenschaftlich – denn Evolution ist eine objektive Gegebenheit, in die eine oder andere Richtung vollzieht sie sich immer – wie antikommunistisch: denn wie sonst, wenn nicht durch Evolution, soll jemals der Kommunismus eintreten?)

Mit noch größerer Feindseligkeit wird den Versuchen westlicher Kommunisten begegnet, die »wissenschaftliche Weltanschauung« vor ihrem völligen Bankrott zu retten. Die sowjetische Presse fällt unerbittlich über jeden her, der solche Versuche unternimmt, wie zum Beispiel unlängst über Carillo und Berlinguer. Für die Verbreitung von deren Reden wurden Sowjetbürger nicht minder hart bestraft wie für die Verbreitung des »Archipel Gulag«. Aber wenn es nur um Carillo und Berlinguer ginge! Auch die Verbreitung bestimmter Aufsätze von Marx, Engels und Lenin kann die größten Unannehmlichkeiten nach sich ziehen. Ganz zu schweigen davon, was jenen droht, die Dokumente über die Entlarvung Stalins auf dem 20. Parteitag der KPdSU verbreiten. Es gibt ein viel bezeichnenderes Beispiel. Im Ural, ich glaube in Swerdlowsk, wurde Anfang der siebziger Jahre eine Gruppe Arbeiter verhaftet, weil sie – nicht etwa Flugblätter, auch keine verlogenen Hetzparolen der CIA –, nein, weil sie etwas verbreiteten, was noch keineswegs außer Kraft gesetzt ist, was die baldige Verwirklichung des Kommunismus verspricht, nämlich das selbstverständlich erhabene und grandiose PROGRAMM DER KOMMUNISTISCHEN PARTEI DER SOWJETUNION.

Unser Mann in Istanbul

Ein ungemein wichtiges Ding im Leben des Sowjetmenschen ist der Fragebogen. Also wirklich – ein Ding, wert, besungen zu werden. Wäre ich Hersteller feierlicher Oden, ich widmete eine Ode dieser unersetzlichen Erfindung des bürokratischen Geistes.

Fragebogen sind unterschiedlich. Es gibt recht simple, es gibt schwierigere, und es gibt solche, wo sich sogar der Teufel das Bein bricht. Die Schwierigkeit des Fragebogens wächst proportional zu der Stellung, die der Bewerber mit Hilfe des Fragebogens erlangen will. Als ich mich einst als Zimmermann betätigte, wurde mir bei der Einstellung ein ganz einfacher Fragebogen vorgelegt. Eigentlich nicht einmal ein Fragebogen, sondern ein Blatt mit Angaben für das Personalbüro. Genau kann ich mich nicht mehr darauf besinnen, glaube aber, es ging da nur um Vor- und Vatersnamen, Familiennamen, Geburtsdatum, Berufsbezeichnung und Qualifikation. Und ist das erledigt – bitte schön, hier ist die Axt, geh jetzt und schufte, die Partei vertraut dir. Doch je besser die Stellung ist, die der oder jener Genosse ergattern will, um so weniger vertraut ihm die Partei, um so mehr Fragen stellt sie ihm, um so mißtrauischer beäugt sie die Antworten.

Der erste Fragebogen dieser Art wurde mir ausgehändigt, als ich 1950 in den Aero-Klub von Saporoschje eintreten wollte. Wie viele Fragen dort gestellt wurden, vierzig oder fünfzig, weiß ich nicht mehr, doch einige haben mich so beeindruckt, daß ich sie bis heute behalten habe.

Ungeachtet dessen, daß ich 1932, also fünfzehn Jahre nach der Revolution, geboren bin, mußte ich die Frage beantworten, ob ich in der Weißen Armee gedient hatte, wenn ja – wo und in welchem Rang. Ob ich Mitglied irgendwelcher politischen Partei gewesen bin. Und, natürlich, ob ich Verwandte im Ausland habe, wenn ja – wo sie sind, was sie sind, alles möglichst genau. Später habe ich erfahren, daß einer meiner entfernten Verwandten ein naher Mitstreiter von Marschall Tito war, den die sowjetische Presse zu jener Zeit nie anders als »Bluthund« titulierte; doch damals hatte ich von der Existenz dieses Verwandten nicht die leiseste Ahnung. Bewußt gelogen habe ich nur in einem einzigen Punkt: Auf die Frage, ob einer meiner Verwandten vorbestraft sei, antwortete ich mit »Nein«, obwohl ich genau wußte, daß mein Vater fünf Jahre in Lagerhaft war. Kurzum, mein Fragebogen befriedigte jene, die ihn lasen, und mein Vaterland überließ mir vertrauensvoll die Handhabung eines Segelflugzeugs mit einer Geschwindigkeit von 65 Stundenkilometern.

Dieses mir entgegengebrachte nicht allzu große Vertrauen verkehrte sich übrigens bald in großes Mißtrauen. Drei Jahre darauf diente ich in Polen als Flugzeugmechaniker. Und obwohl es heißt, »ein Huhn ist kein Vogel, Polen kein Ausland«, so sind doch die Lebensbedingungen in diesem Land ein wenig besser als in den heimatlichen Gefilden. Wir bekamen mehr Geld und besseres Essen, es gab richtige Butter, die ein Soldat in der Sowjetunion nicht mal zu sehen bekommt, und wir rauchten dort nicht Machorka, sondern die Zigaretten »Belomorkanal«. Da bestellt mich plötzlich unser Regimentskommandeur zu sich und fragt: »Sag mal, ich höre, du bist Flieger?« – »Was denn für ein Flieger«, sag' ich, »bin bloß mit 'nem Segelflugzeug geflogen.« – »Aber ein Segelflugzeug kannst du lenken?« – »Also, wenn es weiter nichts ist«, sage ich, »ein Segelflugzeug kann ich schon lenken. Hebel mal zu sich, mal von sich weg, ist ja kein Kunststück.« – »Na, wenn du schon weißt, was man mit dem Hebel machen muß, dann fahr mal zurück in die Sowjetunion, wirst zum Hubschrauberpiloten ausgebildet.« Also packte ich meinen Koffer und fuhr in die Sowjetunion. Als ich aber nach Kinel im Kuibyschew-Bezirk kam, sah ich, daß man dort gut und gerne hundert solcher Asse wie mich versammelt hatte, auf keinen Fall weniger. Die einen aus Polen, die anderen aus der DDR, manche aus Österreich, wo damals unsere Truppen auch stationiert waren. Und da erst wurde mir klar, daß man mich nicht am Hubschrauber ausbilden wollte – man wollte mich einfach aus dem Ausland forthaben. Weil nämlich vor kurzem ein Flugzeugmechaniker via Doppeldecker aus der sowjetischen Zone Deutschlands in die amerikanische abgehauen war.

So war ich also durch meinen Fragebogen auf überraschende Weise reingerasselt.

Und seit der Zeit begegnete ich all diesen Fragebogen mit sehr großem Mißtrauen und füllte sie gar nicht gern aus.

Ende der fünfziger Jahre, schon nach dem Wehrdienst, arbeitete ich als Zimmermann in Moskau und schrieb Gedichte, die damals noch niemand druckte. Die berufliche Arbeit paßte mir nicht recht, mich lockte alles Künstlerische. Und als ich einmal am Moskauer Künstlerthcater, dem MCHAT, vorbeiging, las ich, daß dort Bühnenarbeiter gesucht wurden. Ich ging in die Personalabteilung, man empfing mich sehr freundlich, ich war für sie ein wahres Himmelsgeschenk, denn das Gehalt eines Bühnenarbeiters ist bescheiden. »Hier haben Sie den Fragebogen«, wurde mir gesagt, »lesen Sie ihn aufmerksam durch, füllen Sie ihn aus, bringen Sie ihn her, dann werden Sie noch an die drei Wochen lang überprüft, danach bekommen Sie von uns Bescheid, wann Sie mit der Arbeit anfangen können.« Ich war sehr erstaunt über die Länge des Fragebogens und die Dauer der Überprüfung. »Sie müssen verstehen«, sagte man mir, »unser Theater hat eine Sonderstellung, unsere

Aufführungen werden manchmal von führenden Persönlichkeiten der Partei und der Regierung besucht, außerdem reisen wir gelegentlich zu Gastspielen ins Ausland.«

Ich nahm den Fragebogen mit nach Hause und studierte ihn gründlich. Es gab da zahllose Fragen, die nicht nur mich selbst und meine Eltern, sondern auch die Großeltern und die Verwandten meiner Frau betrafen und die ich einfach nicht beantworten konnte. Ich warf den Fragebogen weg, und damit kam meine Mitarbeit an dem ruhmreichen Theater nicht zustande.

Ich denke, kein Mensch in der Sowjetunion ist beim Ausfüllen eines Fragebogens frei von Angst. Er sieht den dahinterstehenden Mann, der den Fragebogen lesen, ihn sorgfältig mit dem angehefteten Lebenslauf vergleichen, die jeweiligen Antworten in beiden Schriftstücken gegeneinander abwägen wird, um herauszufinden, ob es dort keine Widersprüche gibt, und der die Antworten mit »plus« oder »minus« bewertet. Parteimitglied – plus, parteilos – minus. War vor vierzig Jahren nicht auf dem von den Deutschen besetzten Territorium – plus. Hat Verwandte im Ausland – minus. Russe – plus. Jude – minus.

In der kurzen Zeitspanne der Geschichte der Sowjetunion, da die Tür nach Israel sich zaghaft geöffnet hatte, bot die Zugehörigkeit zum Judentum, obendrein in Verbindung mit Verwandten im Ausland, einem die unerhörte Chance, für immer die Fragebogen mit ihrer unangenehmen Schnüffelei loszuwerden. Bei der Arbeitssuche innerhalb der Sowjetunion stößt ein Jude jedoch immer auf Widerstände, die manchmal überwindbar sind, manchmal auch nicht. Dasselbe läßt sich von den Krimtataren sagen und auch von den Deutschen (die übrigens auch eine Chance zur Ausreise haben oder hatten). Doch kommt es auch vor, daß man als Angehöriger einer nationalen Minderheit im Vorteil ist, sogar gegenüber den Russen.

Ich kenne den Fall eies Physikers, der sich um die Anstellung an einem angesehenen wissenschaftlichen Forschungsinstitut bewarb. Der Institutsdirektor, ein Jude und somit überempfindlich in bezug auf die Nationalitätszusammensetzung seiner Belegschaft (sprich: er scheute den Vorwurf, zu viele Juden zu beschäftigen), informierte sich im Gespräch mit dem künftigen Mitarbeiter über dessen professionelle Kenntnisse und den Umfang der wissenschaftlichen Interessen, zögerte dann beklommen und fragte: »Nun, und das übrige, wie steht es damit?« Der Anwärter begriff die Frage sofort und erwiderte unbeschwert: »Das übrige ist bei mir in Ordnung, ich bin ein Nenze*.«

Einige Personalchefs und Betriebsleiter begnügen sich nicht mit dem Nationalitätenvermerk im Paß, sondern fragen nach jedem Elternteil einzeln. Als vor vielen Jahren einer meiner Bekannten sich um eine Arbeit beim Rundfunk bewarb, wurde er vom Vorsitzenden des staatlichen Rundfunk-Komitees der UdSSR, Sergej Kaftanow, empfangen. Auch dieser interessierte sich für den professionellen Werdegang des potentiellen Mitarbeiters und fragte dann: »Was ist Ihre Mutter?« – »Griechin«, antwortete mein Bekannter rasch. »Und Ihr Vater?« – »Ingenieur.«

Doch obwohl die Leiter der Personalbüros kaum etwas anderes tun, als minutiös die Fragebogen auf Unstimmigkeiten und Lücken zu untersuchen, entgehen ihrem wachsamen Auge oft die unwahrscheinlichsten Absurditäten. Mancher schreibt aus purem Jux irgendeinen Blödsinn, etwa, daß er General in der Weißen Armee war. Ein anderer schreibt den Blödsinn durchaus nicht aus Jux, sondern aus praktischen Erwägungen. Gelegentlich kommt es dabei zum Skandal. Plötzlich stellt sich heraus, daß der Direktor eines Instituts, ein Doktor der Wissenschaften und Professor, in Wirklichkeit nicht einmal die siebte Schulklasse geschafft, nie eine Doktorarbeit geschrieben und von der in Frage kommenden Wissenschaft nur eine höchst diffuse Vorstellung hat.

* Nenze, früher Samojede, Angehöriger eines Volkes im Nordwesten Sibiriens (Anm. d. Übers.).

Zeuge eines solchen Falls bin ich einmal gewesen. Als ich Mitte der sechziger Jahre im Komitee der Sektion Prosa beim Schriftstellerverband mitwirkte, wurde ich zur Untersuchung im Fall des Schriftstellers Nowbari eingeladen. Eine Frau klagte diesen Nowbari an, er habe ihr Theaterstück unter seinem Namen veröffentlicht. Das Untersuchungsgericht sah sich als erstes seinen Fragebogen an und las seinen Lebenslauf. Der war äußerst farbig. Geboren im Irak, mit vier Jahren in die Sklaverei verkauft. Aus der Sklaverei getürmt. In die kommunistische Partei der Türkei eingetreten und etwas später Resident des sowjetischen Geheimdienstes in Istanbul geworden. Als man die Daten im Fragebogen und im Lebenslauf verglich, ergab sich, daß Nowbari mit neun Jahren in die kommunistische Partei eingetreten und mit elf Resident geworden war. Und noch einiges von ähnlich phantastischem Kaliber, das durch nichts und niemanden erhärtet werden konnte. Seine wirkliche Biographie war wesentlich bescheidener. Geboren war er nicht im Irak, sondern in Aserbeidschan, war nie im Ausland gewesen. In den Schriftstellerverband war er zum zweiten Mal eingetreten, das erste Mal geschah es in Tadschikistan, und der dortige Schriftstellerverband hatte ihn ausgeschlossen wegen eines ähnlichen Plagiats und anderer krummer Machenschaften.

Interessant ist, daß in der sogenannten Abteilung für schöpferische Kader des Schriftstellerverbandes, in der höchst qualifizierte Funktionäre des KGB tätig sind, Nowbaris von absurdestem Schwulst strotzende Unterlagen nicht den geringsten Verdacht ausgelöst hatten, bis es zu diesem Skandal kam.

Es versteht sich von selbst, daß die Sitzung des Untersuchungskomitees im Fall Nowbari hinter geschlossenen Türen stattfand. Der Beklagte, ein älterer, feister, orientalisch aussehender Mann, war offenbar nicht im mindesten verlegen, wirkte im Gegenteil recht angriffslustig. Gleich zu Anfang sagte er, die Untersuchung interessiere ihn nicht,

er habe einen Antrag mitgebracht und bitte um die Befür-
wortung einer Reise nach Syrien, um dort für ein Buch
über den Befreiungskampf der Araber das entsprechende
Material zu studieren. »Warten Sie«, wurde ihm erwidert,
»erst müssen wir uns mit den Angaben zu Ihrer Biographie
auseinandersetzen. Wie konnte es sein, daß Sie mit neun
Jahren in die Partei eingetreten sind?« Auf diese und andere Fragen gab Nowbari die ausweichende Antwort:
»Wen es angeht, der weiß es.« – »Aber Sie konnten doch
unmöglich mit elf Jahren Resident des sowjetischen Geheimdienstes sein?« – »Wen es angeht, der weiß es.« –
»Wo sind Sie nun eigentlich geboren, in Bagdad oder in
Baku?« – »Wen es angeht, der weiß es.«

Zu meiner Verblüffung zeigten einige Komitee-Mitglie-
der der Sektion Prosa, von deren literarischer Tätigkeit ich
nicht die mindeste Vorstellung hatte, sofort ihre Zustän-
digkeit für jene, auf die sich der Beklagte so nebulös bezog: »Und wer weiß es konkret? Wie ist der Name? Aus
welcher Abteilung?« Und nannten von sich aus irgendwelche Namen und Abteilungen, womit sie ihre enorme Informiertheit demonstrierten. Doch im Gegensatz zu ihnen
wußte Nowbari das Staatsgeheimnis zu wahren, offenbarte
weder Namen noch die Kennziffern der Abteilungen und
wiederholte nur stur: »Wen es angeht, der weiß es.« Auch
bestand er weiterhin darauf, man möge seine Reise nach
Syrien befürworten. Darüber wurde dann abgestimmt, alle
außer mir stimmten gegen die Reisebefürwortung. Ich enthielt mich der Stimme, womit ich mir beinahe einen Verweis einhandelte. Man fiel über mich her, wieso und
warum ich mich der Stimme enthalte. Ich erwiderte, ich sei
bereit, dafür zu stimmen, Nowbari des Plagiats und der
Lügen wegen aus dem Schriftstellerverband auszuschlie-
ßen, doch glaubte ich nicht, das Recht zu haben, ihm das
Reisen wohin auch immer zu gestatten oder zu verbieten –
ganz besonders, da ich zu denen gehörte, für die Reisen
tabu waren.

Damit endete die erste Sitzung des Komitees. Danach ließ der Sekretär der Moskauer Abteilung des Schriftstellerverbandes, Viktor Iljin, gleichzeitig ein General des KGB, einige der Mitglieder, darunter auch mich (wahrscheinlich in der Absicht, mich stärker an der aktiven »gesellschaftlichen« Arbeit zu beteiligen), in ein anderes Zimmer kommen und meinte, das nächste Mal müßten wir besser vorbereitet sein, um Nowbari zu entlarven. »Wir müssen ihn umzingeln wie einen Wolf!« sagte Iljin, und seine Augen blitzten räuberisch auf. Dann wanderte sein Blick zu mir, und seine Euphorie bekam einen kleinen Dämpfer. »Aber Sie werden sicherlich kneifen?« – »Ich kneife«, verkündete ich mit Nachdruck, denn in diesem Raubtierrudel hatte ich nichts zu suchen. Und ich habe es auch wahrgemacht, darum weiß ich nicht, wie die weitere Untersuchung im Fall des ehemaligen Residenten von Istanbul verlief. Weiß nur, daß für Nowbari alles zufriedenstellend endete, denn bis 1980, d. h. bis zu meiner Ausreise in den Westen, stand sein Name weiterhin im Mitgliederverzeichnis des Schriftstellerverbandes. Und sicher ist er auch heute noch Mitglied, sofern er am Leben ist. Also wußten diejenigen, auf die er sich berief, tatsächlich einiges über seine mysteriösen Verdienste und haben es nicht zugelassen, daß man ihn wie einen Wolf umzingelte.

Dies und jenes über Getürmte

Ungeachtet der schönsten Fragebogen – türmt das Volk. Türmt, was es kann. Entflieht, wie einst der Dichter sagte, schneller als ein Hirsch. Was sag' ich, wie ein Hirsch? Der Hirsch ist ein schnelles Tier, zweifellos, aber seine Schnelligkeit ist doch begrenzt. Der Flieger Viktor Bilenko aber (erinnern Sie sich?), der floh vor ein paar Jahren mit seiner MIG schneller als der Schall nach Japan. Damals kam der Witz von der neuen Aeroflotreklame auf: »Eine MIG (= einen Augenblick) – und Sie sind in Japan.«

Na ja, Witze über die Flucht von Leuten aus der Sowjetunion und ihren sozialistischen Bruderstaaten gibt es eine ganze Menge. Ich erinnere mich, einmal machte der polnische Touristendampfer »Stefan Batory« eine Kreuzfahrt rund um Europa. In beinahe jedem Hafen türmten Passagiere, allein und in Gruppen, so daß das Schiff zum Schluß fast leer war. Damals witzelten die Polen, daß es nicht »Stefan Batory« heißen dürfe, sondern »Fliegender Holländer«*.

Und nach der Flucht von ein paar Ballettänzern erzählte man sich den Witz: »Was ist das Kleine Theater? Das Große (Bolschoi) Theater nach einer Gastspielreise im Ausland.«

Aber lassen wir das, die Leute türmen. Und was für Leute! Schauspieler, Dirigenten, Regisseure, Großmeister, verdiente Meistersportler, Doktoren aller möglichen Wis-

* Die »Stefan Batory« blieb dieser Tradition treu: Am 20. 11. 1984 gingen in Hamburg gleich 192 Passagiere nicht wieder an Bord.

senschaften, Ordensträger, Preisträger, Abgeordnete, Diplomaten und, ganz klar, Beamte des Staatssicherheitsdienstes. Von denen türmen am Ende noch mehr als von den anderen. Aus denen könnte man schon eine gute Mannschaft für ein Hindernisrennen zusammenstellen. Es türmen kleine Leute und große Tiere. Sogar der Stellvertreter des Generalsekretärs der Vereinten Nationen, Arkadij Schewtschenko, auch der türmte. Und erst vor ganz kurzem soll ein Generalleutnant in voller Uniform zu Fuß über die türkische Grenze gegangen sein. Na, und dann der Fall des Korrespondenten der »Literaturnaja gaseta«, Oleg Bitow.

Dabei, was für Leute! Alle überprüft! In der örtlichen Parteiorganisation wurden sie überprüft. Und im Bezirkskomitee wurde ihr Persönlichkeitsgutachten bestätigt. Und die Ausreisekommission des ZK und die des KGB hatten alles mit wachsamem Auge haarklein ausgeforscht. Und alles war, wie man sagt, in schönster Ordnung gewesen. Sowohl die soziale Herkunft als auch die dienstliche Position. Politisch standfest, moralisch stabil. Erfüllt seine Produktionsaufgaben. Spricht auf Versammlungen. Nimmt an der freiwilligen Samstagsarbeit teil. Betrügt seine Frau nicht. Vorstrafen, Parteirügen und Geschlechtskrankheiten hat er nicht, seine Parteimitgliedsbeiträge bezahlt er pünktlich.

Und siehe da, im Besitz von derart fabelhaften Kennwerten in bezug auf sämtliche Paragraphen türmt der Mann trotzdem.

Ich hatte einmal einen Bekannten. Er war Regisseur. Machte Dokumentarfilme. Einmal drehte er einen Film übers Ballett. Erst nahm er den einen Solisten auf, da sagte man ihm: »Nein, den nicht, der ist uns nicht lieb.« Weil er einmal irgendeinen unliebsamen Brief unterschrieben hatte. Also bekommt unser Regisseur von den leitenden Genossen gesagt: »Den filmen Sie nicht, der ist schlecht, filmen Sie lieber den da, der ist gut. Ein Volkstalent von uns, eine nationale Errungenschaft, springt höher als die anderen, ist bei den politischen Informationen regelmäßig anwesend, versieht ein öffentliches Amt als Abgeordneter des Stadtsowjets und hat die Mitgliedschaft in der Partei beantragt.« Na, das sah unser Regisseur natürlich ein, gut sowjetisch wie er war und selber politisch standfest und moralisch stabil. Was man ihm sagt, das tut er auch. Also schneidet er den Unliebsamen heraus und verfilmt ungefähr zwei Kilometer Film auf den Guten. Zufrieden mit sich, eilt er, seinen Oberen das Meisterwerk zu zeigen.

Sie nehmen im dunklen Vorführraum Platz. Das Licht geht aus, Musik ertönt, und auf der Leinwand erscheint fast nackt der Anwärter auf die Mitgliedschaft in der KPdSU und vollführt solche Sprünge, als habe man ihn bereits als volles Mitglied aufgenommen. Der Regisseur schielt zu seinen Oberen hinüber, die schielen zu ihm herüber und runzeln, das sieht man selbst im Dunkeln, die Brauen.

Dann sagen sie:

»Was zeigst du uns denn da?«

»Wie bitte? Das ist doch dieser . . .« und nennt den Namen. »Unser unvergleichliches Volkstalent, die Errungenschaft unseres Volkes, Anwärter auf die Parteimitgliedschaft und Abgeordneter des Stadtsowjets.«

»Weißt du, daß dieser Abgeordnete erst gestern um politisches Asyl gebeten hat?«

»Das kann nicht sein«, sagt der Regisseur. »Das kann ich mir nicht einmal im Traum vorstellen!«

»Wie das, kannst du dir nicht im Traum vorstellen? Hörst du denn keinen ausländischen Sender?«

»Nein, nein, wo denken Sie hin!« sagt der Regisseur. »Ich nicht, und meinen Kindern erlaube ich auch nicht, so einen Mist zu hören. Und was den Tänzer betrifft, so haben Sie doch selbst gesagt, daß ich nicht den anderen filmen sollte, sondern den hier.«

Das sagte er, natürlich ohne es recht bedacht zu haben.

Er hätte sich lieber grundlos selbst bezichtigen und zugeben sollen, daß er ausländische Sender höre. Statt dessen ließ er seine Oberen merken, daß sie sich mit dieser kleinen Fehlhandlung selber ins Unrecht gesetzt hatten.

Die Sache nahm für ihn ein sehr trauriges Ende. Es erging eine geheime Anordnung, den Streifen zu vernichten, dem Regisseur keine neuen Aufträge mehr zu geben und ihm einen Verweis wegen nachlassender politischer Wachsamkeit und wegen Projizierens fragwürdiger Persönlichkeiten auf die Leinwand zu verpassen.

Der Regisseur war daraufhin politisch nicht mehr standfest und moralisch nicht sehr stabil. Er trank, ließ sich gehen und einen Bart wachsen und begann, ausländische Sender zu hören. Danach besserte er sich freilich wieder. Stellte das Trinken ein, rasierte sich den Bart ab und gab sein Transistorradio in Kommission. Begann wieder Versammlungen zu besuchen, bezahlte alle ausstehenden Mitgliedsbeiträge – und kein Sender mehr. Schaute sich im Fernsehen nur noch Hockey und Eiskunstlauf an, und wenn unsre siegten, schrie er so laut »Hurra«, daß sogar die Nachbarn es hörten.

Seine Oberen sahen: Er ist doch unser Mann. Seinerzeit gestrauchelt, natürlich, aber wem passiert das nicht. Sie hoben den Bann über ihn auf und ließen ihm kleinere Arbeiten zukommen. Als er dann das volle Vertrauen wiedererlangt hatte, wurde der Regisseur ganz dreist und stellte den Antrag für einen heutzutage äußerst notwendigen Film. »Wo Lenin weilte« sollte der Film heißen oder so ähnlich. Und die Stätten, wo Lenin weilte, befinden sich bekanntlich zum größten Teil jenseits der Grenzen unseres Vaterlandes. Weil Genosse Lenin seinerzeit auch so etwas wie ein Nichtrückkehrer war. Und sich vor der Macht des Zaren in Zürich verbarg und in Genf und in Paris und in London.

Die Oberen schwankten natürlich ein bißchen. Immerhin war ihm einst ein Fehler unterlaufen. Doch dann betrachteten sie ihn so herum und so herum. Und der Personalbogen ist lupenrein, und unsere Erfolge im Sport sind ihm nicht gleichgültig, und wer der Sekretär der französischen KP ist, weiß er, und vor moralischen Ausschweifungen hütet er sich. Na, sie erklärten ihm, daß er sich dort nicht auf Provokationen einlassen, mit Personen des feindlichen Geschlechts nicht in Verbindung treten und sich in den Läden nicht auf Waren stürzen solle und daß er, wenn er über Sacharow befragt würde, antworten müsse: »Ich persönlich kenne ihn nicht und kann nichts Gutes von ihm sagen.« Und über Afghanistan müsse er sagen: »Ich weiß nicht genau, wo das ist, aber ich habe gehört, daß ein begrenztes Kontingent den Bauern vorübergehend bei der Baumwollernte und bei Straßenarbeiten hilft.«

Er bekam im Paßamt einen Auslandsreisepaß ausgestellt, in der Bank eine begrenzte Summe Devisen ausbezahlt und von Aeroflot ein Hin- und Rückflugticket verkauft. Der Rückflug erwies sich als überflüssig. Bis heute gondelt er zwischen Lenins Stätten umher: Zürich, Genf, Paris, London.

Wie gesagt, ins Ausland lassen sie bei uns nicht jeden. Sie wählen die Allerwürdigsten, die durch und durch Geprüften aus, und gerade die türmen dann.

Zwar stellt sich, wenn so ein Überprüfter abgehauen ist, sogleich heraus, daß er ein Windhund war, Dollars liebte, Jeans trug, scharf auf leichte Mädchen war und wohl auch gelegentlich Personen des eigenen Geschlechts gewogen.

Selbstverständlich legt man den Finger auf alle wunden Stellen des Nichtrückkehrers. Nahe Verwandte werden gezwungen, auf den Zeitungsseiten zu schluchzen, offizielle Vertreter des Staates suchen die Begegnung mit dem Flüchtling und flöten ihm süß zu: Komm zurück! Die Heimat wird dir alles verzeihen, aber wenn du nicht zurückkehrst, dann holt dich der (hier folgen im Flüsterton alle möglichen Kraftausdrücke), wo immer du auch sein wirst, wir kriegen dich trotzdem.

Es versteht sich von selbst, daß man ihm jedes bißchen unter die Nase reibt, was die Partei ihm hat angedeihen lassen: die Bildung, die Erziehung, die Datschen, die Autos und das, was er über die ihm zustehenden Konsumgüter hinaus erhalten hat. Was ihm denn nicht gereicht habe, sagen sie. Es hat ihm vielleicht die Freiheit nicht gereicht. Nicht jene, die eine klar begriffene Notwendigkeit ist. Sondern jene, die ein bewußtes oder gar unbewußtes Bedürfnis ist. Vielleicht ist er aber auch vor eurer Privilegiertenversorgungsstelle davongelaufen? Vielleicht hat er sich geschämt, aus eurem Geheimladen mit einem Stück Salami oder Störfleisch herauszukommen, das in graues Papier eingewickelt ist, damit es keinem ins Auge sticht? Vielleicht war es ihm zuwider, sich der erniedrigenden Prozedur der Loyalitätsprüfung zu unterziehen, die jeder über sich ergehen lassen muß, der eine Reise ins Ausland machen will? Vielleicht hat seine Zunge gestreikt, als er sagen sollte, er wisse nicht, wer Sacharow und wo Afghanistan sei.

Und noch eins ist interessant: Warum flieht denn keiner zu uns? Wo doch bei uns alles so gut ist: Keine Arbeitslosigkeit gibt's hier, und die Wohnungen sind billig, und die ärztliche Versorgung ist völlig frei, und der eine ist des andern Freund, Kamerad und Bruder. Aber da kommen sie ins Land ihrer Träume: mal erscheint Angela Davis, mal George Marchais, mal James Oldridge und mal irgendein anderer ausländischer Genosse. Und man empfängt ihn doch nicht so, wie sie einen von uns im Ausland empfangen; er wird in einem langen Schlitten herumgefahren, im besten Hotel untergebracht, bekommt alles erdenklich Schöne gezeigt und schwarzen Kaviar noch auf den roten geschmiert. Sie wirbeln hier herum und fahren dann wieder heim. Türmen nicht. Obwohl keiner sie überprüft hat. Obwohl in ihren Ländern keine Ausreisekommissionen existieren. Vielleicht aber auch gerade deshalb? Vielleicht sind diese Ausreisekommissionen mit ein Grund, aus dem die Leute ausreißen? Weil es, wenn sie den lieben Onkel in Los Angeles oder die liebe Tante in Amsterdam besuchen oder bloß mal zwei Wochen am Mittelmeer verbringen möchten, wesentlich angenehmer ist, einfach ein Flugticket zu kaufen und nicht zu schwören, daß man wachsam und wehrhaft sein und das Lächeln einer Passantin als eine geplante Provokation auffassen werde.

Na, und wenn man schon einfach nicht ohne Ausreisekommission auskommen kann, dann möchte ich den geheimen Genossen, die dort arbeiten, einen sehr nützlichen Rat geben. Man muß die Wachsamkeit verstärken. Die Kandidaten aus den Kandidaten aussieben. In erster Linie die überzeugten Kommunisten und gesellschaftlich Aktiven. Ihre Personalbogen, Persönlichkeitsgutachten und die Berichte der Geheimagenten sind aufmerksam zu studieren. Und wenn man die Allerergebensten, die Allerwürdigsten, die Besten der Besten ausgewählt hat, dann darf man sie eben keinesfalls ins Ausland lassen. Weil, wie ich bemerkt habe, gerade sie öfter als andere türmen.

Landsleute

Kann mich nicht mehr genau erinnern, in welchen Büchern ich davon gelesen habe, es gab ihrer viele, die Szene wurde schon zu einem Klischee: Während des Krieges gehen sowjetische Soldaten im Ausland aufeinander zu und fragen einander aufgeregt und freudig: »Wo kommst du her, Landsmann?« Und von allen Seiten schallt es zurück: »Aus Woronesch!« – »Aus Tambow!« – »Aus Ussurijsk!« Landsleute! Auch wenn sie einander spöttisch als »Tambower Wölfe«, »Wologoder Wasserbrote«, »schiefbäuchige Rjasaner« titulieren, sind sie doch einander innig zugetan. Mögen sie schiefbäuchig, wasserbrotig und wölfisch sein, es sind doch Landsleute, reden die gleiche Sprache, sind mit denselben Liedern großgeworden. Woher des Weges, Landsmann? – Von zu Hause.

Das ist natürlich nicht nur bei den Russen so. Das ist allen eigen. Zwei Amerikaner begegnen sich: »Wo kommen Sie her?« – »Aus Oklahoma.« – »Und ich aus Michigan.« »Fine! Fabelhaft! Ist denn das möglich?!«

So ist es immer und überall. Je weiter von der heimatlichen Erde, desto mehr freut einen die Begegnung. Ein Deutscher trifft einen Deutschen, ein Franzose einen Franzosen, und sie freuen sich, als wären sie miteinander verwandt. Denn mögen ihnen auch die Bewohner anderer Länder interessant erscheinen, die eigenen Landsleute sind irgendwie näher.

Wenn sich beispielsweise zwei Kongolesen gegegnen, so haben sie gleich gemeinsame Assoziationen: Kongo,

Krokodile, die Lumumba-Universität in Moskau. Das alles hat für sie eine eigene Bedeutung, einen tiefen geheimen Sinn.

Ja – und was bedeutet es heute für uns, für Russen im Ausland, einen Landsmann irgendwo auf der Straße, in einer Kneipe, im Theater, im Supermarkt zu treffen?

Meine erste Erinnerung an eine solche Begegnung hängt eben mit einem Supermarkt zusammen. Einmal gingen meine Frau und ich in eines dieser großen Geschäfte, so ähnlich wie das GUM, das sowjetische Staatliche Warenhaus, nur mit dem Unterschied, daß das GUM vor Menschen überfließt, die Waren aber kann die Katze auf dem Schwanz davontragen, während es hier genau umgekehrt ist: an Waren kannst du haben, was das Herz begehrt, der Menschenstrom aber hält sich in Grenzen. Da gehen wir also zwischen den Warenregalen, schieben das große Wägelchen vor uns her, schauen, was wir wohl einkaufen wollen. Und reden natürlich Russisch miteinander, erwägen die Qualität der Waren in dem Gefühl, daß uns hier sowieso keiner versteht. Und da kommt plötzlich ein anderes Paar auf uns zugestürzt.

»Sind Sie Russen?«

»Was denn sonst?«

»Wir auch! Aus Moskau!«

»Auch wir sind aus Moskau.«

»Landsleute, na so was! Wir wohnen in der Dybenko-Straße. Und Sie?«

»Wir wohnten in der Tschernjachowskaja.«

»Kennen wir, kennen wir, freilich, das ist an der U-Bahn Aeroport. Dort wohnen Schriftsteller. Sie wohnen da also direkt neben den Schriftstellern?«

»Ja, wir haben direkt daneben gewohnt, und jetzt sind wir umgezogen.«

»Umgezogen? Aus einer so guten Wohngegend! Und in welcher Straße wohnen Sie jetzt?«

»Jetzt wohnen wir in der Hans-Carossa-Straße.«

Ich sehe, die Frau zupft den Mann schon am Ärmel, tritt ihm auf den Fuß, er aber ist stur, ihn hat diese Information noch nicht voll erreicht.

»Wie sagten Sie? Hans-Carossa ... ja, Entschuldigung, dann sind Sie wohl Emigranten?«

»Ganz recht, Emigranten. Abtrünnige.«

»Ah ... so. Ja, also, verzeihen Sie.«

Und – ab. Verschwanden im Nu.

Das war die erste Begegnung dieser Art, doch beileibe nicht die letzte. Und es ist immer das gleiche. Ist es ein Landsmann, der sich nur eine Zeitlang im Ausland aufhält, so läuft er spontan auf dich zu, als wärst du sein leiblicher Bruder, dann aber besinnt er sich rasch und läuft ebenso schnell wieder weg. Weil nämlich Sowjetbürger, die man ins Ausland läßt, in der Regel vorsichtige Leute sind. Gerade ihre wachsame Vorsicht hat ihnen ja die Auslandsreise ermöglicht. Und vor der Reise hat man ihnen noch eingeschärft, sich nicht provozieren zu lassen, über die Auslagen in den Schaufenstern hinwegzusehen, die Emigranten aber zu meiden wie die Pest. Und sie verschließen die Augen, weil sie nicht so sehr Provokationen seitens der Emigranten, als vielmehr das argwöhnische Auge der eigenen Beobachter fürchten.

Nach diesen zufälligen Begegnungen fühle ich mich so elend, daß ich nunmehr meinen Landsleuten nicht nur nicht entgegenstürze, sondern sogar umgekehrt aus dem Wege gehe und so tue, als verstünde ich gar kein Russisch.

Doch nicht immer gelingt es auszuweichen.

Vor kurzem wollten wir in die Berge, zum Skifahren. Hier in München war das Wetter unzuverlässig, mal schneite es, mal taute es wieder. Also beschlossen wir, nach Österreich zu fahren, packten die Skier aufs Autodach und fuhren los. Kaum hatten wir an der Grenze die Pässe zum Fenster hinausgehalten, da winkte der Polizist schon, wir sollten weiterfahren, den Verkehr nicht aufhalten. So kamen wir denn in den Winterkurort, wo früher nur reiche Leute abstiegen, jetzt aber jedermann Urlaub macht. Da blieben wir also, sausten die Hänge hinab, purzelten, fielen, riefen einander »Vorsicht!« zu – auf Russisch, versteht sich. Plötzlich kommt ein etwa zehnjähriges Mädchen auf uns zu, schwarzäugig, hübsch. Schaut auf unsere etwa gleichaltrige Tochter und fragt: »Sind Sie Russen?« – »Ja, Russen.« – »Von wo?« – »Und von wo bist du?« – »Aus Moskau.« Klar, auch wir sind aus Moskau, aber wo sie jetzt wohne, von woher sie hierher, in diesen österreichischen Kurort, gekommen sei? Ich meine natürlich, ob sie aus Wien oder etwa aus München komme. Sie aber staunt: »Wieso denn? Ich hab' doch gesagt: aus Moskau!« Sie versteht mich nicht, ich verstehe sie nicht. Ich frage: »Und wieso bist du hierher gekommen?« Und sie sagt: »Ganz einfach. Mama hat Urlaub, Papa hat Urlaub, ich habe Ferien, da sind wir eben für fünf Tage hierher gekommen, um Ski zu fahren.«

»Einfach so hergekommen?«

»Na ja. Einfach so. Warum?«

An ihren Augen aber sehe ich, wie Mißtrauen und Zweifel in ihr aufsteigen. Sie ist ja noch klein, in politischen Dingen noch ungeschult, doch weiß sie natürlich bereits, daß es in der Sowjetunion Menschen gibt, die hierher fahren dürfen, und solche, die es nicht dürfen. Doch weiß sie noch nicht, daß von denen, die hergekommen sind, nicht etwa alle auch zurückfahren dürfen. Aber etwas Derartiges spürt sie schon und zieht sich langsam, Schrittchen für Schrittchen, von uns zurück.

Ich aber blicke ihr nach und denke: Mit welch unguten Dingen sind ihre Eltern befaßt, daß man sie ohne Argwohn zusammen mit Tochter einfach so in den Urlaub hierher fahren läßt?

Denn Kinder sind ja nicht nur die Blumen des Lebens, sondern auch unersetzliche Geiseln.

So gab es zum Beispiel in Moskau unter meinen Bekannten, sogar unter wirklich prominenten Künstlern und Akademikern, nur ganz, ganz wenige, die gelegentlich mal ins Ausland hatten reisen dürfen. Aber daß man sie zusammen mit ihren Kindern hinausgelassen hätte – nein, daran kann ich mich überhaupt nicht erinnern.

Ausgenommen übrigens meinen ehemaligen Nachbarn Iwanjko, damals KGB-Oberst, inzwischen wahrscheinlich General. Ja, also dieser Iwanjko, der reiste auch mit Weib und Kind. Sowohl dienstlich als auch so, zum Spaß. Wie es jetzt ist, weiß ich nicht, früher aber schätzte er es, seinen Urlaub in Nizza zu verbringen. Nicht, wie der Plebs, mit Rucksack die Umgebung von Moskau zu durchwandern oder mit dem Schlafsack den Karadagh zu besteigen – nein. Endlich auf der Dienstleiter oben angekommen, endlich an der Macht, genoß er das für einen sowjetischen Menschen unfaßbare Privileg zu reisen, wohin er wollte. Etwa so, wie wir jetzt. Doch zurück zu dem Mädchen von vorhin, zu der Warja. Da ist sie nun hergereist, eine russische Schülerin, um einige Ferientage in einem österreichischen Kurort zu verbringen. Warum auch nicht? Sie ist ja keineswegs schlechter als all die anderen Jungen und Mädchen – die deutschen, französischen, italienischen, amerikanischen –, die hier auch Ferien machen. Aber sie ist auch keineswegs besser als jene Jungen und Mädchen in der Sowjetunion, deren Eltern nicht »ausreiseberechtigt« sind und in westlicher Richtung höchstens bis Brest kommen.

Gekleidet war Warja übrigens in alles Hiesige, Farbige, mit bunten Etiketten und blanken Nieten Geschmückte, wie es allen Kindern auf der Welt Spaß macht. Sie darf das. Aber die Kinder einfacher, von Auslandsreisen ausgeschlossener Eltern werden von den Druschinniks, den freiwilligen Helfern der Miliz, auf der Straße angehalten und zur Wache gebracht, werden in Wandzeitungen angeprangert, wenn sie westliche T-Shirts und Jeans tragen – für die sie womöglich ein ganzes Jahr lang gespart haben.

Nebenbei: wer führt denn bei uns diese Jeans aus dem Ausland ein? Na, eben diese reiseberechtigten Genossen, solche wie Warjas Eltern, die schleppen sie an. Manchmal einen Koffer voll, manchmal auch eine ganze Wagenladung. Dann verscherbeln sie sie zum dreifachen Preis an die nicht reiseberechtigten jungen Leute. Und obendrein mokieren sie sich öffentlich in Zeitungsfeuilletons über dieses »Gesindel«, das da T-Shirts trägt mit der Aufschrift »Coca-Cola«, die Aufschrift »Baubrigade Nr. 4« aber verschmäht.

Und sie sind es auch, die reiseberechtigten Papas und Mamas, die diese Verhältnisse geschaffen haben, die uns Russen spalten in solche, die nicht ins Ausland reisen, und solche wie uns, die nicht mehr heimkehren dürfen. Und die, wenn wir die Sprache der Heimat hören, wie die Wahnsinnigen ihrem Klang entgegenstürzen: »Sind Sie Russen?« – und uns dann sofort besinnen und, ohne die Antwort erst abzuwarten, kopflos davonrennen.

Eine ganz gewöhnliche Werktätige

Kommunisten ... über diese ungewöhnliche Menschengattung ist viel geschrieben worden – Erzählungen und Romane, Theaterstücke und Drehbücher. Für ganze Generationen waren sie das erzieherische Vorbild. Und jeder sowjetische Mensch weiß, daß Kommunisten Menschen von besonderer Beschaffenheit sind. Aus ihnen kann man Nägel machen, man kann ihnen geschmolzenes Blei in den Schlund gießen, man kann Sterne aus ihrem Rücken schneiden, man kann sie in die Feuerung einer Lokomotive stecken, aber ihnen ist das alles schnurzegal. Entweder schweigen sie, oder sie stoßen, wenn es schon sehr brennt, irgendwelche stolzen Worte vom endlichen Triumph ihrer Sache aus; oder singen die Internationale.

Doch bis zum heutigen Tage wollen noch nicht alle Leser dem Pawka Kortschagin* oder dem Alexander Matrossow** ähnlich sein. Einige bevorzugen aus irgendeinem Grund irgendwelche parteilose Typen wie Pierre Besuchow, Natascha Rostowa oder den Fürsten Myschkin. Persönlich ziehe ich in der Literatur ohnehin die negativen Helden den positiven vor. Mein Lieblingsheld ist beispielsweise Sobakjewitsch***, der da sagte, in der ganzen

* Held des Romans »Wie der Stahl gehärtet wurde« (1932/35) von Nikolaj Ostrowskij (Anm. d. Übers.).
** A. Matrossow (1924–1943) ging mit achtzehn freiwillig an die Front, schlug sich beim Kampf um ein Dorf in der Nähe von Kalinin zur gegnerischen Feuerstellung durch, deckte mit seinem Körper die Geschützöffnung zu und ermöglichte damit seiner Einheit den Sieg (Anm. d. Übers.).
*** Figur aus Gogols »Toten Seelen« (Anm. d. Übers.).

Stadt sei nur der Staatsanwalt ein guter Mensch, und auch dieser sei, wenn man es sich genau überlege, ein ganz gehöriges Schwein. Oder über das Essen: »Selbst, wenn man mir einen Frosch mit Zuckerüberguß serviert, werde ich ihn trotzdem nicht essen.« Diese Worte würde ich auch auf das Bild des Kommunisten anwenden, das nun schon bald siebzig Jahre alt ist. Soviel man diesen auch mit Zukker bestreut – genießbarer ist er dadurch nicht geworden.

Kommunisten ... Das sind, wenn man nach der sowjetischen Literatur urteilt, standhafte, kompromißlose Kämpfer für das Glück des Volkes. Grenzenlose Hingabe an ihre Sache, Opferbereitschaft und kameradschaftliches Verhalten Frauen gegenüber zeichnen sie aus. Sowohl bei der Arbeit als auch im Kampf sind sie die ersten. Wenn es sich aber so fügt, daß jemand für irgend etwas sein Leben geben muß, dann sagt, wie es im Gedicht heißt, »kaum hörbar der Kommissar: Kommunisten nach vorn, Kommunisten nach vorn!«

Ich weiß nicht recht, an großen Schlachten habe ich zwar, weil ich damals zu jung war, nicht teilgenommen, aber im täglichen Leben sind mir vor allem Kommunisten begegnet, die mit den in der Literatur dargestellten wenig Ähnlichkeit haben. Entweder ist es ein grauer Beamter mit Hängebacken, der wie ein Wolf auf alle niedriger Stehenden herabblickt und gleichzeitig, ohne sich zu genieren, vor allen höher Stehenden katzbuckelt; oder es ist einer, der sich spitzbübisch mit vollgepackter Aktentasche aus dem Sonderladen schleicht; oder auch ein ganz und gar verschüchtertes Männlein, das selbst bei mehr oder weniger ernstem Anlaß nie ein Wort sagt. »Wo denken Sie hin, ich bitte Sie, ich kann doch nicht, ich komme in Teufels Küche, ich bin doch Kommunist.« Gar nicht zu reden von all dem Diebsgesindel, das sich auf Staatskosten Datschen baut, das ganze Wagenladungen voll Kaviar oder Ikonen ins Ausland verhökert und sich in Lasterhöhlen verkriecht. Mit solchen Dingen beschäftigen sich gewöhnlich nur sehr hochrangige Kommunisten, ich aber möchte jetzt von einer Kommunistin aus dem Fußvolk erzählen.

Irgendwie und irgendwann trafen meine Frau und ich in einem südlichen Badeort ein. Neben dem sogenannten Wohnungsbüro drängte sich das Volk auf einem staubigen Platz. Auf der einen Seite die Wohnungsinhaber, auf der anderen die »Wilden«. Nicht jene Wilden, die in Federkleidern herumlaufen, sondern ganz gewöhnliche sowjetische »Wilde«, die keinen Einweisungsschein für ein Sanatorium haben und die man mit ihren Hammer-und-Sichel-Ausweisen nicht einmal über die Schwelle eines Hotels läßt. Zu diesem Haufen gehörten auch wir und wurden sofort von geldgierigen Haus- und Zimmerbesitzern attackiert. »Sie brauchen ein Zimmer? Für wie lange?« Es erwies sich, daß wir wenig lohnende Kunden waren, da wir nur eine Woche bleiben wollten, die Zimmervermieter aber solche bevorzugten, die für den ganzen Sommer oder wenigstens für einen Monat mieteten. Nachdem sich schon alle von uns abgewandt hatten, tauchte noch einer auf, ein mickriges, älteres Männlein mit eingefallener Brust und Stahlzähnen. Er näherte sich uns schüchtern und fragte: »Brauchen Sie ein Zimmer? Für wie lange? Für eine Woche, nein, für eine Woche geht nicht.« Und entfernte sich. Er tat es aber unentschlossen, und ich merkte, daß man ihn unter Druck setzen konnte. Also ging ich hinter ihm her und fragte: »Aber vielleicht geht es doch für eine Woche?« Er sah mich an, nickte dann verloren mit dem Kopf: »Nun ja, bitte.«

Dann sah er, daß wir einen Wagen hatten, und sagte: »Sie sind mit dem Auto? Nein, mit dem Auto geht nicht.« – »Aber vielleicht geht es doch?« Und wieder nickte er: »Nun ja, bitte.« Später stellte ich fest, daß er immer zunächst ablehnte, um dann »Nun ja, bitte« zu sagen. Und so nannten wir ihn auch nur noch Nunjabitte.

Wir fragten, ob wir weit zu fahren hätten. Er sagte nein, zwei bis drei Kilometer.

»Ich zeige Ihnen den Weg. Ich laufe voran, und Sie fahren hinter mir her.«

»Warum wollen Sie denn vor uns herlaufen?«, sagte ich, »setzen Sie sich doch rein, wir bringen Sie hin.«

»Ach nein, warum soll ich einsteigen, das ist mir irgendwie peinlich.«

Nachdem ich ihm erklärt hatte, daß es für uns noch viel peinlicher wäre, wenn er vor uns herliefe, setzte er sich auf den Beifahrersitz (meine Frau rückte nach hinten), rollte sich wie ein Igel zusammen und war bemüht, so wenig Platz wie möglich einzunehmen.

Es stellte sich heraus, daß Nunjabitte am Stadtrand wohnte, an einer staubigen, holprigen Straße, die nach einem Regen gerade noch mit dem Traktor befahrbar war. Das Haus aber war groß und gediegen. Auf der Außentreppe stand, in kurzem, zerissenem Sarafan, eine etwa vierzigjährige Frau von mächtigem Körperbau. Genüßlich und geräuschvoll schlug sie Mücken auf ihren braungebrannten Schultern und Schenkeln tot.

»Wen schleppst du da an?« schrie sie, den Blick abwechselnd auf den Mann und auf uns richtend, so als wären wir eine vollkommen überflüssige Ware.

»Sommergäste, Jegorowna, für eine Woche.«

»Sommergäste?« wiederholte sie. »Für eine Woche? Was sind das für Sommergäste, für eine Woche? Waren da keine anderen?«

»Waren keine, Jegorowna«, antwortete Nunjabitte erschrocken. »Nur diese waren da.«

»Na egal.« Sie sah uns etwas wohlwollender an. »Ihr seid also reiche Leute, habt ein Auto. Ich habe für euch einen Saal für zehn Rubel.«

»Pro Woche?« fragte meine Frau.

»Ach was, für den Tag.«

»Zehn Rubel, das ist teuer«, meinte ich.

»Das ist nicht teuer«, sagte sie und erschlug eine Mücke auf ihrem Fuß.

»Und außerdem haben sie Mücken.«

»Was für Mücken?« sagte sie und schlug sich auf die Backe. »Sind das etwa Mücken?«

»Aber was sind es dann?«

»Nur so. Insekten.«

Irgendwie wurden wir uns doch noch einig, und abends auf dem Balkon bewirteten wir unsere Vermieter mit Wein, den wir bei ihnen selbst gekauft hatten. Nunjabitte schwieg meistens, reden tat die Jegorowna.

»Ich, Wolodja, arbeite, weißt du, als Brigadier im Weinberg. Eine so wichtige, weißt du, so schwere Arbeit. Von fünf Uhr morgens bis zum Abend. Eine so wichtige, so schwere Arbeit. Aber ich liebe wichtige Arbeiten. Wenn du was Wichtiges arbeitest, bist du auch selbst zufrieden.«

Ihr Haus, recht groß, war vollgestopft mit Urlaubern. Wir hatten ein Zimmer für uns. In den übrigen Räumen aber standen die Betten, wie in einem Wohnheim, in Reihen nebeneinander, und jedes kostete zwei Rubel.

Am nächsten Morgen wachten wir nicht gerade früh auf, die Sonne stand schon hoch. Ich ging in den Garten zum Waschbecken und sah hinten, etwas weiter weg, einen Schuppen. Die Tür stand offen, und drinnen lag auf einem Klappbett, mit dem Gesicht nach unten, im gleichen, zerrissenen, jetzt etwas hochgerutschten Sarafan unsere Wirtin. So was; sie war also nicht zu Arbeit gegangen. Offenbar war sie krank.

Nach dem Frühstück ging ich wieder in den Garten und wunderte mich: Aus dem Schuppen trat die Wirtin und streckte sich wie ein Gewichtheber vor dem Hochnehmen der Stange.

»Sind Sie heute nicht zur Arbeit gegangen?« fragte ich sie. »Sind Sie krank?«

»Ach wo. Ich habe, weißt du, Sitzung.«

»Eine Sitzung?« wunderte ich mich. »Im Dorfsowjet?«

»Ach wo. Im Stadtsowjet, weißt du. Ich bin dort Mitglied der Kulturkommission.«

Meine Frau und ich fuhren an den Strand, später waren wir im Kino, dann in einem Restaurant, und als wir zurückkamen, schliefen unsere Wirtsleute schon. Am nächsten Morgen gehe ich wieder in den Garten und sehe – die Wirtin schläft wieder im Schuppen.

»Wieder eine Sitzung?« frage ich.

»Ach wo. Parteiversammlung, weißt du.«

Am dritten Tag hatte sie ein Treffen der Bestarbeiter. Am vierten noch irgend etwas. In diesem Haus arbeitete eigentlich nur ihr parteiloser Mann. Am Morgen, wenn sie noch schlief, lief er auf ihren Befehl, wie er sagte, »auf die Schosseh«, um neue Mieter an Land zu ziehen. Dann hobelte und sägte er irgend etwas im Walde.

Da wir stets vor ihr das Haus verließen und nach ihr heimkehrten, bekam ich unsere Wirtin nie in einem ihrer Dienststellung entsprechenden Aufzug zu sehen. Ich sah sie immer in ein und demselben Sarafan.

Sie war redselig und wiederholte viele Male, daß sie es liebe, schwer zu arbeiten. Daß sie während des Krieges im Altai-Gebiet als Kraftfahrer gearbeitet und von dort ihren jetzigen Mann mitgebracht habe. In die Partei sei sie erst vor kurzem eingetreten.

»Ich wurde, weißt du, zu unserem Parteioffizier, zu Iwan Semjonowitsch gerufen. Hör mal zu, Jegorowna, sagte er, so eine gute Arbeiterin und nicht in der Partei. Das geht doch nicht. Und ich, Wolodja, weißt du, dachte mir, wenn schon wir, die Bestarbeiter, nicht in die Partei eintreten, wer denn dann? Und das erst recht, wo unsere Partei doch das Volk führt; und sie ist ja auch so weise und so friedliebend, nicht wahr, Wolodja?«

Ich hatte ihr erzählt, daß ich Schriftsteller sei, und sie drückte sich jetzt wohl deshalb ganz im Stil der Partei aus, weil sie damit rechnete, daß ich irgend etwas über sie schreiben würde. Im übrigen wurde über sie auch schon ohne mein Zutun geschrieben. Und das sowohl in der Lokalzeitung als auch im Moskauer *Ogonjok.*

Ihr Mann Nunjabitte, ein parteiloser Rentner und infolge seiner vergleichsweise recht unwichtigen, ja jämmerlichen Stellung recht verbittert, spielte in der Familie sozusagen den Haus-Dissidenten. Er schwieg und schwieg, um dann ganz plötzlich loszuplatzen.

»Eine richtige Politik, sagst du? Eine richtige? Niemand bestreitet, daß sie richtig ist. Aber warum haben die sich dann mit den Chinesen verzankt? Bist doch Parteimitglied, aber weißt es nicht. Darum haben sie sich verzankt, weil die uns Mäntel für 40 Rubel das Stück verkauft haben, und dann kommen sie und sehen, daß in unseren Geschäften die gleichen Mäntel für 120 Rubel hängen.«

»Ach, du hast doch keine Ahnung.« Sie winkte ab und bat mich: »Du, Wolodja, schreib das nicht auf, denn er ist ja doch dumm und rückständig.«

Nach und nach eröffnete sie mir ihre Geheimnisse. Am Vorabend unserer Abreise tranken wir wieder Wein auf der Veranda.

»Es ist mir, Wolodja, weißt du, eigentlich peinlich, dir das zu sagen, aber man hat mir auch den Orden verliehen.«

»Was für einen Orden?« Ich wunderte mich schon über nichts mehr, nahm aber doch an, daß es irgendein kleiner Orden sein würde.

»Ja, weißt du, den Lenin. Ich wurde in Krasnodar von Poljanskij empfangen, und er hielt mir auch den Mantel. Wenn du, Jegorowna, sagte er, anstatt deiner Medaille wenigstens das Ehrenzeichen hättest, würden wir dir jetzt sogar den ›Helden der sozialistischen Arbeit‹ geben.«

Wir blieben in diesem Hause nicht nur eine Woche, sondern anderthalb. Am letzten Morgen wurden wir durch Lärm geweckt. Auf der Außentreppe schrien ungefähr zehn Studenten durcheinander, die unser Hauswirt »von der Schosseh« für unser Zimmer angeschleppt hatte. Als wir uns verabschiedeten, fragte ich ihn: »Und wo ist Jegorowna?« – »Sie ist in den Weinberg gegangen«, sagte er.

Das war das erste Mal in anderthalb Wochen, daß sie zur Arbeit gegangen war.

Diese ganze Zeit hatten wir entweder im Hause oder am Strande verbracht. Jetzt fuhren wir zum erstenmal durch das Zentrum der Stadt. Auf dem kleinen Platz vor dem Gebäude des Stadtsowjets sahen wir eine Reihe von Porträts, über denen geschrieben stand:

DIE BESTEN UNSERER STADT

und als vierte von links prangte dort unsere Hauswirtin. In dunklem Kostüm, mit weißer Bluse, den Leninorden auf dem vollen Busen.

Der Tschäinscher aus Cherson

Und noch eine Geschichte. Eines Abends sitzen wir in unserer Moskauer Wohnung in der Küche, meine Frau und ich und unsere Freundin, eine bekannte Schauspielerin, nebenbei gesagt. Sitzen da, trinken Tee, plauschen. Die Schauspielerin erzählt uns etwas über Telekinese und von Menschen, die allein durch Blicke selbst die schwersten Gegenstände in Bewegung setzen können. Seit kurzem ist in Moskau Zeitvertreib dieser Art in Mode gekommen: Telekinese, spiritistische Seancen, telepathische Krankenbehandlung und Heilung.

Wenn es kein gesellschaftliches Leben gibt, wenn man Furcht hat, die Regierung zu kritisieren oder auch nur politische Anekdoten zu erzählen, wenn jegliche Unterhaltung (Theater, Kino, Fernsehen) mit Propaganda durchtränkt ist, wenn es in den Buchläden nichts anderes gibt als die langweiligen Wälzer mit den Reden des Generalsekretärs und anderer Mitglieder des Politbüros, vorgekaut in einer unmenschlichen Sprache – ja, das ist dann so recht die Zeit, sich in mystische Sphären zu versteigen. Das Thema ist zwar dem Geist nach gar nicht sowjetisch, aber, im Gegensatz etwa zur Verbreitung oder auch nur dem Lesen von Samisdat-Literatur, ganz ungefährlich.

Wir sitzen also und reden, da klingelt es plötzlich an der Tür. Ich gehe aufmachen, innerlich fluchend: Wer rückt uns denn da auf die Bude zu nachtschlafender Zeit? Als ich aufmache, steht da ein mir unbekannter Mann in der Uniform der Handelsmarine. »Tag. Ich will zu Ihnen.« Es stellt sich heraus, daß auf dem Wege von Murmansk nach Cherson dieser Seemann in Moskau Station machen will und daß einst sein Bruder in Cherson mit mir dieselbe Schulklasse besucht hat. Dieser Bruder hat vor einigen Jahren auch bei uns übernachtet, es hat ihm hier sehr gut gefallen, und daraufhin kommt nun der andere Bruder angereist. Man muß dazu sagen, daß das Auftauchen eines Logiergastes aus der Provinz in Moskau gar nicht so selten ist. Und nicht, weil diese Provinzler so frech oder so knauserig sind, sondern weil es für einen Durchschnittsmenschen absolut unmöglich ist, in einem Moskauer Hotel ein Zimmer zu bekommen. Ich guckte mir diesen Seemann an, ohne große Lust, ihn über Nacht zu beherbergen, doch ihn wegzuschicken brachte ich auch nicht fertig – Nacht, miserables Wetter, und immerhin bin ich mit seinem Bruder in einer Klasse gewesen...

Na gut, sagte ich, was soll man da machen, kommen Sie halt rein, nur geben Sie meine Adresse in Zukunft nicht an andere Brüder und Kumpels von der Handelsmarine in Cherson weiter.

Also setzte er sich zu uns an den Tisch, holte aus seiner Mappe eine Flasche Botschaftswodka heraus (sagte, er habe sie in Murmansk ergattert) und eine Dose Fischmarinade und blickte verzückt auf unseren Gast, die Schauspielerin. Erst gestern hatte er sie im Fernsehen bewundert, und nun so ein glücklicher Zufall! Da wird er seinen Kumpels in Murmansk und in Cherson was zu erzählen haben. Und um sich seinerseits nichts zu vergeben, fing der Matrose sofort an, von seinen Fahrten als Bordmechaniker durch die weite Welt zu erzählen. Wie sie vor Sachalin in der Lapérousestraße der Nebel erwischte, wie schlimm der Seegang bei Neuseeland war, wie sie irgendwo in der Nähe von Marseille oder Catania auf eine Sandbank aufliefen.

Und als er die Namen der verschiedensten Häfen herunterrasselte, da sperrten nicht nur meine Frau und ich, sondern auch unsere Schauspielerin vor Staunen den Mund auf. Sicher, sie hatte auch schon ins Ausland reisen dürfen, doch jetzt kam ihr ihre Auslandserfahrung (einmal Paris, einmal Budapest, zweimal Ost-Berlin, viermal Sofia) ganz mickerig vor.

Der Seemann aber, unserer Aufmerksamkeit sicher, kam ganz groß in Fahrt. Bosporus, Dardanellen, Georgetown, also wirklich, Namen wie bei Jules Verne.

Auch seine Uniform war schön, glänzende Litzen, goldene Knöpfe, eine Armbanduhr mit dreifachem Zifferblatt. Und er warf recht häufig den Blick auf diese Uhr, aber nicht, um dem Botschaftswodka bald den Garaus zu machen und schlafen zu gehen, sondern weil er ahnte, daß wir eine solche Uhr noch nie gesehen hatten. Und als er wieder einmal auf die Uhr sah, fragte ich ihn endlich, wo er denn eine so fabelhafte Uhr gekauft hätte. »Die habe ich«, sagte er, »in Las Palmas getschäinscht.« Und holte sofort ein Feuerzeug hervor, auf dem ein Mädchen aufgemalt war, auf der einen Seite im Badeanzug, auf der anderen Seite ohne. »Und das habe ich«, sprach er, ohne erst auf meine Frage zu warten, »in Amsterdam getschäinscht.« Das alles war uns hochinteressant, nur dieses Wort »getschäinscht« hatte ich noch niemals gehört. Und fragte darum, was es bedeute.

»Tschäinsch!« sagte der Seemann prägnant und knallte das Schnapsglas hart auf den Tisch. »Kein Englisch in der Schule gelernt? Tschäinsch. Also Tausch. Wenn wir auf große Fahrt gehen, kaufen wir in unseren Läden alles, was es zu kaufen gibt. Uhren, Parfum, Seife, Matrjoschkas*, Nadeln, Knöpfe, kurz alles, was uns in die Hände kommt.«

»Ja, kann man denn wirklich für diese unsere Waren irgendwas eintauschen?«

»Und wie! Natürlich, in Hamburg etwa oder Vancouver zieht so 'ne Ware nicht. Doch wir fahren ja nicht nur da-

---

* Puppen in der Puppe, hohle, ineinandergesteckte Holzfigürchen (Anm. d. Übers.).

hin. Wir helfen doch den Ländern der dritten Welt. Na, und in diesen Ländern ...!«

Die Erinnerung an diese Länder rief bei ihm einen solchen Lachanfall hervor, daß er beinahe vom Stuhl gekippt wäre, doch ich fing ihn noch rechtzeitig auf. Als er sich wieder beruhigt hatte, begann er aufzuzählen, wo er was getschäinscht hat. Die angenehmsten Erinnerungen hatte er an den Suezkanal.

»Du fährst also durch den Suezkanal, an Land stehen Beduinen. Wir nennen alle Araber Beduinen. Rufst einem zu: ›Tschäinsch!‹ Er antwortet: ›Tschäinsch!‹ Da läßt du ihm an einem Strick deine Waren runter, er hebt an einem Stock die seine hoch. Und, wissen Sie, da muß man sehr aufpassen. Wenn du deine Ware zu früh abseilst, grapscht er sie und haut ab. Aus. Tschäinsch kannst du vergessen. Wenn er zu früh hochhebt und du sein Zeug zu fassen kriegst, ist es auch aus mit dem Tschäinsch. Das muß mit Köpfchen gemacht werden. Ich weiß noch, einmal, wir hatten sowas geladen ...«

Und er erzählte die Geschichte, wie sie einmal eine Anzahl gasbetriebener Geländewagen als Fracht geladen hatten, auch wieder als Hilfe für die Staaten der dritten Welt. Erst montierten sie die Räder ab und haben die getschäinscht. Dann kamen die Tachometer dran, wurden auch getschäinscht. Scheinwerfer abgeschraubt und getschäinscht. Schließlich fragte ich:

»Haben denn die, denen ihr die Geländewagen bringen solltet, den Schaden nicht reklamiert?«

»Aber was denn! Wieso reklamiert? Das war doch Hilfe. Selbstlose Hilfe. Was man dir gibt, das nimm. Überhaupt, was sind schon Geländewagen! Wir tschäinschen ja auch vom Schiff alles mögliche. Rettungsring abmontiert – tschäinsch! Und ein andermal, da hatten wir gerade nichts – mußten den Messinganker tschäinschen. Denken Sie, das war leicht? Als ganzes Ding konnten wir ihn nicht werfen, der ist doch schwer, die Beduinen hatten nichts, um ihn aufzuheben. Da haben wir ihn erst in die Kajüte geschafft, da in Stücke gesägt, die Metallsäge immerzu eingefettet, damit sie nicht quietscht. Und dann die Stücke einzeln durch das Bullauge geschmissen. Die Beduinen sind mit Atemgeräten nach ihnen getaucht.«

So erzählte er uns bis tief in die Nacht hinein, wo er überall war und was er wo tschäinschte; hat uns müde geredet und wurde auch selbst schläfrig. Gähnte immer mal und blickte öfters auf die Uhr, aber nicht mehr, um uns mit der Uhr zu imponieren, sondern um anzudeuten, daß er bettreif sei. Doch als ich ihn zu guter Letzt fragte, ob er Parteimitglied sei, gab er sich noch einmal einen Ruck, machte die Schultern breit, blähte die Backen auf und sagte mit Würde:

»Aber ja, ich bin Kommunist.«

Parteiehre

Vor langer, langer Zeit, noch vor der Währungsreform, hat
sich ein Filmregisseur, um eine Wohnung zugeteilt zu bekommen, in die entsprechende Warteliste eintragen lassen.
Doch gab es damals in Moskau so gut wie gar keine Neu-
bauten. Und auf der besagten Liste rückte man verdammt
langsam vor. Immerhin, bei aller Langsamkeit war der Regisseur endlich dran, stand als erster auf der Liste. Seine
Frau und er fingen schon an, sich auszumalen, wie sie die
Zuweisung bekommen, wie sie die Möbel aufstellen würden, wo das Bett, wo der Fernseher stehen sollten. Das
Ausmalen dauerte einen Monat, dauerte zwei Monate, ein
halbes Jahr, ein Jahr ... Er stand als erster auf der Liste,
doch es tat sich gar nichts. Ob es wohl nicht mit rechten
Dingen zuging? Der Regisseur staunte, kam aber nicht dahinter, was los war. Bis ihm schließlich einer, der klüger
war, sagte: »Du kannst auf dieser Liste stehen bis zum
Jüngsten Tag oder bis du einen, der was zu sagen hat,
schmierst.« Der Regisseur aber, obwohl kein Parteimitglied, war ein Mann mit Prinzipien. »Nein«, sagte er,
»kommt nicht in Frage. Ich habe noch nie jemanden besto-
chen und werde es auch jetzt nicht tun. Bestechungen«,
sagte er, »erniedrigen den, der sie nimmt, und den, der sie
gibt.« – »Na schön«, wurde ihm entgegnet, »dann steh nur
weiter auf der Liste, unerniedrigt.« Und da stand er. Stand
ein Jahr, ein zweites, die Frau wurde, versteht sich, sauer,
lag ihm stets in den Ohren, drehte durch, war die Gemeinschaftswohnung leid, mochte nicht mehr morgens

Schlange stehen vor dem Klo oder vor dem Herd, ehe sie ihr Kaffeewasser aufstellen konnte. Und, bitte schön, sie hatte es satt, in der Küche aufzupassen, daß ihr die lieben Nachbarsleute nicht in die Suppe spuckten oder sonst noch was taten. Sie ließ nicht ab, zu klagen und ihren Mann zu bedrängen, und allmählich schmolzen seine Prinzipien dahin. Schließlich war er reif für die Untat. »Was soll's«, dachte er, »ein einziges Mal werde ich Schmiergeld geben, wenn es anders nicht geht, aber danach nie wieder.« Er war in solchen Sachen ganz unerfahren, doch da halfen ihm gütige Menschen, machten ihn mit einer bedeutenden Persönlichkeit aus dem Moskauer Stadtrat bekannt. Mit diesem traf er sich im Restaurant »Aragwi«. Der Regisseur bestellte dies und jenes, georgischen Kognak, georgische Nationalgerichte wie Lobjo, Saziwi, kaukasischen Schaschlik. Sie tranken, aßen, und schließlich sagte der Regisseur zu dieser Persönlichkeit, deren Umrisse nach dem Kognak schon etwas an Schärfe verloren, unumwunden und geradeheraus: »Wissen Sie, ich lebe ganz meiner Kunst, fern vom alltäglichen praktischen Dasein. Bestechungsgeld habe ich noch nie und an niemanden gezahlt, weiß gar nicht, wie man das macht. Sie aber sind ein Mann mit Erfahrung, können Sie mir nicht sagen, wem ich was geben soll, wieviel, wann und wo?« Die Persönlichkeit trank noch ein Schlückchen Kognak, nahm noch ein Stückchen Schaschlik, wischte sich gesittet mit der Serviette den Mund und beugte sich über den Tisch zu dem Regisseur. »Mir«, sagte er, »fünftausend, hier, sofort.«

Flüsternd zwar, aber deutlich, ohne Umschweife.

»Gut«, sagte der Regisseur und zog die Brieftasche hervor. Doch sofort beschlichen ihn leise Zweifel. »Wenn aber«, sprach er, »ich Ihnen diese Fünftausend aushändige, Sie mir aber die Wohnung wieder nicht geben?«

Dieser monströse Verdacht nahm der Persönlichkeit den Atem, fast wäre ihr der Schaschlik in der Kehle stecken geblieben. Dem Mann traten die Tränen in die Augen, sogar seine Stimme zitterte. »Wie kannst du nur!« stammelte er. »Wie kannst du sowas von mir auch nur denken? Ich bin doch ein Kommunist!«

Und er hat sich wirklich als ehrlicher Mann erwiesen. Es verging nicht einmal ein Monat, als der Regisseur die Zuweisung bekam. Und sie lebten in der neuen Wohnung herrlich und in Freuden. Bis sie sich scheiden ließen. Zu jener Zeit freilich wurde es mit den Wohnungen besser. So daß der Regisseur diese Wohnung der gewesenen Frau überließ, mit der neuen Frau aber eine Eigentumswohnung erwarb. Dabei mußte auch geschmiert werden, sicher, doch zu der Zeit hatte der Regisseur schon die nötige Erfahrung und war in die Partei eingetreten. So daß er nunmehr genau wußte, wem, wieviel, wann und wo.

Wie verbiegt man die Parteilinie?

Lenin hat gesagt, nur ein sehr gebildeter Mensch, der die fortschrittlichsten Kenntnisse seiner Zeit erworben hat, könne ein echter Kommunist sein. Unter den heutigen sowjetischen Kommunisten gibt es welche, die dem Leninschen Ideal entsprechen, manche mehr, manche weniger.

Als ich auf der Krim die zehnte Klasse der Abendschule besuchte, war ich dreiundzwanzig Jahre alt, also für einen Schüler reichlich bejahrt. Doch einige unter meinen Klassenkameraden waren noch älter. Der älteste war sechsundvierzig Jahre und kam mir natürlich wie ein Greis vor. Nennen wir ihn Jeremenko. Zur Schule kam er immer in einem strengen grauen Anzug – langes Jackett, weite Hosenbeine, die Krawatte eng gebunden. Gesessen hat er in der hintersten Bank. Wurde er zur Tafel gerufen, ging er hin und ließ jede Frage unbeantwortet. Eine unserer Lehrerinnen sagte: »Wie ein Partisan beim Verhör!« (Wie ein sowjetischer, kommunistischer Partisan zu sein hat, wußte die Lehrerin natürlich nicht aus eigener Erfahrung, sondern aus der Literatur.)

Jeremenko an der Tafel war bemitleidenswert. Man stellte ihm eine klare, eindeutige Frage – er schwieg. Dann eine hilfreiche, auf die Antwort hinlenkende Frage – er schwieg. Wurde rot, schwitzte – aber kein Wort. »Sie haben vielleicht nicht lernen können?« Er schwieg. Und wenn er schon mal den Mund auftat, dann sagte er Sachen, die schmissen einen glatt um. Einmal konnte er die Grenzlinie zwischen Europa und Asien auf der Karte nicht zeigen, und als die Lehrerin dann fragte, wo wir uns denn befänden, brachte er angestrengt vor: »In Asien.«

Die Lehrer wußten einfach nicht, was sie mit ihm anfangen sollten. Die Chemielehrerin war aggressiver als die anderen und meinte, sie ließe ihn nie und nimmer durchkommen. Die anderen waren liberaler. Ich weiß nicht, ob sie Angst vor ihm hatten, aber verlegen wurden sie immer; er war ja schließlich ein durchaus solider Mann. Sie sagten leise: »Setzen Sie sich, Jeremenko.« Und gaben ihm beklommen eine Vier. Oder unterließen eine Bewertung: »Na schön, ich werde Ihnen heute gar keine Note geben, aber zum nächsten Mal bereiten Sie sich bitte vor.«

Natürlich gibt es überall verschiedene Schüler. Glänzende, gute, mittelmäßige und schlechte. Doch Schüler, die derartig blöd sind, schaffen es in der Regel nicht bis zur zehnten Klasse. Erreichen mit Ach und Krach die vierte, wenn es hoch kommt die siebente, und danach wird so ein Schüler entweder der Schule verwiesen oder verweist sich selbst, zieht jedwede körperliche Arbeit der für ihn unerträglichen intellektuellen Anspannung vor. Und wäre Jeremenko ein ganz simpler Schüler gewesen, er hätte es keinesfalls bis zur zehnten Klasse geschafft, doch das war es ja eben: Er war kein simpler Schüler, sondern einer aus der Nomenklatur, ein Parteifunktionär also, Abteilungsleiter im Bezirkskomitee der KPdSU, und um dienstlich voranzukommen, brauchte er zumindest den Schulabschluß. Freilich, zur Schule ging er nicht in jenem Bezirk, den er leitete, sondern in einem ländlichen Bezirk in der Nachbarschaft. Er selbst pflegte zu sagen, die Parteiethik verbiete es ihm, die Schule des eigenen Bezirks zu besuchen.

Vertreter der Nomenklatur distanzieren sich gewöhnlich von den normalen Sterblichen, jedoch kamen Jeremenko und ich uns näher, weil ich ihm in Chemie und Mathematik half. Nachdem wir uns einige nutzlose Stunden abgerackert hatten, tranken wir sogar gelegentlich miteinander, und dann wurde er mir gegenüber ganz aufrichtig. Empört äußerte er sich über unsere Chemielehrerin: »Ja, wieso erlaubt sie sich denn, in diesem Ton mit mir zu reden? Wahrscheinlich hat sie keine Vorstellung, wer ich bin. Na, in meinem Bezirk kann ich jeden beliebigen Schuldirektor zu mir hinbestellen und strammstehen lassen, und da steht er dann, selbst wenn es zwei Stunden dauert.«

Einmal fragte ich ihn, ob es nicht schwer sei, einen so wichtigen Posten zu bekleiden. Seine Antwort habe ich mir für mein ganzes Leben eingeprägt: »Aber nein, ist nicht schwer. Das wichtigste an unserer Arbeit ist – die Parteilinie einzuhalten, sie nicht zu verbiegen. Und wie soll man sie denn verbiegen?«

Er war gleichmäßig schlecht in allen Schulfächern, einschließlich Geschichte. Doch unsere Geschichtslehrerin (sie war jünger als ich) bekam Schwangerschaftsurlaub, und vertreten wurde sie von einer anderen, die zugleich Abteilungsleiterin beim Volksbildungsamt in jenem Bezirk war, der Jeremenko unterstand.

Sie war eine sehr füllige und sehr dumme Dame. Ihren Unterrichtsstoff beherrschte sie nicht gerade perfekt, und anstelle all der historischen Fakten paukte sie uns politische Informationen über die aktuelle Politik der KPdSU ein. Sie sagte etwa, die internationalen Imperialisten planten dieses und jenes, doch sie würden in die eigene Falle laufen. »Die Imperialisten bedrohen uns mit Atomwaffen, doch sie werden in die eigene Falle laufen.« – »Die Imperialisten wollen das sozialistische Lager vernichten, doch sie werden in die eigene Falle laufen.«

In ihrem Hauptberuf hing die neue Lehrerin ganz und gar von Jeremenko ab und behandelte ihn darum im Unterricht sehr wohlwollend. Sie ließ ihn zur Tafel kommen und befragte ihn nach folgendem Schema:

»Sagen Sie, Genosse Jeremenko, wann fand der 15. Parteitag statt?«

Schweigen.

»Im Jahre neunzehnhundertsiebenundzwanzig, oder? Stimmt's?«

»Stimmt«, erwiderte Jeremenko. »Im Jahre neunzehnhundertsiebenundzwanzig.«

»Nun ja, Sie haben sich sehr gut vorbereitet«, äußerte sie befriedigt. »Ich gebe Ihnen eine Eins.«

Seit ihrem Auftauchen an unserer Schule faßte er Mut und wurde sogar ein wenig hochnäsig.

»Also, wie es auch immer sei, aber in Geschichte – da kenn' ich mich aus«, pflegte er mir zu sagen.

Zwischen Lehrerin und Schüler entstand eine recht eigenartige Beziehung. Abends in der Schule rief sie ihn auf, am Tage ließ er sie zu sich ins Amt kommen und bekundete lebhaftes Interesse am gegenwärtigen System der Volksbildung in dem ihm unterstellten Bezirk. Die Systemanalyse endete mit kleinen Bitten seitens der Lehrerin, die der Schüler gern und gnädig berücksichtigte. Er selbst hat mir erzählt, wie sie einmal, sehr schüchtern, um Zuteilung eines Ferkelchens aus dem Kolchos bat. Er habe in einem Kolchos angerufen, und am selben Tage bekam die Lehrerin zwei riesige Schweine ins Haus geliefert, das Stück für einen Rubel fünfzig Kopeken alter Währung. Also nunmehr, nach der Währungsreform, für fünfzehn Kopeken.

Im Abschlußzeugnis bekam Jeremenko eine Eins in Geschichte und mit Hängen und Würgen eine Drei in allen übrigen Fächern, einschließlich Chemie. Jetzt öffnete sich ihm der weitere, schon speziell parteiorientierte Bildungsweg und somit das Tor zur beruflichen Karriere. Mit neuen Kenntnissen ausgerüstet, konnte er nun bedenkenlos über Schweinezucht, Schafzucht oder bildende Kunst gebieten. Einige Jahre später erfuhr ich, daß Jeremenko befördert und in das Gebietskomitee der KPdSU versetzt worden war, wo er die Geschicke der Industrie lenken konnte. Jeder Industrie, darunter selbstverständlich auch der chemischen.

Das Tannenbäumchen

Eine wahre Geschichte, von dem Geschädigten selbst erzählt

Es wird ja immer gesagt, daß dieses ... na, wie heißt es
denn ... na, Silvester ... also, daß wie man ins neue Jahr
reinrutscht, so geht es dann auch weiter. Ist der Rutsch
gut, wird das ganze Jahr gut. Wenn aber gleich zu Anfang
was schiefgeht, wird's auch weiter ... na, wie sagt man ...
'ne Pleite.

Und da ist mir doch persönlich zu Silvester 'ne Geschichte passiert, die ... also ich weiß schon nicht, wie
man die deuten soll, als gute oder schlechte.

Und passiert ist das alles wegen ... na, wegen dieser ...
wie soll ich sagen ... kurzum, meiner Gattin wegen. Weil
nämlich andere Frauen, also die, die schauen irgendwie
voraus, sie aber, meine Gattin, hat bis zum einunddreißigsten Dezember allenfalls die Haare auf diese ... na, auf
die Lockenwickler gedreht, was sich aber bei ihr unter den
Lockenwicklern gedreht hat, weiß ich nicht. Am Einunddreißigsten bin ich akkurat von der Schicht gekommen.
Nun, das und jenes, habe gegessen, hab' mich aufs Sofa
gelegt, hab' Fernsehen geguckt, die Sendung »Ich diene
der Sowjetunion«. Guck mir gar zu gern all diese Kanonen, Panzer, Flugzeuge an. Und da sagt die mir doch, ich
soll losgehen und ein Bäumchen auftreiben, 'ne Tanne,
weil doch die Tochter kommt mit diesem ... na, mit ihrem
neuen Kerl, und den Sekt hätte sie schon in den Kühlschrank getan und die Sülze auf den Balkon gestellt, na,
und wie macht sich denn das ohne Tanne. Ich sag, na, wo
soll ich denn jetzt hingehen, heute am Einunddreißigsten,

die Leute werden sich doch halbtot schlagen wegen der Tannen, na, und wir sind schließlich keine Kinder mehr, wir wollen doch nicht um das Bäumchen . . . na, also, Ringelreihen tanzen, na, und die Tochter, das ist doch nicht, allen Ernstes, und überhaupt, einen hat sie geheiratet, haben kein Jahr zusammengelebt, sind auseinander, kommt nun mit einem Neuen, aber ist noch ganz unsicher, ob's was wird oder nicht, ich aber soll bei dem Frost wegen diesem . . . wegen dem Bäumchen also mich totquetschen lassen. Meine Frau aber sagt, ob's bei denen klappt oder nicht, das muß man abwarten, hat ja noch Zeit, ohne Tannenbäumchen aber ist es doch kein Silvester.

Und sie schubst mich zur Tür hinaus.

Ich ging also los. Es dunkelte schon. Ich trabte die Straßen auf und ab, guckte, wo es was gab. An einer Ecke, da waren die Tannen grad aus, als ich kam. Anderswo waren sie noch gar nicht geliefert worden, aber eine Schlange stand da, wie vor diesem . . . vor dem . . . na, vor dem Lenin-Mausoleum. Da gab mir einer einen Tip, ich müßte mit der U-Bahn bis zur Haltestelle »Rjetschnojwoksal«, also bis zu den Landungsbrücken fahren. Ich fuhr hin, fragte dort die Leute, wo's lang geht, die wiesen mir den Weg. Ich also raus aus der U-Bahn, einmal rechts abgebogen, noch einmal nach rechts, tatsächlich, da werden Tannen verkauft, und die Schlange war nicht so lang, hab' da höchstens, na, an die drei Stunden gestanden, vielleicht dreieinhalb, mehr nicht. Natürlich, Gedränge gab es, und die Leute ganz aufgeregt, schrien: »Nicht vordrängen! Und jedem nur eine Tanne, nicht mehr!« Und aussuchen, das ließen die auch nicht zu. Ich wollte eine hübsche aussuchen, aber der Verkäufer war so ein Superschlauer, »Bürger!« brüllte er, »Wahlen sind hier nicht erlaubt, das ist hier«, sagte er, »kein, na, kein Oberster Sowjet.« Und da war die Tanne, die ich abkriegte, nicht allzu doll, die Zweige alle zur einen Seite, die andere kahl, und die Spitze war irgendwie krumm gewachsen . . . Also gut, ich nahm das Bäumchen, bekam auch eine Quittung, daß ich dieses Gewächs ganz legal erworben hatte. Steckte die Quittung in die Tasche, ergriff das Bäumchen an der Wurzel, zog es hinter mir her zu dieser . . . na, zu der U-Bahn. Und in der U-Bahn treffe ich diesen . . . na, wie heißt er denn . . .? so 'n Schwarzer aus unserer Werkhalle . . . na, der Säufer . . . ist ja egal. Der hat mich gelöchert, wo ich die Tanne herhabe. Ich erklär's ihm. Wenn du aus der U-Bahn kommst, vorn, aus dem ersten Wagen, mußt du, sage ich, gleich nach rechts einbiegen, dann nochmals nach rechts, und in dieser Straße . . . na, wie heißt sie denn . . .? also die geradeaus, und da verkaufen sie sie. Ich erkläre ihm, wie er gehen soll, aber er kapiert's nicht, kann es nicht kapieren. Also nehm' ich aus der Tasche die Quittung und zeichne darauf genau, wie er gehen, wo er abbiegen muß. Hab' natürlich nicht im Traum daran gedacht, daß ich diese, die Quittung also, brauchen könnte, daß ich ihretwegen alle möglichen, na, eben Scherereien kriege. Hätte aber daran denken müssen, der Kopf ist ja nicht nur dazu da, daß ich die Mütze darauf trage, sondern auch für was anderes.

Ich steig' also aus der U-Bahn aus, schleife die Tanne den Gang entlang, da treten zwei von diesen . . . na, eben diese . . . Druschinniks, freiwillige Milizhelfer, auf mich zu. Beide jung, beide 'n Vollmondgesicht, beide mit roten Armbinden, beide mit Mützen aus Kaninchenfell. Nur bei dem einen ist das Fell grau, bei dem anderen weiß. Und der nun, der mit der weißen Fellmütze, fragt höflich, wo ich die herhabe, na, die Tanne. Ich sage: so und so. Und er sagt: »Und haben Sie die . . . na, die Quittung?« Klar, sag' ich, natürlich . . . und greife in die Tasche . . . Na, und dann also . . . das Herz ist mir abgesackt bis sonstwohin.

»Mann«, sag' ich, »Jungs, entschuldigt bitte, aber eben diese Quittung habe ich gar nicht mehr, weil ich sie eben diesem . . . na, wie heißt er denn . . . na, der aus unserer Werkhalle . . . so 'n Säufer . . . Also eben diese, na, diese Quittung, die habe ich dem gegeben.«

Der in der grauen Mütze guckt den anderen, den mit der weißen, an, weil der scheint's ranghöher ist, und der sagt dann etwa: »Wir haben«, sagt er, »verehrter Genosse, solche Märchen heute schon von vielen gehört. Aber bei uns in unserem Stab sitzen Leute, die möchten diese Märchen sozusagen auch mal hören. Bitte also, folgen Sie mir.«

Ich sage: »Aber Jungs, was denn, ihr macht wohl Spaß? Ja, ich hab' doch dieses Bäumchen nicht geklaut, nicht irgendwo gefällt, ich habe es ehrlich gekauft am Tannenstand. Und die Quittung habe ich auch gehabt, aber da begegnete ich doch dem . . . na, wie heißt er denn bloß. Und der fragt mich, wie er dahin kommt, zu dem Stand nämlich. Na, und da habe ich diesen . . . na, eben 'n Bock geschossen, hab's ihm auf der Quittung aufgezeichnet. Ja, und ich kann doch gar nicht in diesem euren Stab meine Zeit vertun. Auf mich wartet doch«, sag' ich, »na, meine Frau halt, und die Tochter wollte ihren Neuen mitbringen. Und die werden nun eben alle zusammensitzen und ich . . . ich bin nicht da.«

Na, die wollen alles so was nicht einmal hören, führen mich hin zu dem . . . eben dem Stab, dem Stab der freiwilligen Druschinniks. Die Tanne bitten sie draußen zu lassen, und mich führen sie runter in, na, in den Keller. Da aber sitzt hinter dem Tisch ein Hauptmann der . . . na, dieser . . . der Miliz, außerdem noch andere Druschinniks und dann noch die, die sie von der Straße hierhergeholt haben, die einen werden in fremde Taschen gelangt haben, die anderen jemandem die Visage poliert und was sonst noch immer, und auch ein Mädel, die haben sie wegen . . . na, wie man so sagt, wegen leichtfertigem Benehmen hergeschleift. Und ich mittendrin, bin also auch in so 'ne . . . na, Gesellschaft hineingeraten.

Dieser Druschinniks, na, der mit der weißen Pelzmütze, sagt zu dem Hauptmann also: »Hier«, sagt er, »haben wir einen Genossen gebracht, der hat eine Tanne ohne Quittung transportiert.« – »Na schön«, sagt der Hauptmann, »laßt ihn hier, wir werden's klären.« Aber er hat mich nicht gleich verhört, sondern erst die anderen, na, die schon vor mir da waren. Freilich allzu lange brauchte ich nicht zu warten. An die zwei Stunden etwa, nicht mehr. Und wenn nicht gerade Silvester wäre, da wär's gar nicht der Rede wert. Na ja, also nach zwei Stunden hat der Hauptmann mit dem Protokoll begonnen, wegen der Beschlagnahme der illegal erworbenen, na, diesem ... dieser, also Ware. Ich habe mich erst wehren wollen, sagte, war doch legal, Sie machen's illegal. Na, wenn ich nun diese Quittung dem da gegeben habe ... also, dem aus unserer Werkhalle, wie heißt er denn bloß ... Also das bedeutet doch nicht, daß man jedem, der so 'ne Quittung nicht hat, daß man den also in den Keller schleppen kann. Das mag ja, sage ich, vielleicht irgendwo, na, vielleicht in Amerika sein, daß man Leute ohne Quittung in Keller schleppt, hier aber haben wie schließlich nicht Amerika, sondern die ... na, eben die Sowjetunion. Aber was kann man denen schon beweisen? Haben mich so gegen elf laufen lassen, sagten, kannst noch dankbar sein, daß du freikommst. Ich gehe also nach Hause, ganz niedergeschlagen. Geld ausgegeben, Zeit verloren, und vor allem komme ich doch ohne dieses ... na, ohne das Bäumchen. Und wie steh' ich nun da? Sicher, meine Frau, die weiß natürlich, daß ich das Geld nicht versoffen habe, weil ich doch nämlich nicht etwa ein Säufer bin, wie der, na, dieser ... aus unserer Werkhalle, dem ich die Quittung gegeben habe ...

Da komme ich also zu Hause an, na, die Frau macht auf, ich erzähle ihr alles, die schlägt die Hände überm Kopf zusammen. Nun, später sagt sie, macht nichts, kann halt alles passieren, sagt sie, die führen doch jetzt diesen ... na, den Kampf gegen die Korruption, die greifen sich doch jeden, der ihnen in die Quere kommt, sogar diese, na, wie sagt man, Minister, die greifen sie sich auch, also pfeifen wir auf die Tanne, soll sie ihnen im Hals stecken bleiben. Um so mehr, sagt sie, da wir eine Tanne haben, ein Bäumchen hat uns der . . . also der Kolja gebracht. Was für 'n Kolja, frage ich. Meine Frau erklärt mir: »Na, dieser Bräutigam von der Tochter, die sind gerade zusammen gekommen, haben ein Bäumchen gebracht, schmücken es jetzt.« Und wirklich, da sehe ich im Flur den Mantel der Tochter hängen, mit dem . . . na, dem Nerzkragen, und einen Männermantel, aus so 'nem flauschigen Wollstoff, und eine Mütze hängt da, weiß, aus . . . na, aus Kaninchenfell. Na, ich habe mir da noch gar nichts gedacht, weil . . . na, es gibt ja genug Leute mit weißer Fellmütze. Ich gehe also aus der Diele ins Zimmer, sehe, die Tochter und ein junger Mann schmücken die Tanne. Die aber, also die Tanne, die kommt mir bekannt vor, irgendwie. Die Zweige, die wachsen alle zur einen Seite, und die Spitze, die wächst irgendwie quer. Da dreht sich der junge Mann zu mir um, und da habe ich ihn natürlich sofort wiedererkannt. Und da kam mir doch gleich so ein Zorn, wollte mich sofort auf ihn stürzen und ihm, na ja, gleich die Fresse polieren. Die Tochter, die ist erschrocken, läuft auf mich zu: »Papa, nicht doch, warum denn mit Fäusten, das ist doch mein Bräutigam, ist doch Kolja.« Ich aber sage, »werde sofort diesem Kolja . . .« Und der Kolja sagt: »Bitte, beherrschen Sie sich. Sie wissen doch, wohin das führt – einen Druschinnik zu prügeln!« Und ich sage: »Du bist für mich kein Druschinnik, sondern derjenige, der . . . also der . . .« Da fragt die Tochter, was denn los ist, und meine Frau fragt, was denn nur los ist, na, da habe ich ihnen alles, was so passiert ist, erzählt. Nun ja, dieser Kolja, der hat sich von dem Schreck ein wenig erholt und sagt: »Aber warum schleppen Sie denn diese . . . die Tanne die Straße lang, ohne Quittung? Und außerdem«, sagt er, »natürlich, hätt' ich gewußt, daß Sie das sind, na ja, aber ich hab' es doch absolut nicht gewußt.« – »Aha«, sage ich, »weil du also nicht gewußt hast, daß ich ich bin, drum, einen anderen kann man demnach beklauen? Und das Geklaute hinterher zu der . . . also zur

Braut tragen? Und wenn es noch«, sage ich, »ein schönes Bäumchen gewesen wäre, aber dieses verkrüppelte Ding, alle Zweige zur einen Seite und die Spitze quer.« Die Tochter sagt: »Papa, Papa, aber nicht doch! Das ist doch ein Geschenk, und einem geschenkten Gaul, das weißt du selbst, schaut man doch nicht ins Maul.« Und der da, der Kolja also, schau an, der nennt mich nun auch schon Papa. »Entschuldigen Sie, Papa« sagt er, »das wird nie wieder vorkommen. Daß aber das Bäumchen so ist, wie's ist, da sind Sie selbst gewissermaßen dran schuld. Die Tanne, die Sie ausgesucht haben, die habe ich angebracht.« Da bin ich denn schon wieder wütend geworden, aber Frau und Tochter haben mich in die Küche geschoben. Und meine Frau sagt: »Also, wenn es nun mal so gekommen ist, was kann man da machen, warum willst du denn der eigenen Tochter den Bräutigam vergraulen. Der ist doch immerhin ganz schön tüchtig. Hat doch diese Tanne, die er dir, na ja, halt abgeknöpft hat, weder verkauft noch versoffen, sondern uns gebracht.« Und die Tochter sagt: »Ist doch eigentlich gut«, sagt sie, »daß es sich so ergeben hat, daß es gerade Kolja war, der dir die Tanne weggenommen hat und nicht irgendein Petja oder Wassja.« Ich aber sage: »Was ist denn da gut dran, na, was ist denn dran gut, daß dieser zukünftige ... der Schwiegersohn also dem zukünftigen Schwiegervater auf der Straße die Tanne wegnimmt.« Die Tochter darauf: »Na, eben das ist ja gut, daß es Kolja war. Und das Bäumchen ist dank seiner nicht verlorengegangen. Aber wäre es nun jemand anders gewesen, der hätte ja das Bäumchen nicht uns, sondern seinem Mädchen gebracht. Und wir, na, wir hätten doch jetzt ohne Bäumchen dagesessen.«

Haben mich also beschwatzt, bin ins Zimmer zurück, habe mich mit diesem, mit Kolja also versöhnt. Da kamen grad im Fernsehen die Ansprachen an das sowjetische Volk, war also Zeit, die Flaschen zu öffnen. Na, meine Frau hat aus dem Kühlschrank den Sekt geholt, und der Kolja,

113

der hat ihn also sehr akkurat entkorkt. Und da begann schon die Turmuhr zu schlagen, wir stießen alle miteinander an, wünschten einander Gesundheit und daß wir alles Schlechte vergessen und alles Gute behalten mögen.

Und so sind wir also in dieses ... ja, ins neue Jahr gerutscht.

Unentgeltlich

Unentgeltliche Schul- und Hochschulbildung

Jenen Sowjetbürgern, die aus irgendeinem Grunde ins Ausland reisen müssen, schärft man ein, auf der Hut vor provokativen Fragen zu sein und sie schlagfertig zu beantworten. Schlagfertig zu sein ist oft schwer, denn wie immer die Frage auch lauten mag – alles ist Provokation. Wohnverhältnisse, Gehälter, Nahrungsmittel, Menschenrechte, Dissidenten, Sacharow, Afghanistan. Den Antworten auf solche Fragen soll man entweder ausweichen oder ihnen Behauptungen über die Überlegenheit des sowjetischen Systems gegenüberstellen – darunter die unentgeltliche Schul- und Hochschulbildung, unentgeltliche medizinische Betreuung und das fast unentgeltliche Wohnen. Gerade diese Behauptungen wirken so unangreifbar, daß Studenten, die der Sowjetunion wohlgesonnen sind, mir bei meinen Vorträgen im Westen oft und nicht ohne Schadenfreude immer die gleiche Frage stellen: »Sagen Sie, und was hat Sie Ihre Bildung gekostet?« Worauf ich bereitwillig antworte, sie habe mich gar nichts gekostet, weil ich sie gar nicht bekommen hätte. Meine Eltern, intelligente Menschen, die Bildung durchaus zu schätzen wußten, waren nicht in der Lage, mich zu ernähren, und darum mußte ich, wie Millionen meiner Altersgenossen, schon als Kind auf die Schule verzichten und arbeiten gehen, um mir mein Stück Brot zu verdienen. An einer normalen Schule bin ich nur ein einziges Jahr gewesen – in der ersten Klasse. Die zweite und dritte Klasse besuchte ich nicht, wohl aber die vierte, und zwar als ich im Kolchos arbeitete. Die fünfte Klasse mußte ich auslassen, die sechste und siebente absolvierte ich abends, nach einem achtstündigen Arbeitstag. Dann mußte ich vier Jahre lang zum Militär, wo Lernen nicht erlaubt war, weder abends noch in Fernkursen. Auf alle meine diesbezüglichen Eingaben bekam ich von Vorgesetzten stets die gleiche Antwort: »Sie sind hergekommen, um das Vaterland zu verteidigen und nicht um zu lernen.« Nach dem Militär habe ich, obwohl berufstätig, die zehnte Klasse absolviert (die achte und neunte übersprang ich), besuchte danach anderthalb Jahre das Pädagogische Institut, mußte es dann aber verlassen, und zwar aus demselben Grund – ich war gezwungen, mir meinen Lebensunterhalt zu verdienen.

Ich gehöre einer Generation an, deren Kindheit in die Jahre des Krieges fiel. Jetzt ist es natürlich leichter, und die Schule können in der Regel alle jungen Leute bis zu Ende besuchen. Doch bei weitem nicht alle Eltern sind pekuniär in der Lage, ihnen auch das Studium zu ermöglichen.

Das Studium ist kostenlos, doch Essen, Kleidung, Lehrbücher, Mappen kosten Geld. Die schulischen Kenntnisse reichen nicht aus, ein mehr oder weniger anspruchsvolles Institut zu besuchen. Die Eltern sind daher gezwungen, ihren Kindern privaten Nachhilfeunterricht zu ermöglichen. Ein Privatlehrer nimmt für die Stunde zehn Rubel, doch viele Eltern verdienen nicht einmal fünf Rubel am Tag.

In viele Institute kommt man ohne Bestechung gar nicht hinein, und das bedeutet mit einem Schlag einige hundert Rubel.

Außer den materiellen Gründen gibt es noch andere, spezifische. An einigen Hochschulen (etwa an der Moskauer Staatlichen Universität) werden Juden praktisch nicht angenommen. In manche (z. B. in das Institut für internationale Beziehungen) werden überhaupt nur Kinder von Parteibürokraten, Diplomaten, höheren Militärs und KGB-Mitarbeitern aufgenommen.

Bildung wird von den Machthabern offiziell verachtet. Die Propaganda erzieht diese Verachtung auch den Schülern an. Die Sowjetpresse ist voll von Artikeln und Feuilletons, in denen empört über junge Menschen geschrieben wird, die statt sofort an die Werkbank oder in den Kuhstall zu gehen, ein Studium an Universitäten oder Instituten anstreben. Die Gesetze errichten vor den Schulabsolventen Hindernisse in Form eines fast obligatorischen zweijährigen Arbeitspraktikums. Nach zwei Jahren in der Fabrik, im Kolchos oder beim Militär hat der ehemalige Schüler vergessen, was man ihm in der Schule beigebracht hat, hat auch oft das Interesse an einer Weiterbildung ganz verloren, zumal sie ihm keine rosigen Perspektiven eröffnet: das Gehalt eines einfachen Ingenieurs, eines Arztes, eines Buchhalters oder eines Lehrers ist viel niedriger als das eines Facharbeiters. Ungeachtet all dieser Hindernisse kommt es natürlich vor, daß auch Kinder einfacher und minderbemittelter Eltern studieren, doch müssen sie dafür überdurchschnittlich begabt sein, sehr wissensdurstig und bereit, Opfer zu bringen. Während der fünf Jahre des Studiums sind sie niemals satt, sind ganz ärmlich gekleidet, müssen zu ihrem Lebensunterhalt dazuverdienen, indem sie Güterzüge entladen oder in Lagerhallen angefaultes Gemüse sortieren. Das ist der Preis, den sie für höhere Bildung zahlen müssen. Und die ihnen dann ihr Leben lang als etwas vorgehalten wird, für das sie dankbar zu sein haben.

Kostenlose Medizin

Wenn er erkrankt, kann jeder Sowjetbürger in die Poliklinik gehen, einen Arzt zu sich nach Hause bestellen, einen Krankenwagen anfordern, das kostet ihn gar nichts.

Kommt er ins Krankenhaus, präsentiert ihm keiner nachher eine Rechnung. Aber ...

1970 kam meine Mutter aus der Provinz zu mir nach Moskau. Sie sah furchtbar aus: mager, gelb, hinfällig. Ich fragte, was los sei. Sie wußte es selber nicht. Magenschmerzen, absolute Appetitlosigkeit, unaufhaltsamer Gewichtsverlust.

Und was sagten die Ärzte? Die Ärzte sagten, sie hätte frühlingsbedingte Avitaminose, hatten irgendwelche Vitamine verschrieben und ihr den Rat gegeben: »Essen Sie Hering, um den Appetit anzuregen.«

Ich bin natürlich in Medizin nicht beschlagen. Doch lebte ich in Moskau, war Mitglied des Schriftstellerverbandes, ich hatte diverse Beziehungen, kurzum, ich hatte Zugang zu Hintertüren. Darum gelang es mir, Mutter im Botkin-Krankenhaus unterzubringen. Dort machte man eine Röntgenaufnahme und sah sofort, was sich nicht übersehen ließ: einen großen Tumor im Magen. Er erwies sich zum Glück als gutartig. Mutter wurde operiert. Sie lebte noch acht Jahre und starb an Herzversagen. Und hätte sie nun keinen Sohn in Moskau gehabt?

Nehmen wir an, das war Zufall. Nehmen wir an, der Arzt in der Provinz war zufällig schlecht, entweder fachlich unzulänglich oder nicht gewissenhaft; im allgemeinen aber sei das untypisch. Doch zwei Jahre später passierte mit meinem Vater das gleiche. In diesen zwei Jahren waren meine Eltern in eine andere Stadt gezogen. Dort bekam Vater Schmerzen rechts im Hals und eine kleine Schwellung. Der Arzt sah sich das an, sagte »Lymphadenitis« und verschrieb Wärmetherapie. Er wurde mit Wärme behandelt, die Geschwulst wurde größer, die Schmerzen stärker, das Schlucken fiel ihm schwer, doch er wurde weiter mit Wärme behandelt. Schließlich, von Mutter und meinen Schwestern bedrängt, kam Vater zu mir nach Moskau. Gleich der erste Arzt, der ihn untersuchte, sagte: Krebs. Danach untersuchten ihn andere Ärzte, machten Röntgenaufnahmen, entnahmen eine Gewebeprobe. Die endgültige Diagnose lautete: Krebs der Zungenwurzel im vierten Stadium. Also dem letzten. Vater mußte ins Krankenhaus. Unter Ausnutzung aller vorhandenen Beziehungen gelang es mir, ihn in der »Kaschirka« unterzubringen. So heißt im Volksmund ein sehr bekanntes onkologisches Zentrum in Moskau. Das ist eine ganze Klinikstadt mit riesigen Gebäuden, die (ob man will oder nicht) erschreckend wirkt, wie eine Todesfabrik. Wir fuhren also dorthin, gingen zu einer Professorin mit einer Empfehlung von einem anderen Professor, sie schickte uns weiter zu einem dritten Professor. Der forderte uns auf, uns in die Liste einzutragen und die Analysen abzuliefern.

Gut, wir trugen uns ein, wir lieferten die Analysen ab, Vater wurde wieder eine Gewebeprobe entnommen, ich wurde in irgendein Zimmer bestellt. Davor eine Schlange. Die Leute gingen einzeln hinein oder zu zweit, kamen in Tränen aufgelöst oder laut klagend heraus. Ich wurde von einem Mann mit dem Abzeichen eines »Verdienten Meisters des Sports« angesprochen. Er begann zu klagen. Sei aus Taschkent hergereist, dort hatte man sich geweigert, ihn zu behandeln, seine ganze Hoffnung war diese Kaschirka, hier aber wolle man ihn nicht aufnehmen. Um nichts in der Welt. »Als sie mich gebraucht haben«, sagte er, »da haben die besten Professoren meinen Schnupfen behandelt. Und jetzt brauchen sie mich nicht mehr. Was glauben Sie«, fragte er mich, »wenn ich auf der Straße hinfalle, muß mich da nicht ein Krankenwagen in ein Krankenhaus einliefern?« Ich wußte nicht, was ich ihm antworten sollte, obwohl ich meinte, er habe recht.

Dann war ich dran. Vater blieb draußen auf dem Gang, ich ging hinein. Der Arzt sprach hastig: »Ihr Vater hat Krebs in weit fortgeschrittenem Stadium. Er ist nicht zu heilen. Er hat höchstens noch drei, vier Monate zu leben. Sie müssen darauf gefaßt sein, daß es sehr schwere, qualvolle Monate sein werden. Wir können ihn nicht aufnehmen. Bei uns reichen die Betten nicht aus, wir nehmen nur Kranke, denen wir helfen können. Hoffnungslose Fälle nehmen wir nicht. Sie zu behandeln ist aussichtslos, der Statistik aber schaden sie sehr.«

»Aber was kann man denn tun?« fragte ich. »Man muß ihm doch immerhin helfen können.« Daraufhin erwiderte der Arzt, ich könne versuchen, Vater im Krankenhaus jener Stadt, in der er wohnte, unterzubringen, doch würde man ihn dort wohl kaum aufnehmen. Dann schrieb er eine Bescheinigung aus, Vater brauche »eine symptomatische Behandlung an seinem Wohnort«.

Meine Frau und ich versuchten es in einigen Moskauer Krankenhäusern, ließen sämtliche Beziehungen spielen, setzten alle Freunde und Bekannten in Bewegung. Schließlich fanden wir einen Arzt in einem Krankenhaus in einem Moskauer Vorort. Zum Glück kannte und mochte er mich als Schriftsteller und nahm meinen Vater auf. Vater wurde bestrahlt, aber nicht mit Quarzstrahlen, sondern mit radioaktiven. Und ein Wunder geschah. Die Geschwulst begann zu schwinden. Nach drei Wochen wurde Vater entlassen, um weiter unter ärztlicher Beobachtung zu bleiben.

Drei Jahre später hatte er einen Rückfall. Der Arzt, den ich kannte, war im Urlaub. Darum probierten wir es wieder in einigen Krankenhäusern, angefangen mit der Kaschirka, und wieder wurde Vater nirgends aufgenommen, obwohl wir von dem Erfolg der ersten Behandlung berichteten. Schließlich kam unser Bekannter aus dem Urlaub zurück, wir wandten uns an ihn, und Vater wurde wieder bestrahlt. Seitdem sind weitere neun Jahre vergangen, seit der ersten Erkrankung also zwölf. Mein Vater lebt. Er ist jetzt alt und häufig krank, aber der Krebs ist ausgeheilt. Hätte ich nicht in Moskau gelebt, hätte ich nicht so viele Beziehungen gehabt, wäre ich nicht schließlich einem Arzt begegnet, der mich persönlich mochte, mein Vater wäre längst nicht mehr am Leben.

Ärztliche Behandlung ist kostenlos; das wird jedem, der

sie in Anspruch nimmt, vorwurfsvoll unter die Nase gerieben. Und hat einer sein Pensum im Leben abgearbeitet und ist Rentner geworden, so daß der Staat keinen Nutzen mehr von ihm hat, so ist der Staat an seiner medizinischen Betreuung auch nicht mehr allzusehr interessiert.

Mein Onkel lebte in einer Kreisstadt in der Ukraine. Als er plötzlich erkrankte, riefen die Verwandten den Notdienst an. Man fragte sie, wie alt er sei. Siebzig. »Zu denen kommen wir nicht«, antwortete der Notdienst. Nach einem Riesenkrach freilich kamen sie doch, aber da war es schon zu spät.

Meine Großmutter indessen hatte Glück. Als sie die neunzig überschritt, schenkten ihr die Ärzte Beachtung. Die Bereichsärztin sagte zu ihr: »Bitte, schauen Sie zu, daß Sie nicht krank werden, sollte aber irgendwas sein, dann holen Sie mich, ich komme sofort. Sie sind jetzt unsere Langlebige, ich brauche Sie für die Statistik.«

Die medizinische Behandlung ist kostenlos, nicht aber Medikamente. Und einige sind sehr, sehr teuer.

Und auf eine halbwegs ernste Operation sollte sich ein bedürftiger Mensch gar nicht erst einlassen. Unter dem Kopfkissen muß man stets Kleingeld haben. Du wachst gerade aus der Narkose auf, schon greifst du unters Kopfkissen und steckst der Schwester einen Rubel zu. Die Lippen befeuchten – ein Rubel, das Laken straffziehen – ein Rubel, die Bettpfanne bringen – ein Rubel.

Und in manchen Krankenhäusern, wo das Personal verwöhnt ist, sogar drei Rubel. Ohne Geld tut sich nichts, und jemand, der eine komplizierte Operation überstanden hat, wird womöglich die postoperative Pflege nicht überstehen.

Die überwiegende Mehrheit der Ärzte begnügt sich mit einem minimalen Gehalt und dem kümmerlichen Almosen der Patienten (etwa eine Flasche Weinbrand für eine sehr schwierige Operation). Nicht nur der Staat, auch die Patienten stufen die Arbeit des Arztes sehr niedrig ein. Dazu ein Beispiel: Als ein reichlich beschwipster Automechaniker meinen Wagen reparierte, erzählte er mir, sein Vater sei schwer krank, liege im Krankenhaus, warte auf eine Operation, doch die Ärzte hätten wenig Hoffnung auf deren Erfolg. Der Automechaniker hatte mit dem Chirurgen gesprochen und dabei erfahren, daß dessen Auto dringend reparaturbedürftig sei – die Kupplung sei kaputt. Worauf der Mechaniker in aller Großherzigkeit zu dem Arzt sagte: »Machst du mir den Vater gesund, richte ich dir die Kupplung zum staatlichen Preis« – also nicht zu dem weit höheren Schwarzmarktpreis.

Angesichts der allgemeinen Korruption und Wegelagerei haben einige Ärzte auch keine Lust, wie die Bettler zu leben, und nehmen Bestechungsgelder. Einige tun es maßvoll, doch gibt es auch andere. Ich kenne einen Professor, der für eine Operation im staatlichen Krankenhaus nicht weniger als 500 Rubel nimmt. Und kein sowjetischer Bürger kann sich gegen solche Räubereien absichern!

So ist zwar die medizinische Versorgung in der Sowjetunion kostenlos, doch kann sie sich keineswegs jeder leisten.

Die fast kostenlosen Wohnungen

Jedermann weiß, daß Wohnungen in der Sowjetunion sehr billig sind. Die Miete ist minimal und ist fast in all den Jahren des Sowjetregimes niemals gesteigert worden.

Doch was sind das für Wohnungen, und sind sie mehr wert, als der Staat dafür einheimst?

Ich kam nach Moskau im Jahre 1956. Ich schrieb Gedichte und hegte die Hoffnung, sie in Moskau eher veröffentlichen zu können als in der Provinz. Doch was heißt es in der Sowjetunion, nach Moskau zu kommen? Man muß ja irgendwo eine Bleibe haben, irgendwo leben. Und eine offizielle Wohnberechtigung zu bekommen ist in Moskau besonders schwer. Was tun die Leute nicht alles, was für

Kniffe wenden sie nicht an, um dieses Wohnrecht zu erlangen! Schmiergelder werden gezahlt, fiktive Ehen eingegangen. Ich aber hatte kein Geld für Bestechungen, hatte auch niemanden, den ich fiktiv hätte heiraten können, denn auch Scheinehen mußten bezahlt werden, und nicht zu knapp. Doch hatte ich eine andere Trumpfkarte, meine Qualifikation als Facharbeiter. Mit ihr glaubte ich, am Bau als Zimmermann oder Schlosser angenommen zu werden. Doch weit gefehlt. Denn kurz vor meiner Ankunft in Moskau hatte Chruschtschow erklärt, daß Moskau die Überbevölkerung drohe, daß zu viele Leute von außerhalb einreisten und mit allen erdenklichen Tricks blieben. Und man müsse die Stadt vor allen weiteren Invasionen irgendwie schützen. Die Vorschriften für die Wohnberechtigung waren schon vorher streng genug, nun wurden sie drakonisch. Also wanderte ich begreiflicherweise von einer Personalabteilung zur anderen. Meine Frage lautete: »Brauchen Sie einen Zimmermann oder einen Schlosser?« Natürlich brauchten sie welche. Jeder Personalchef war bereit, mich wie einen Bruder in seine Arme zu schließen. Zugleich wußte er, daß ich nicht von ungefähr kam, nicht ohne Hintergedanken. Also fragte er: »Haben Sie die Moskauer Zuzugsbescheinigung?« Tja, da haben wir's: Was nicht da ist, ist nicht da. Also: adieu. Ging man aber zur Miliz, wurde man erst recht finster angeschaut. »Haben Sie eine Bescheinigung von der Arbeitsstelle, daß Sie eingestellt sind? Nein? Dann scher dich raus!«

Und so scherte ich mich raus.

Gewohnt habe ich damals in einem recht großen Raum. So einige tausend Quadratmeter. Die Rede ist von dem Kursker Bahnhof. Und ich zahlte dafür keine Kopeke. Freilich gab es da einige Unzuträglichkeiten. Eine Unmenge von Leuten, die Bänke besetzt. Hatte man schließlich irgendwo an der Mauer ein Plätzchen auf dem steinernen Boden ergattert, war eingeschlafen, wurde man von einem Milizionär geweckt und auf die Straße hinausbefördert –

ohne Fahrkarte durfte man dort nicht schlafen. Wenn es nicht regnete, suchte man sich eine Grünanlage, um auf der Bank die Nacht zu verbringen, doch auch von dort wurde man verjagt.

Einige Tage quälte ich mich so durch, da sah ich plötzlich einen Anschlag: Eisenbahn sucht Arbeiter. Unterbringung in Wohnheimen für Ledige und Ehepaare garantiert. Zuzugsgenehmigung nicht erforderlich. Adresse: Station Panki, PMS (Abkürzung für Mobiles Maschinen-Werk).

Eine halbe Stunde später war ich schon in diesem PMS, eine Stunde darauf war ich dort als Arbeiter registriert. Dort registrierte man auch die Nicht-Moskauer, denn die PMS war eigentlich im Gebiet Rjasan beheimatet, hier bei Moskau war sie nur zur Erledigung eines Dienstauftrages.

Doch das nebenbei; ich wollte von dem Wohnen erzählen. Es war sehr billig, in heutigem Geld an die siebzig Kopeken. Aber, wie war es denn, dieses Wohnen?

Alle, die in dem Werk tätig waren, wohnten in Eisenbahnwagen. Die Arbeiter in beheizbaren Güterwaggons, die Vorgesetzten in den Wagen eines Personenzuges, allerdings eines sehr alten, vielleicht sogar vorrevolutionären Typs. Wobei die Vorgesetzten durchaus in der Minderzahl waren. Unsere Güterwaggons waren in der Mitte geteilt. Jede Hälfte hatte zwei zweistöckige Betten, also vier Liegeplätze, und eine Küche, die nur aus einem mit Holz beheizbaren Ofen bestand. Der »Komfort« – ein hölzernes Plumpsklo und Wasserleitung – waren draußen um die Ecke. Es gab hier eine starke Fluktuation der Arbeitskräfte. Und auch ich erwies mich als fluktuierend. Doch die Vorgesetzten kämpften dagegen an. Im Bestreben, die Arbeiter fester zu binden, versorgten sie auch die Ehepaare mit Wohnmöglichkeiten, begünstigten sogar nach Kräften die Eheschließungen. Die Behausung aber für diese kleinen Familien war die gleiche Hälfte des Güterwaggons. Ich erinnere mich sehr gut an sie. Sie unterschieden sich von unseren dadurch, daß sie etwas ordentlicher waren. Da hingen bescheidene Vorhänge, Geranien standen am Fenster, es roch nach Windeln. Die Enge aber war schlimmer als bei uns. An Hab und Gut hatten die Ledigen allenfalls ein Köfferchen pro Nase, und auch das befand sich bei der Gepäckaufbewahrung. Verheiratete Leute aber streben Überfluß an: Wollen so was wie einen Schrank haben, eine Wiege für das Kind, obendrein alle möglichen Töpfe und Schüsseln. Doch dafür fehlte der Platz. Darum lebten die Familien ohne Möbel wie wir, schmückten nur ihre Behausungen mit Vorhängen und billigen Teppichläufern dörflicher Provenienz, mit gewebten Schwänen und vollbusigen Schönheiten. Doch selbst solches Wohnen bedeutete vielen die Erfüllung ihrer Träume.

Ich blieb nicht lange in dieser Eisenbahnbrigade. In Moskau wurden Bauarbeiter gebraucht und darum die Zuzugsbestimmungen gelockert. Ich zog nach Moskau in ein Wohnheim. Das war nicht übel. Große Zimmer zu 32 Quadratmeter für acht Personen. Eine geräumige Küche, Gas, zivilisierte Toiletten. Freilich, heißes Wasser, gar Badezimmer oder Duschen gab es nicht. Doch im Vergleich zu dem, was ich bis dahin kennengelernt hatte, waren die Wohnverhältnisse durchaus erträglich.

Hier waren die Bosse keineswegs darauf erpicht, Eheschließungen unter den Arbeitern zu begünstigen, im Gegenteil, sie versuchten, sie mit allen Mitteln zu verhindern. Die Bekämpfung setzte vorzeitig ein. Unsere Betreuerinnen, zwei gesunde, kräftige, stämmige Weibsbilder, preschten durch alle Stockwerke und rund um das Haus, um die Liebespaare auf den Gängen, auf Treppenstufen, im Gebüsch und manchmal auch in den Betten aufzuscheuchen. Sie brüllten sie an, kanzelten sie auf Versammlungen und in den Wandzeitungen öffentlich ab, und doch war der Urtrieb stärker, und den Betreuerinnen gelang es nicht, ihn in all seinen Erscheinungsformen auszumerzen. Meistens entstanden vorübergehende Bindungen, doch manchmal wurde auch geheiratet. Der Ehemann nistete sich gewöhnlich bei der Ehefrau ein. Die Wohnfläche der Jungvermählten beschränkte sich meist auf das Maß eines Bettes. Um das Bett hängten die beiden Bettlaken auf, um sich gegen die anderen Zimmergenossen abzuschirmen. Die Betreuerinnen, manchmal sogar die Bosse, stürmten in diese Zimmer hinein, rissen die Bettlaken herunter, machten Krach, jagten die Männer davon. Und fragten die Jungvermählten, was sie denn machen sollten, wurde ihnen geantwortet: »Macht, was ihr wollt. Hättet eben nicht heiraten sollen.«

Auch wenn sie nicht sollten, die Leute heirateten doch und brachten Kinder auf die Welt. Schließlich kapitulierten die Bosse und gestalteten ein vorbildliches Ledigenheim in ein sogenanntes Familien-Wohnheim um. Die Zimmer wurden in zwei Hälften geteilt. In jede der sechzehn Quadratmeter großen Hälften wurden zwei Familien einquartiert: die eine am Fenster, die andere im Durchgang an der Tür. Getrennt wurden die beiden Familien wieder durch Bettlaken. Und so lebten, sich allmählich vermehrend, einander ganz fremde Menschen oft Jahre zusammen.

In jener Zeit schloß ich mich einer literarischen Vereinigung an, lernte viele Moskauer Autoren kennen, besuchte sie, um ihnen meine Gedichte vorzulesen und mir ihre anzuhören. Und fast alle meine neuen Bekannten, die meistens in Moskau geboren und aufgewachsen waren, lebten in sogenannten Gemeinschaftswohnungen: In einer Wohnung hausten zwei, drei, vier Familien, manchmal auch mehr. Zu Anfang bekam ich ein Zimmer in einer Gemeinschaftswohnung mit verzweigten Korridoren, in der 25 Familien lebten. Für alle zusammen gab es nur eine Küche und eine Toilette. Nun, wie das Leben dort aussah, was es an Zank und Streit in den Zimmern zwischen den Familienmitgliedern und in der Küche zwischen den Nachbarn gab – das will ich gar nicht beschreiben. Die Bevölkerung sowjetischer Städte kennt es nur allzu gut. Diese entsetzlichen Wohnverhältnisse, in denen die überwiegende Mehrheit aller Stadtbewohner in der Sowjetunion existieren mußte, waren nicht nur auf objektive Schwierigkeiten zurückzuführen, sondern auch auf die absolute Gleichgültigkeit der Machthaber. Und außerdem darauf, daß die Insassen einer gemeinsamen Wohnung viel leichter zu kontrollieren waren. Ob einer illegal selbstgebrannten Schnaps herstellt, ob einer politische Witze erzählt – alles spricht sich herum. Wenn nicht der Hauptmieter, dann war eben einer der anderen ein Denunziant.

In der letzten Zeit ist es mit dem Wohnen besser geworden. Schon an die fünfundzwanzig Jahre ist die Regierung dabei, die Wohnungskrise zu lösen. Viele Häuser sind gebaut worden. Millionen Familien haben eigene Wohnungen bekommen. Andere Millionen allerdings verbringen den Rest ihres Lebens nach wie vor in den Gemeinschaftswohnungen. Die Wartezeiten für eine Einzelwohnung sind den alten Leuten zu lang, eine Eigentumswohnung aber können sie sich nicht leisten. Denn die sind keineswegs billig. So hat zum Beispiel meine Zweizimmerwohnung siebentausend Rubel gekostet. Ich habe sie damals gekauft, weil ich eine Zeitlang sehr anständige Honorare bekommen habe. Aber woher soll ein einfacher Arbeiter, Lehrer oder Arzt soviel Geld nehmen?

Natürlich lebt es sich in einer eigenen, abgeschlossenen Wohnung viel besser als in einer gemeinschaftlichen. Doch auch diese Wohnungen sind in der Regel recht bescheiden. In Moskau darf jeder neun Quadratmeter bewohnen, und die Behörde paßt auf, daß niemand zuviel bekommt. So hat also eine dreiköpfige Familie selten mehr als zwei Zimmer. Die Mehrzahl der sowjetischen Wohnungen besteht aus einem Zimmer, allenfalls aus zwei oder drei Zimmern. Ich kannte eine einzige Familie, die eine Vierzimmerwohnung hatte, doch diese Familie bestand aus dreizehn Menschen. Begriffe wie Wohnzimmer, Eßzimmer, Schlafzimmer, Kinderzimmer gibt es praktisch im sowjetischen Sprachgebrauch nicht.

Einige Leute bewohnen ein Haus für sich. Ein Haus kann zehn-, zwanzig-, dreißig- oder auch dreihunderttausend Rubel kosten. Über solche Summen verfügen jedoch höchstens die von der Regierung besonders bevorzugten Schriftsteller, Akademiker, Geschäfts- und Restaurantdirektoren und die Großschieber des illegalen Busineß.

Aber ein gewöhnlicher Sowjetbürger, der weder stiehlt noch spekuliert und nur sein Gehalt zum Leben hat – der hat solche Summen nicht.

Denn die berufliche Arbeit, die ist in der Sowjetunion auch fast unentgeltlich.

DOS

Eine ergötzliche, wahre Geschichte, die aber traurig endet

Die wesentlichen Prinzipien unseres sowjetischen Daseins sind natürlich Freiheit, Gleichheit, Brüderlichkeit. Das weiß jeder. Und sollte es einer vergessen, braucht er nur auf die Straße zu gehen, gleich fällt es ihm wieder ein. Denn irgendwo in der Nähe hängt bestimmt so ein großes Spruchband und darauf steht mit riesigen Buchstaben z. B. »Freiheit« oder auch »Gleichheit« oder eben »Brüderlichkeit«. Selbst wenn man es vergessen möchte – man wird unweigerlich daran erinnert.

Und dennoch ereignen sich in unserem Alltagsdasein vereinzelt Fälle von Ungleichheit, was natürlich die Mißbilligung der werktätigen Massen hervorruft. Einige äußern sogar ihren Unmut, meckern und verpesten damit die Umwelt. Warum kriegt der eine dies und das und dazu auch noch dieses und jenes, der andere aber bekommt weder das eine noch das andere? Und kapieren es nicht, daß wir den Kommunismus noch gar nicht erreicht, daß wir erst den Sozialismus haben. Im Sozialismus aber gibt es bekanntlich noch keine Gleichmacherei, die soll es auch gar nicht geben. »Jeder nach seinen Fähigkeiten, jedem nach seinem Rang.« Das hat schon Marx gesagt. Oder Lenin. Vielleicht habe ich es auch selber erfunden, genau weiß ich's nicht mehr. Auf jeden Fall sind Privilegien eine gute Sache. Natürlich für die, die sie haben. Aber ich möchte hinzufügen – eine gute Sache, jedoch nicht immer. Die Verschiedenartigkeit dieser Privilegien führt manchmal zu solchen Pannen, daß man unwillkürlich ins Grübeln kommt: Womöglich wäre es besser, diese Privilegien gar nicht zu haben?

Wie beispielsweise im folgenden Fall.

Ein großer, sehr großer Schriftsteller aus einer nicht allzu großen asiatischen oder vielleicht auch kaukasischen Sowjetrepublik kam geschäftlich nach Moskau. Hatte, versteht sich, seinen vielen Moskauer Berufskollegen und anderen Kumpels alle möglichen Geschenke mitgebracht. Seine Kollegen und Kumpels waren Leute von Rang. Der eine Sekretär des Schriftsteller-Verbands, ein anderer Chefredakteur einer Literaturzeitschrift, der dritte Verlagsdirektor, der vierte ein Bonze vom Komitee zur Verleihung der Lenin-Preise. Und jeder hatte Anspruch auf ein Souvenir, ein spezielles Stück folkloristischen Kunstgewerbes, einen Teppich etwa oder eine Silberschale, auch etwas weniger Kostbares, für annähernd fünf- bis siebenhundert Rubel. Na, und dazu selbstverständlich orientalische Süßigkeiten, Kischmisch, Zuckermelonen, Weintrauben oder ähnliches. Einen Kasten voll Kognak hatte er auch mit. Und da er ein wirklich großer Schriftsteller war, beinahe ein Pionier seiner nationalen Literatur, wohnte er, wie immer, im Hotel »Moskwa«, wo, nebenbei gesagt, durchaus nicht jeder beliebige wohnen darf. Nun, wie er da seine Kumpels empfing, wen alles er selbst besucht hat – das übergehe ich jetzt und sage nur, daß da genügend gegessen und getrunken wurde, und auch an Trinksprüchen herrschte kein Mangel. Es gab Trinksprüche auf die Freundschaft zwischen den Völkern der Sowjetunion, auf das Gedeihen unserer multinationalen Literatur, auf den teuren Gast, auf die lieben Gastgeber ... Jedenfalls reichte der mitgebrachte Kognak nicht aus, er mußte noch einen zweiten Kasten vor Ort kaufen. Und als auch der sich dem Ende zuneigte, hatte unser Held schon so viel getrunken und so viel gegessen, daß ihm eines Nachts ganz übel wurde. Mitten in der Nacht wachte unser Schriftsteller auf und spürte es in der Brust pochen: bu-bum, bu-bum. Und dann – dann gab es plötzlich einen Stoß wie beim Hammelabschlachten, und der Schriftsteller fühlte, wie er blasser und blasser, schwächer und schwächer wurde, wie er, kurz gesagt, abkratzte.

Nun war dieser zugereiste Schriftsteller zwar groß, aber dumm. Und obwohl er in Moskau mit so hochgestellten Persönlichkeiten verkehrte, hatte er doch vom Leben in der Metropole so gut wie keine Ahnung. Da lag er also im Bett, griff mit der einen Hand nach dem Herzen, zog mit der anderen das Telefon heran und wählte mit zittrigem Finger den Notruf.

Unser ärztlicher Notdienst ist ja nun der schnellste der Welt. Der Schriftsteller war noch nicht tot, da war der Krankenwagen schon da.

Die Tür ging schlagartig auf, herein stürmten der Arzt mit dem Köfferchen, ein Sanitäter mit dem Kasten für das EKG, ein zweiter mit der Krankenbahre: zwei Stangen, zwischen ihnen ein Stück Segeltuch. Und auch die Etagenfrau guckte erschrocken zur Tür herein. Der Arzt fragte natürlich, was dem Patienten fehle, der aber konnte schon nicht mehr reden, krächzte nur und stieß den Finger immer wieder in die linke Brustseite. Der Arzt verlor keine Zeit, horchte das Herz ab, maß den Blutdruck, zählte den Puls.

»Na?« fragte der Kranke kaum hörbar und natürlich ganz ängstlich.

»Nichts Besonderes«, erwiderte der Arzt. »Genaueres kann ich noch nicht sagen, denke aber, Sie haben einen ausgedehnten kleinen Infarkt. Sonst nichts.«

Da er solches vernahm, verdrehte der Kranke die Augen, lag still, wagte kaum noch zu atmen. Das Herz zuckte, alles tat weh, die Füße kalt, die Zunge wie ausgedörrt, der Schriftsteller wahnsinnig aufgeregt – und aufgeregt durfte er gerade nicht sein.

»Beruhigen Sie sich«, sagte der Doktor, »ich sehe, Sie sind nicht von hier, aber regen Sie sich nicht auf. Wir bringen Sie ins Krankenhaus, vorher aber gibt's noch eine kleine Spritze.« Und er holte aus dem Köfferchen eine Spritze mit einer riesigen Nadel, jagte die Nadel hinein, wo es not tat, in den Muskel also, schob dann den Schriftsteller vom Bett auf die Bahre, gab den Sanitätern einen Wink, die griffen zu und schleppten die Bahre zur Tür. Doch in diesem Moment wurde die Tür aufgerissen, und herein stürmte der Geschäftsführer des Hotels, dem die Etagenfrau folgte. Kaum sah der Geschäftsführer den Arzt und die Sanitäter, schon pflanzte er sich vor ihnen auf, die Arme weit auseinander. »Wer seid ihr, und wohin schleppt ihr ihn?« Der Doktor erklärte höflich, daß er der Notarzt sei und den Kranken nach unten an den Krankenwagen bringen wolle, um ihn ins Krankenhaus einzuliefern.

Der Geschäftsführer sagt: »Ich kann ihn nicht hinauslassen, stellt die Bahre hin.« Der Arzt erklärte, er könne die Bahre nicht hinstellen, der Kranke brauche dringend Hilfe.

Der Geschäftsführer sagt: »Ob er Hilfe braucht oder nicht, das ist nicht euer Bier, ich kann den Genossen nicht hinauslassen, weil er DOS ist.«

»Was? DOS?« fragte der Arzt.

»Ein DOS«, wiederholte der Geschäftsführer, »ein Deputierter des Obersten Sowjets.«

Der Arzt sagt, ob DOS oder nicht, das gehe ihn nichts an, für ihn seien alle Menschen gleich, er berufe sich auf den Eid des Hippokrates – den er nebenbei gesagt nie leisten mußte, denn unsere Ärzte leisten einen eigenen Eid, den sowjetischen. Der Geschäftsführer sagt, er pfeife auf diesen Hippokrates und seinen Eid.

Da streckt der Arzt schließlich die Waffen, ruft die Zentrale an und berichtet, daß sich der Geschäftsführer des »Moskwa« der Ausführung seiner ärztlichen Pflicht widersetzt. Die Zentrale bedenkt den Fall und erklärt dann, wenn dieser Blödmann von Geschäftsführer den Kranken nicht hergeben wolle, möge er eine Bescheinigung ausstellen, daß er die Verantwortung für die möglicherweise fatalen Folgen selber tragen werde.

Der Geschäftsführer will die Bescheinigung nicht geben, will auch den Kranken nicht herausrücken, ruft seinerseits jemanden an. »Schickt einen Sonderkrankenwagen«, sagt er, »habe hier einen DOS liegen, kurz vorm Abgang.«

Die Zeit verrinnt, der Kranke liegt, der Geschäftsführer sitzt, der Arzt steht, die Etagenfrau guckt zum Fenster raus, die Sanitäter sind zum Rauchen aus dem Zimmer gegangen.

Kaum eine Stunde vergeht, da stürmt ein anderer Arzt herein, einer vom Kreml, mit einer Krankenschwester und vier Sanitätern. Und die Bahre ist nicht aus Segeltuch, sondern aus Leder.

Der Kreml-Arzt flüstert mit dem einfachen Arzt, klärt, welche Maßnahmen der schon ergriffen hat, verpaßt dem Kranken noch eine Spritze, ordnet an, daß die Sanitäter ihn vom Segeltuch auf das Leder umbetten.

Der Geschäftsführer atmet auf, gibt dem einfachen Arzt die gewünschte Bescheinigung, daß seine Dienste nicht benötigt werden, und der trabt mit seinen Sanitätern zum Fahrstuhl.

Der Kreml-Arzt aber greift sich das Telefon, ruft seine Zentrale an und fragt, in welche Filiale der Kreml-Klinik der Kranke zu transportieren sei.

Die Zentrale fragt nach dessen Familiennamen. Der Arzt fragt den Geschäftsführer, der Geschäftsführer nennt den Namen, der Arzt wiederholt ihn der Zentrale, es folgt Schweigen, dann sagt der Arzt: »Ich verstehe«, legt auf und wendet sich indigniert an den Geschäftsführer: »Was schwatzen Sie hier daher, machen in Panik und führen schwerbeschäftigte Menschen an der Nase herum, wo doch Ihr Kranker keineswegs DOS ist, sein Name kommt in der Deputiertenliste nicht vor.«

Der Geschäftsführer erbleicht, schaut fragend den Kranken an, der rappelt sich ein klein wenig auf und stammelt leise:

»Dro-o-os ... Dro-o-os ...«

Der Kreml-Arzt ist ungehalten – da verlangt dieser Mensch nach Drops und sollte doch lieber an Gott denken! – und sagt zum Geschäftsführer: »Wo ist denn Ihr Arzt für die einfachen Leute, soll der doch den Kranken mitnehmen, wir haben keine Zeit mehr für ihn.«

Der Geschäftsführer schickt die Etagenfrau nach dem einfachen Arzt, die fliegt die Treppe hinab, schneller als der schnellste Fahrstuhl, erwischt den Doktor am Hoteleingang, stellt sich ihm in den Weg: »Kommen Sie zurück, der Kranke ist gar kein DOS.« Der Doktor weigert sich, er ist diese Geschichte leid, die Bescheinigung vom Geschäftsführer hat er, und den Eid des Hippokrates hat er niemals geschworen.

Doch die Etagenfrau ruft den Portier, und gemeinsam kriegen sie den Doktor doch noch herum, indem sie ihm und den Sanitätern je ein halbes Kilo Jägerwürstchen aus der Nacht-Imbißstube versprechen.

Der Doktor und die Sanitäter kehren ins Hotelzimmer zurück, packen den Kranken vom Leder wieder auf das Segeltuch. Dem geht es inzwischen ganz mies, die Augen verdreht, das Gesicht ganz grau, die Lippen blau, vor dem Mund brauner Schaum, der nach Kognak riecht. Er zuckt mit den Beinen und murmelt röchelnd immer aufs neue: »Dro-o-os . . . Dro-o-o-os . . .«

»Was sagt er da?« fragt der gewöhnliche Arzt den ungewöhnlichen. »Wonach verlangt er?«

»Ist halt ein Südländer, ein kindischer Mensch«, erwidert der ungewöhnliche Arzt. »Will Dropse lutschen, kann ohne Dropse nicht von hinnen gehen.«

»Moment mal«, sagt der Geschäftsführer zu beiden Ärzten, »der meint vielleicht gar nicht Drops, sondern ganz was anderes.« Er beugt sich über den Kranken und fragt: »DROS?«

»Dro-o-os, dro-o-os«, wimmerte der Kranke zustimmend.

»Na, sehen Sie«, wendet der Geschäftsführer sich an den

Kreml-Arzt. »Ich hab's Ihnen gesagt. Er ist Deputierter des Republikanischen Obersten Sowjets. Nicht DOS, sondern DROS. Legen Sie ihn zurück!« Und er packt schon den Kranken bei den Beinen, um ihn vom Segeltuch aufs Leder zu ziehen.

»Halt! Halt!« ruft der Kreml-Arzt und zerrt den Geschäftsführer vom Kranken weg. »Wir sind nur für die Deputierten des Obersten Sowjets zuständig, für Dropse gibt's einen anderen Notdienst.«

Derweilen nickte der gewöhnliche Doktor seinen Sanitätern zu, und mitsamt der Segeltuchbahre und dem EKG-Kasten gingen sie schleunigst davon, ohne auf die versprochenen Jägerwürstchen zu warten.

Der Kranke aber hatte die Augen schon vollends geschlossen, er röchelte und zitterte nicht mehr. Zittern tat der Geschäftsführer – denn obwohl der Kranke kein Deputierter der ganzen Sowjetunion, sondern nur einer der Republiken war, mußte er, der Geschäftsführer, doch den Kopf für ihn hinhalten. Und so drang er darauf, der Kreml-Arzt möge den Kranken sonstwohin fahren – nur weg aus dem Hotel. Und der Arzt, widerstrebend, rief wieder seine Zentrale an, die mußte ihrerseits irgendwo nachfragen, die Sache mit einem wachhabenden Vorgesetzten klären, ehe sie höchst human den Transport des Kranken mit dem Sonderkrankenwagen bewilligte – als absolute Ausnahme, versteht sich.

So wurde der Schriftsteller schließlich doch hinausbefördert und ins Regierungs-Krankenhaus gebracht. Wäre er ein DOS gewesen, hätte man es vielleicht noch rechtzeitig geschafft. Wäre er ein einfacher Mensch gewesen – erst recht. So aber war er nicht Fisch noch Fleisch . . .

Privilegien sind eine gute Sache. Aber manchmal kommt man ohne sie besser weg.

Was ist das für ein Armleuchter?

Die Behauptung, in der Sowjetunion würden die Menschenrechte verletzt, ist nicht ganz korrekt, denn man kann nicht etwas verletzen, was es nicht gibt.

Alle in der sowjetischen Verfassung verkündeten Rechte und Freiheiten sind eine Fiktion. Das Recht auf Arbeit ist in Wirklichkeit eine Pflicht. Ein Mensch, der sich vor der sogenannten gesellschaftlich nützlichen Tätigkeit, also der Arbeit im Kolchos, in der Fabrik, in einer staatlichen Behörde drückt, wird gerichtlich bestraft, und zwar mit der Auflage, »zur Arbeit herangezogen zu werden«. Das Gesetz gegen die Arbeitsscheuen oder Schmarotzer wird von den Machthabern in zynischster Weise gegen die Dissidenten angewendet. Man belegt sie mit Arbeitsverbot und stellt sie dann vor Gericht, weil sie nicht arbeiten. In den Lagern zerbrechen sie schier an der ihre Kräfte überfordernden Zwangsarbeit; an den Orten ihrer Verbannung haben sie keinerlei Rechte, sondern sind verpflichtet, eine unqualifizierte Arbeit zu tun. (Der weltweit bekannte Physiker Jurij Orlow ist dort Wächter, die Mathematikerin Tatjana Welikanowa Badefrau.)

In der Verfassung heißt es, jeder, der ein bestimmtes Alter erreicht hat, habe das Recht zu wählen und gewählt zu werden. Doch gewählt werden nur die, die von der Partei benannt werden. Und das Wahlrecht ist zugleich Wahlpflicht. Alljährlich nehmen Sowjetbürger teil an den »Wahlen« für die höchsten oder die regionalen Organe der Macht. Diese Teilnahme vollzieht sich so: Man geht zum

Wahlbezirk, nimmt den Stimmzettel, auf dem nur ein einziger Name steht, und steckt ihn in die Wahlurne. In den Wahllokalen stehen freilich kleine Kabinen mit Vorhängen für die »geheime« Stimmabgabe; man kann sie betreten, den einen einzigen Namen ausstreichen, einen anderen oder ein obszönes Wort hinschreiben; doch schon das Betreten der Kabine wird von irgend jemandem registriert, und im Dossier des Bürgers, der sich ein so »antisoziales« Benehmen erlaubt hat, erscheint ein entsprechender Vermerk. Jedes Umgehen des »Wahlrechts« wird auch vermerkt und berücksichtigt beim Verteilen von Prämien, Wohnungen, Einweisungen ins Erholungsheim und ohne jeden Zweifel beim Ausstellen einer Reiseerlaubnis für das Ausland. Diese ganze, sich »Wahlen« nennende Prozedur könnte einem ganz sinnlos vorkommen: 99% der Bürger wählen nicht etwa nur ein Viertel oder die Hälfte, nein, sie wählen volle 100% der von der Partei bestimmten Kandidaten. In Wirklichkeit ist diese Prozedur jedoch gar nicht so sinnlos: Sie ist die regelmäßig und allgemein stattfindende Kontrolle der Bereitschaft der Sowjetbürger, dieses Spiel mitzuspielen, ist eine Kontrolle ihrer Loyalität.

Das Gleiche gilt für alle proklamierten Freiheiten: die der Presse, der Versammlung, der Demonstration und so weiter. In Wirklichkeit werden freie Versammlungen und Demonstrationen wie Kriminalverbrechen geahndet, zu den von den Machthabern organisierten Versammlungen und Demonstrationen aber werden die Leute gezwungen.

Wenn wir von der Verletzung der Menschenrechte sprechen, meinen wir in der Regel bestimmte religiöse, nationale, soziale Gruppen; wir sagen, daß die Rechte der Gläubigen, der Arbeiter, der Schriftsteller verletzt worden sind. Auch das ist falsch. Es gibt in der Sowjetunion viele Leute, die über gewisse Privilegien verfügen, doch rechtlos sind alle, die höchsten sowjetischen Führer miteinbezogen. Ich möchte sogar sagen, daß die höchsten Staatsführer in gewissem Sinne noch rechtloser sind als die gewöhnlichen sowjetischen Bürger. Sie sind nicht nur verpflichtet, alle in ihrer Gesellschaftsschicht gültigen Gebote und Rituale unweigerlich einzuhalten, sie leben nicht nur in einer ständigen Angst voreinander, nein, sie dürfen nicht einmal auf ihre Privilegien verzichten. Wollte man sich einmal vorstellen, daß ein höherer Parteibeamter auf das Einkaufen in der bevorzugt belieferten Warenverteilungsstelle verzichtet, so würde man diese Geste zweifelsohne als einen Protest gegen das existierende System werten, würde der Beamte mit Sicherheit seinen Posten verlieren. Und verliert er ihn, ist er ein Niemand.

Ich will hierzu eine Geschichte erzählen.

Die U-Bahn-Station Aeroport, in deren Nähe ich die letzten Jahre in Moskau gelebt habe, liegt am Leningrader Prospekt. Dort ging ich häufig spazieren. Einmal will ich den Prospekt überqueren, nähere mich der Kreuzung und sehe einen mir bekannten Milizionär dort stehen und den Verkehr regeln. Diesem Milizionär begegnete ich oft beim Spazierengehen. Zwischen den Zähnen hat er eine Zigarette, in der Hand den Stab, über der Schulter hängt ein Walkie-talkie. Ich will auf ihn zugehen, ihn begrüßen, da merke ich, daß mit ihm plötzlich eine Verwandlung vorgeht. Er drückt sein Walkie-talkie ans rechte Ohr, spuckt die Zigarette aus, steckt sich statt dessen eine Pfeife in den Mund und pfeift wie ein Verrückter, damit die Autos, die noch nicht eingebogen sind, halten, und die anderen in die Seitenstraße einbiegen, um den Weg freizumachen. Er schwenkt warnend den Stab, droht mit der Faust, pfeift durchdringend. Und dann höre ich den sich nähernden Heulton: U-u-uh!

Eine Kavalkade braust heran. Voran ein deutscher BMW, kanariengelb, nach ihm ein schwarzer »Wolga«, danach ein langer schwarzer »SIL«, ihm folgt ein SIL-Kombi, dahinter noch eine »Tschaika« und zwei »Wolgas«, alle schwarz. Die Sirene heult, die Reifen quietschen, die Blinker zwinkern, der kanariengelbe Wagen aber bellt:

»Bürger, die Straße nicht überqueren! Fahrer, macht den Weg frei!«

Der Milizionär ist zur Seite gesprungen, steht stramm, die Hand an der Schläfe, die Augen starr auf die Autos gerichtet, die aber fliegen wie Geschosse vorbei, eines nach dem anderen, mit 150 Stundenkilometern allermindestens.

Endlich lockerte der Milizionär seine Haltung, kramte seine Zigarette hervor, überschaute die Kreuzung und erblickte auch mich. Sagte: »Ah, grüß dich.«

»Wer war das?« fragte ich. »Etwa Breschnew?«

»Nein, das nicht«, erwiderte er. »Nicht Breschnew, Kirilenko. Ihn selbst hab' ich nicht gesehen, durch die Vorhänge kann man ja nicht ins Auto gucken.«

Als er feststellte, daß ihm die Streichhölzer ausgegangen waren, gab ich ihm Feuer, er beugte sich mit der Zigarette vor, seine Hand zitterte.

»Was regst du dich so auf?« fragte ich. »Ist es denn das erstemal, daß es bei dir so ein Tamtam gibt?«

»Das erstemal nicht, aber jedesmal ist es zum Fürchten«, sagte er. »Einer hat auch mal so dagestanden, und ein Knopf war nicht zugeknöpft; da hat doch der hinter seiner Gardine, bei Tempo 150, den Knopf erspäht. Die Autokolonne war kaum aus den Augen, da klingelte schon das Telephon beim Boß vom GAI, der Staatlichen Autoinspektion: ›Was steht da bei dir für ein Armleuchter gegenüber vom „Dynamo“?‹ Der Boss des GAI fragt nicht erst, was da los war. Der hat Angst. Ruft gleich unseren Abteilungsleiter an und fragt: ›Was steht denn bei dir für ein Armleuchter gegenüber vom „Dynamo“?‹ Ein Glück, daß unser Boß in Ordnung war. Er hat den, den sie Armleuchter genannt haben, vom Leningrader Prospekt auf die Maslowka versetzt, damit er weg vom Fenster ist. Hätte aber auch die Prämie streichen, die Beförderung verzögern können, und dann darfst du sehen, wo du dich beschweren kannst. Was hat ein Milizionär schon für Rechte? Ja, der, der hinter seiner Gardine, der hat Rechte . . .«

So hat der Milizionär gedacht. Und wirklich – was ist er schon, so ein Milizionär? Nichts. Und Kirilenko?

Als ich in Moskau lebte, stand Kirilenko noch ganz oben an der Spitze der Macht. In der Partei war er der zweite nach Breschnew. Und wenn Breschnew ins Ausland fuhr oder zur Kur, leitete Kirilenko die Sitzungen des Politbüros und lenkte überhaupt die Geschicke des Staates. Und solange er seinen hohen Posten innehatte, solange er mehrere Wagen fuhr, was hatte er da nicht alles! Wohnungen, Datschen mit Wäldern, Feldern, Flüssen, kilometerlangen Meeresstränden, durch hohe Zäune von der Außenwelt abgeschirmt. Einmal, als ich in Sotschi war, sah ich auf Reede ein Schiff. Ein Kriegsschiff, Kanonen und Maschinengewehre guckten raus. Die Leute in Sotschi aber sagten mir: das sei Kirilenkos Schiff für private Fahrten. Freilich kam Kirilenko selten, die Matrosen aber machten sehr oft klar Schiff – könnte ja sein, daß der Herr plötzlich anreist und eine Spazierfahrt machen will. Kurzum, Kirilenko war ein großer, ein wichtiger Mann, keiner wie du und ich.

Übrigens hätte ich diesen Kirilenko gar nicht erwähnt, wäre da nicht ein Vorfall gewesen. Immerhin ein fataler Vorfall. Ich meine damit den Vorfall, als Breschnew gestorben war. Und ich mir seine Beerdigung in Amerika im Fernsehen anschaute. Sah, wie er auf einer Lafette gefahren wurde, wie unsere sowjetischen Soldaten im preußischen Stechschritt marschierten. Und hinter der Lafette die Prozession: Mitglieder des Politbüros, die Kandidaten für die Mitgliedschaft im Politbüro, die Sekretäre des ZK, Marschälle, die Witwe, die Kinder, die Verwandten, die Schmarotzer, die KGB-Schergen. Und plötzlich sehe ich, bewegt sich in dieser Menge, schiebt sich schüchtern irgendwie seitlich so ein seltsamer Mann vor, der scheinbar zu dieser Prozession gehört und zugleich in ihr ein ganz Fremder ist. Allerdings nicht übel gekleidet. Wintermantel, Persianerkragen, auch die Mütze aus Persianer.

Dem Aussehen und seinem Benehmen nach könnte er ein Kolchos-Vorsitzender sein, aus tiefster Provinz in die Hauptstadt gekommen, um einem berühmten Verwandten die letzte Ehre zu erweisen. »Was ist denn das für ein Armleuchter?« denke ich. Und dann erkenne ich ihn: ganz und gar kein Armleuchter, sondern Genosse Andrej Pawlowitsch Kirilenko höchstpersönlich.

Ich habe meinen eigenen Augen nicht getraut. Wie ist das möglich, der zweite Mann im Staate, und der geht so demokratisch, nicht in den ersten Reihen und nicht in den letzten, sondern gleichsam mit allen zusammen und doch von ihnen allen durch eine unsichtbare Mauer getrennt, wie ein Aussätziger.

Allerdings klärte sich sofort alles auf: der Fernseh-Kommentator bestätigte meinen Verdacht, daß vor einem oder zwei Monaten Kirilenko über irgend etwas gestolpert war und seinen Sitz im Politbüro verloren hatte.

Und da erwachte in mir die Neugier, woran wohl Genosse Kirilenko im Augenblick denken mochte, welche antisowjetischen Gedanken unter seiner Persianermütze schwirrten. Unmöglich, daß er sich nicht gekränkt fühlte. Er hat doch fünfzig Jahre lang der Partei mit Leib und Seele gedient, fünfundvierzig Jahre in leitenden Positionen, über zwanzig Jahre an den Sitzungen des Politbüros teilgenommen und an Feiertagen neben Leonid Breschnew auf der Tribüne des Mausoleums gestanden und gnädig die jubelnden Massen der Demonstranten gegrüßt, über deren Köpfen eine Unzahl seiner Porträts schwankte. Diese selben Leute, die jetzt neben ihm in der Trauerprozession mitgehen, begrüßten einst sein Erscheinen mit Applaus. Jetzt aber nehmen sie seine Anwesenheit nicht zur Kenntnis, und sogar der, der einst über seinen Kopf den Regenschirm hielt, wendet sich ab und rümpft über den Genossen Kirilenko die Nase.

Ist das etwa keine Kränkung?

Und wie mag seinen Angehörigen zumute sein? Ja, wäre

er nun, sagen wir mal, rechtzeitig gestorben. Auch ihn hätte man doch auf einer Lafette hergefahren. Auch an seiner Bahre hätte man Trauerreden gehalten. Und seinen Angehörigen wäre es willkommen gewesen, die für sie persönlich geltenden Pensionen ausbezahlt zu bekommen. Jetzt aber bekommt er selbst zwar schon seine Pension, die Familie aber geht leer aus. Denn nun sind es nicht mehr die Angehörigen eines hervorragenden Partei- und Staatsfunktionärs, sondern lediglich eines Pensionärs mit einer an seine Person gebundenen Rente.

Es wäre geheuchelt, wollte ich sagen, daß das Schicksal Kirilenkos oder seiner Angehörigen mich etwa besonders schmerzt. Etwas anderes macht mich betroffen: Warum haben in diesem Lande nicht einmal seine Führer irgendwelche Rechte?

»Nicht die Stellung schmückt den Mann, sondern der Mann die Stellung«, meint die russische Volksweisheit. Doch wie wenig paßt der Spruch zum heutigen sowjetischen Leben! Heute wird überhaupt nichts durch jemanden geschmückt. Davon ist gar keine Rede. Wichtig ist nur die Stellung – hinter den Gardinen der Autofenster, in der dahinrasenden, das Volk erschreckenden Kavalkade, auf der Tribüne des Mausoleums und schließlich im Sarg, an der Kreml-Mauer ...

Sehr wohl begreifen das auch die leitenden Funktionäre selbst. Man hat mir einmal von einem anderen Mitglied des Politbüros, dem Genossen Dmitrij Stepanowitsch Poljanskij, folgendes erzählt. Ihn besuchte ein Freund aus Krasnodar. Sei es, daß sie zusammen an der Parteihochschule studiert, sei es, daß sie in der Zeit ihrer Komsomol-Jugend irgendwelche gemeinsamen Heldentaten vollbracht hatten – jedenfalls kam er zu seinem erfolgreichen Jugendfreund in die Wohnung, mit einer Flasche, versteht sich, der aber war nicht da. Die Gattin sagte: »Mitja hält zur Zeit eine Rede vor dem Kollektiv der Textilfabrik ›Trjochgornaja manufaktura‹.« Schließlich kehrte der Hausherr heim

– mit ein paar Metern Wollstoff unter dem Arm. Er merkte den staunenden Blick des Gastes und erklärte: »Das haben mir die Fabrikarbeiterinnen geschenkt.« Der Gast war verblüfft. »Mitja«, sagte er, »wozu brauchst du denn dieses Stück Stoff? Du bist doch Mitglied des Politbüros unserer Partei, du hast doch alles, was du dir nur wünschen kannst.« – »Ja«, erwiderte Mitja, »solange ich Mitglied des Politbüros bin, habe ich alles. Jagt man mich aber davon, wer weiß, was dann kommt. Vielleicht muß ich dann diesen Stoff auf dem Markt verkaufen, um leben zu können.« Und da hat er den richtigen Riecher gehabt – man jagte ihn wirklich davon. Freilich war sein Schicksal nicht gar zu traurig, er wurde irgendwohin als Botschafter weggeschickt und erst dann pensioniert. Ich hoffe, er hat genug zum Leben und hat den Stoffkupon bislang nicht auf den Markt zu tragen brauchen. Neue Kupons wird ihm freilich keiner mehr schenken. Wem und wofür ist er denn noch nütze?

Ich muß schon sagen: da guckt man sich hier im Westen das Fernsehen an, liest die Presse – und was hört und sieht man? Mal schreibt der ehemalige amerikanische Präsident Nixon Memoiren über sein Watergate, mal hält er im Fernsehen eine Pressekonferenz ab, mal tritt der ehemalige deutsche Kanzler Helmut Schmidt als Sprecher seiner sozialdemokratischen Partei mit einer einstündigen Rede im Fernsehen auf, und die anderen – das verstehe wer will! – bereiten ihm auch noch Ovationen; und überhaupt: alle möglichen Kongresse, Meetings, Diskussionen – ja, was ist das denn alles?

Pure Ungerechtigkeit, das ist es. Von den Unsern war es allein Chruschtschow, der er gewagt hat, Memoiren zu schreiben, und damals hat er selbst sich in der Zeitung davon distanziert, bezeichnete sein eigenes Werk als feindselige Fälschung. Oder so ähnlich, genau weiß ich's nicht mehr. Die anderen aber schweigen, sind für den Rest ihrer Tage in Vergessenheit geraten, haben sogar Angst, daran zu erinnern, daß sie noch am Leben sind. Und wir wissen auch nicht immer, wer von ihnen lebt, wer gestorben ist. Da haben wir doch unlängst erst von Molotow erfahren, daß er lebt und im vierundneunzigsten Jahr seines Lebens in den Schoß der Partei zurückgekehrt ist. Und wo sind seine Kampfgenossen? Wo Malenkow, Kaganowitsch, Schepilow, Schelepin, Schelest? In der sowjetischen Presse findet man ihre Namen nicht. In den sowjetischen Lexika werden alle möglichen Leute erwähnt, auch solche, die der Sowjetregierung keineswegs angenehm sind. Man findet dort Hitler, Himmler, Göring, Goebbels, aber die Unseren, die ich aufgezählt habe, die findet man nirgends.

Seinerzeit hat Chruschtschow versucht, die Partei zu demokratisieren, und führte in das Statut eine Bestimmung über die permanente Auswechselbarkeit der höchsten Parteikader ein. Genau das war einer der Gründe für seinen eigenen Sturz. Nachdem sie ihn gestürzt hatten, haben seine Nachfolger diese für sie unangenehme Bestimmung sofort aus dem Parteistatut gestrichen. Und damit die Situation herbeigeführt, nur dann von der politischen Bühne in Ehren abtreten zu können, wenn sie sterben, vorausgesetzt, daß sie vorher nicht in Ungnade gefallen sind.

Kann da noch von Menschenrechten die Rede sein?

Also wirklich – ich kann mir keine rechtloseren Menschen vorstellen als die führenden Politiker der Sowjetregierung.

Die Entdeckung

Die folgende Geschichte erzählte mir ein bekannter sowjetischer Astronom. Ende der vierziger, Anfang der fünfziger Jahre arbeitete er in einem wissenschaftlichen Forschungsinstitut, stellte Beobachtungen an, guckte sich durchs Teleskop die Supernovae an und konnte nicht dahinterkommen, wieso sie entstehen. Möglich, daß ich das Problem nicht richtig darstelle, möglich, daß Astronomen mich auslachen werden. Doch erstens hoffe ich, daß die meisten meiner Leser von Astronomie auch nicht mehr verstehen als ich, und zweitens geht es nicht um dieses Problem, sondern darum, daß der Gelehrte durchs Teleskop diese Sterne betrachtete und einen wesentlichen Aspekt ihres Verhaltens nicht zu verstehen vermochte.

Gelegentlich lenkte sein Kollege aus dem benachbarten Laboratorium ihn von dem Teleskop ab. Der kam zu unserem Astronomen und erzählte ihm flüsternd ins Ohr von all den Mißlichkeiten, die den Wissenschaftlern anderer Wissenszweige, den Genetikern und Kybernetikern, widerfuhren. Nachdem diese Wissenschaftszweige zu bürgerlichen Irrlehren erklärt worden waren, wurden die Genetiker und Kybernetiker in der Presse und auf Versammlungen angegriffen, aus den Instituten entlassen und die besonders hartnäckigen einfach ins Gefängnis gesteckt.

Der Astronom hörte sich diese Neuigkeiten an, und obwohl sie ihm sehr zuwider waren, dachte er: Gott sei Dank, daß ich kein Genetiker bin, sondern mich mit Astronomie beschäftige, die seit den Zeiten Galileis niemand als

Irrlehre zu bezeichnen gewagt hat und wohl auch nicht wagen wird.

Und erneut wandte er seine Blicke dem Teleskop zu und betrachtete die Sterne, notierte seine Betrachtungen in Hefte, vermochte aber wieder etwas Wesentliches nicht zu verstehen.

Und wieder kam der Kollege aus dem benachbarten Laboratorium, und wieder erzählte er von der Kampagne gegen die vaterlandslosen Kosmopoliten, die sich in ihrer Mehrzahl als Juden entpuppt hatten, von der Verhaftung der des Mordes bezichtigten Ärzte, von denen berichtet wurde, daß sie der internationalen jüdisch-bourgeoisen Organisation »Joint« angehörten und im Auftrag dieser Organisation einige sowjetische Führer, ja selbst Stalin, umbringen wollten.

Natürlich empfand der Astronom all diese Neuigkeiten, die er nicht nur vom Kollegen, sondern auch aus dem Radio und der Presse erfuhr, als höchst unangenehm. Und doch dachte er, daß wohl alles, was da geschah, ihn selber nichts angehe, denn er beschäftige sich nur mit seiner Astronomie, sei kein Jude und gehöre keinerlei bürgerlichen Organisationen an. Persönlich ließ man ihn noch in Ruhe, er ging zur Arbeit, bekam ein für einen jungen Wissenschaftler recht anständiges Gehalt, betrachtete die Sterne, dachte über sie nach, konnte aber etwas sehr Wichtiges nicht erfassen.

Im übrigen ging auch auf der Erde einiges recht Unbegreifliche vor sich. Plötzlich starb im März 1953 der unsterbliche Stalin, obwohl die mörderischen Ärzte zu der Zeit schon liquidiert worden waren.

Und kaum war solches geschehen, da wurde es auch schon spürbar wärmer, in direktem und übertragenem Sinne.

An einem schönen Frühlingsmorgen, genau einen Monat nach Stalins Tod, machte sich der Wissenschaftler auf den Weg zur Arbeit. Er ging aus dem Haus, über die Pfüt-

zen springend, zur Straßenbahn, da sah er an einem Zaun
die Zeitung »Prawda« aushängen.

Er guckt in die Zeitung und traut seinen Augen nicht:
Was ist das – ein Organ der KPdSU oder das der jüdisch-
bourgeoisen Organisation »Joint«? In der Zeitung steht,
daß die Ärzte fälschlich beschuldigt, daß die Aussagen der
Gefangenen mittels bestialischer Untersuchungsmethoden
erpreßt worden sind – Methoden, die nach sowjetischer
Gesetzgebung strengstens verboten sind.

Das alles las der Wissenschaftler erst durch seine Brille,
dann nahm er die Brille ab, näherte sein Gesicht der Zeitung und las alles nochmal.

Und plötzlich spürte er, wie ihm gleichsam ein Stein von
der Seele fiel. Und sofort wurde ihm bewußt, daß alles,
was mit den Genetikern, Kybernetikern, Kosmopoliten
und den mordenden Ärzten geschehen war, ihn ganz unmittelbar anging, obwohl er kein Genetiker, Kybernetiker,
Jude, Kosmopolit, Arzt oder Mörder war.

Da kam gerade die Straßenbahn, doch sich in sie hinein-
zuquetschen hatte der Astronom keine Lust; er ging zu
Fuß zur Arbeit. Und es war Frühling, die Pfützen glitzer-
ten, die Sonne leuchtete und überstrahlte alle Sterne, die
alten, die neuen und die superneuen. Seine Gedanken waren bei diesen Sternen, und plötzlich hatte er eine Erleuch-
tung, und er begriff mit einemmal, was er so viele Jahre
nicht hatte begreifen können: Was das für Sterne sind, wie
sie entstehen und warum sie sich so seltsam benehmen.
Das heißt, ihm gelang eine in seiner Wissenschaft enorme
Entdeckung. Kann sein, daß ich das Wesen dieser Entdek-
kung sehr ungenau wiedergebe, denn ich verstehe ja
nichts davon. Doch Leute, die viel davon verstehen, haben
die Entdeckung sehr hoch bewertet.

Für diese Entdeckung wurde unser Astronom in die
Akademie der Wissenschaft der UdSSR und in viele ausländische Akademien aufgenommen und bekam sogar
eine Menge Geld, doch darum geht es nicht.

Diese Geschichte, die sich wirklich ereignet hat, machte einen großen Eindruck auf mich. Ich sprach darüber mit vielen anderen Wissenschaftlern, und sie alle waren mit mir der Meinung, daß sich ein gesellschaftlicher Aufschwung ganz unmittelbar und wohltuend auf jede, dem realen Leben scheinbar noch so ferne Wissenschaft auswirkt.

Die kurze Zeitspanne des halbherzigen Chruschtschowschen Tauwetters hat unverzüglich in allen Bereichen der intellektuellen Tätigkeiten Früchte getragen.

In der Wissenschaft zeigte sich das am aufschlußreichsten durch den Start des ersten »Sputnik« und des ersten Menschen in den Weltraum, übrigens unter der Leitung des aus dem Gefängnis entlassenen Raketenfachmanns Sergej Koroljow.

Der später wieder einsetzende ideologische Druck, die Verfolgung von Dissidenten (unter denen übrigens viele Wissenschaftler waren) konnten ihrerseits nicht spurlos an der wissenschaftlichen Entwicklung vorübergehen. Und obwohl in der Sowjetunion auch heute viele glänzende Wissenschaftler keine Dissidenten sind, es auch künftig nicht sein wollen, sondern redlich dem Staate dienen, kann es doch nicht ausbleiben, daß das gesamte psychologische Klima und die allgemeine Lustlosigkeit ihre Arbeit beeinflussen. Nebenbei gesagt, haben mit dem Ende der Tauwetterperiode auch die verblüffenden Erfolge im Weltraum aufgehört. Seit nunmehr fünfzehn Jahren sind die Raumschiffe der UdSSR immer von der gleichen Konstruktion. Und um den realen Fortschritt durch Propaganda zu ersetzen, entsendet die UdSSR ins Weltall einmal einen Tschechen, dann einen Juden, dann wieder eine Frau.

Allgemeines Verständnis

Man braucht nichts zu tun

In den letzten Jahren meines Lebens in Moskau besuchte mich von Zeit zu Zeit ein aus der Provinz anreisender, noch nicht bekannter Schriftsteller. Er klagte darüber, daß man ihn nicht druckte, und gab mir seine zahlreichen Romane und Erzählungen zur Beurteilung. Er war überzeugt davon, daß seine Sachen wegen ihres gar zu kritischen Inhalts nicht veröffentlicht würden. Sie enthielten auch wirklich Kritik am sowjetischen System, aber sie hatten noch einen entscheidenden Fehler – sie waren hoffnungslos schlecht geschrieben. Wenn er mich besuchte, bat er mich manchmal, ja, forderte sogar, ich möge doch seine Manuskripte ins Ausland gelangen und dort drucken lassen. Ich lehnte immer ab. Daraufhin beschloß er, zum KGB zu gehen und dort ein Ultimatum zu stellen: entweder gibt das KGB den Befehl, seine Werke sofort in der UdSSR zu publizieren, oder er verläßt unverzüglich die Sowjetunion.

Sein Gespräch beim KGB hat er mir geschildert.

Kaum hatte er das Gebäude des KGB betreten, da kam schon ein Mann auf ihn zu und sagte:

»Ach, guten Tag, nun sind Sie endlich zu uns gekommen!«

»Kennen Sie mich denn?« fragte der Schriftsteller.

»Na, wer kennt Sie denn nicht«, meinte der KGB-Mann leutselig. »Nehmen Sie Platz. Was führt Sie zu uns? Wollen Sie sagen, daß die Sowjetmacht Ihnen nicht gefällt?«

»Ja, sie gefällt mit nicht«, sagte der Schriftsteller.

»Und was haben Sie speziell an ihr auszusetzen?«

Der Schriftsteller tat seinem Gesprächspartner kund, daß es seiner Meinung nach in der Sowjetunion keine Freiheiten gebe, darunter auch keine Freiheit der Kunst. Die Menschenrechte würden mit Füßen getreten, der Lebensstandard falle permanent. Er äußerte auch andere kritische Meinungen, alles in allem ausreichend für rund sieben Jahre Haft.

Nachdem der KGB-Mann sehr höflich zugehört hatte, fragte er:

»Und warum erzählen Sie mir das alles?«

»Ich will, daß Sie es wissen.«

»Aber wir wissen es doch. Alle wissen es.«

»Aber wenn alle es wissen, muß man doch etwas dagegen tun!«

»Da irren Sie sich, man braucht gar nichts zu tun.«

Verblüfft über dieses Gespräch, verstummte der Schriftsteller und blieb sitzen.

»Haben Sie mir alles gesagt?« fragte der KGB-Mann höflich.

»Ja, alles.«

»Und warum bleiben Sie sitzen?«

»Ich warte, daß Sie mich verhaften.«

»Aha, ich verstehe«, meinte der KGB-Mann. »Leider können wir Sie heute unmöglich verhaften, wir haben sehr viel zu tun. Doch sollte dieser Wunsch bei Ihnen nicht schwinden, kommen Sie ein anderes Mal, dann werden wir für Sie alles tun, was wir können.«

Und er begleitete den Schriftsteller hinaus auf die Straße.

Dieser Schriftsteller hat mich noch ein paarmal besucht, dann verschwand er. Ich denke, er wird letzten Endes sein Ziel erreicht haben, und jetzt wird sein Andersdenken irgendwo auskuriert.

Stiehl, aber in Maßen!

Einmal fuhr ich mit meinem Wagen auf der Chaussee. Von Tankstelle zu Tankstelle ist es weit, auch kriegt man nicht immer das, was man will. Ich kam an eine Tankstelle – kein Benzin, schaffte es bis zur zweiten – da stand eine riesige Schlange, und bis zur dritten kam ich nicht mehr – mein Tank war leer. Hob die Hand, stoppte einen Kipplaster, der Fahrer entrollte einen langen Schlauch von seinem Tank zu meinem Kanister – ein paar Rubel als Nebenverdienst sind ja nicht zu verachten! –, saugte an, begann zu pumpen, sah zu, wie der rosafarbene Strahl aus dem Schlauch floß.

Und ausgerechnet da kam ein Milizionär auf seinem Motorrad angebraust, überraschte uns am Tatort des Verbrechens. Ich war schon bereit, ihm vorzulügen, daß ich den Fahrer flehentlich gebeten hätte, mir ganz unentgeltlich ein, zwei Liter Benzin zu geben, damit ich es bis zur nächsten Tankstelle schaffe, doch der Milizionär hörte gar nicht erst hin, sondern fiel über den Fahrer her:

»Was tust du denn da? Baust mir hier ein Verkehrshindernis, eine Autofalle. Dein staatliches Benzin interessiert mich nicht, kannst davon klauen, soviel du willst, aber nicht gerade hier in der Kurve, braucht bloß einer vorbeizupreschen, schon ist der Unfall perfekt.«

Der Fahrer löste den Schlauch aus dem Tank, ich schleppte den Kanister zur Seite. Der Fahrer fuhr den Laster an den Straßenrand, der Milizionär brauste schimpfend ab. Danach haben wir in aller Ruhe unseren Handel abgeschlossen. Die Gefahr eines Unfalls war gebannt, und den Staat zu bestehlen ist keine Sünde, das ist sogar einem Milizionär klar.

Ein anständiger junger Mann

Ich weiß nicht, wie es heute ist, aber zu meiner Zeit, also Ende der siebziger Jahre, haben die Leute die im Westen erschienenen russischen Bücher keineswegs nur zu Hause hinter gründlich verriegelten Türen gelesen, sondern wo sie sich gerade befanden, darunter auch in den öffentlichen Verkehrsmitteln. Wenn man sich in der U-Bahn umschaute, da las der eine die sowjetische Wochenzeitung »Nedelja«, ein anderer eine »Roman-Gaseta«*, der dritte einfach eine Tageszeitung. Doch schaute man genau hin, so waren da, wenn der Wagen proppenvoll war, immer zwei, drei oder auch vier Leute, die etwas anderes lasen. Die Bücher waren meistens in Zeitungspapier eingeschlagen, das Papier ganz dünn, die Schrift winzig.** Ein solcher Leser las in der Regel sehr konzentriert, doch von Zeit zu Zeit besann er sich, deckte das Buch irgendwie ab, betrachtete aufmerksam die ihn umringenden Leute und las dann weiter. Freilich – einige waren auch schon so keß, die Bücher gar nicht erst in Zeitungspapier einzuschlagen.

Einmal besuchte mich ein Freund und erzählte: »Eben bin ich mit der U-Bahn gefahren, da sitzt mir gegenüber ein junger Mann, schlägt ein Buch auf, liest. Der Umschlag ist rot, darauf prangt Lenins Silhouette. Ich schaue mir den jungen Mann an, werde sogar traurig. Na, so was, denk' ich, so ein sympathischer, intelligent aussehender junger Mann – und liest Lenin. Dann aber gucke ich genauer hin und sehe die Schrift auf dem Umschlag: A. Solschenizyn, ›Lenin in Zürich‹. Und sofort schämte ich mich, daß ich schlecht von dem jungen Mann gedacht hatte.«

* Ein im Zeitungsformat und auf Zeitungspapier gedruckter Roman, ähnlich wie bei uns in der Nachkriegszeit die »ro-ro-ro«-Romane (Anm. d. Übers.).
** Westliche russischsprachige Verlage bringen gelegentlich Bücher in kleinem Format, winziger Schrift und auf dünnem Papier heraus, damit sie bequemer in die Sowjetunion illegal eingeführt werden können (Anm. d. Übers.).

Diese Geschichte ließ in uns beiden die Erinnerung an andere Zeiten wach werden: als intelligente junge Leute nicht Solschenizyns Buch über Lenin, sondern Lenin im Original lasen. Und nicht nur lasen, sondern Zusammenfassungen erarbeiteten, vieles auswendig lernten, zitierten. Diese jungen Leute gibt es bei uns nicht mehr. Dabei heißt es doch, in der Sowjetunion ändere sich nichts.

Nicht auf die Gesetze kommt es an, sondern auf das Verhalten

Alle oder fast alle sowjetischen Menschen wissen, daß in der Sowjetunion nicht die schriftlich fixierten Gesetze, sondern die ungeschriebenen Verhaltensregeln wichtig sind.

Man muß zur Arbeit gehen, seine Sache mehr oder weniger gewissenhaft ausführen, keine überflüssige Initiative entwickeln, nicht versuchen, etwas zu verbessern, möglichst nicht zu sehr auffallen. Gelegentlich muß man Versammlungen, politische Schulungen oder Meetings besuchen. Wenn aus irgendeinem Anlaß eine Abstimmung durchgeführt wird und der Vorsitzende fragt, wer dafür sei, muß man die Hand heben und sofort wieder senken. (Sind auf der Versammlung sehr viele Leute, braucht man nicht einmal die Hand zu heben, es merkt eh keiner.) Wichtig ist es, niemals dagegen zu stimmen oder zu sagen, man enthalte sich der Stimme, denn jede Opposition zu einer beliebigen vorgeschlagenen Lösung, selbst wenn es unwesentliche lokale Probleme betrifft, etwa Altpapiersammlungen oder die Begrünung des Hofes, wird als Mangel an politischer Loyalität bewertet. Etwa einmal im Jahr ist es unumgänglich, sich an den Wahlen für die obersten oder die regionalen Organe der Macht zu beteiligen. Zu diesem Zweck muß man nicht unbedingt in aller Frühe, doch auch nicht gar zu spät (noch vor zwölf Uhr mittags) sich im Wahllokal einfinden, den Wahlzettel entgegennehmen, ihn dann – ohne hineinzuschauen, ohne sich für den Namen des Kandidaten zu interessieren – sorgsam falten und in die Urne stecken. Dann sollte man sich gleich an Ort und Stelle ein halbes Kilo Würstchen (so es die gibt) kaufen und fortgehen. Die Anordnungen der Obrigkeit, auch wenn sie noch so blödsinnig scheinen, soll man ohne Widerrede hinnehmen, doch vor deren Ausführung kann man sich drücken. Wünschenswert ist es, über Politik gar nicht erst nachzudenken, ausländische Radiosendungen nicht zu hören und sogar die sowjetischen Zeitungen nicht zu lesen, ausgenommen das Feuilleton und die Sportberichte. Sämtliche Kontakte mit Ausländern, die Bürger der »brüderlichen« sozialistischen Staaten eingeschlossen, sollte man meiden. Einen mäßigen Patriotismus und Liebe zur Natur zur Schau tragen. Man kann seine Regierungstreue auch demonstrieren, indem man sich für Hockey oder Fußball begeistert, Pilze sammelt oder Fische angelt. Sogar die unerschrockenen Kommissare in vielen sowjetischen Krimis pflegen zu sagen, sobald sie nach hartnäckiger Verfolgung die Bande der ausländischen Spione dingfest gemacht haben: »So, und nun ab zum Angeln!« Die Kommissare sind heute halt Menschen wie du und ich. Sie verbringen ihre Freizeit nicht mit dem Studium der Werke von Karl Marx, sondern mit einer simplen, unseren Herzen und Köpfen einleuchtenden Beschäftigung.

Wünschenswert ist es, kein übertriebenes Interesse an der Geschichte des eigenen Vaterlandes zu zeigen und Diskussionen über die Oktoberrevolution, den Stalinschen Personenkult, die Kollektivierung und ähnliche Themen zu meiden, indem man sich selbst einredet, das alles seien längst vergangene Dinge, die mit unserem heutigen Leben nicht mehr das geringste zu tun haben.

Der größte Teil der Bevölkerung der Sowjetunion befolgt diese Verhaltensregeln nur äußerlich, führt aber in Wirklichkeit ein halb illegales Dasein. Solche Leute gehen zur Arbeit, besuchen die Versammlungen, stimmen mit

»Ja«, hören aber dennoch heimlich die ausländischen Radiosendungen, erzählen antisowjetische Witze und lesen, soweit sie es kriegen, gern etwas Ausländisches.

Doch gibt es Menschen, die, ohne den Machthabern aktiv und offen entgegenzutreten, dennoch völlig darauf verzichten, die üblichen Rituale einzuhalten. Und wenn diese Menschen nicht bestraft werden, so vielleicht nur darum, weil man annimmt, sie seien nicht ganz richtig im Kopf. Hier ist einer von ihnen.

Passiver Widerstand

Solange ich ihn kenne, trägt er immer denselben Übergangsmantel, dieselbe abgeschabte Aktenmappe.

»Oleg«, frage ich ihn, »warum haben Sie diesmal von Ihrem Patienten kein Geld genommen?«

»Verstehen Sie, er hat sich als ein sehr interessanter Gesprächspartner entpuppt«, erwidert Oleg verlegen lächelnd. »Nachdem ich ihn untersucht habe, haben wir uns noch eine Stunde unterhalten, und danach Geld zu nehmen wäre mir ganz unangenehm gewesen.«

»Na ja, natürlich. Aber nach einem vollen Arbeitstag im Krankenhaus mit der Straßenbahn zu diesem Patienten zu zuckeln und sich in der U-Bahn halbtot quetschen zu lassen, das ist sehr angenehm. Hätten Sie doch für die Visite zehn Rubel genommen, wie es die anderen tun. Es ist schließlich eine Arbeit.«

»Na, ein Zehner. Und wenn er keinen Zehner hat?«

Patienten, die er zu Hause besuchte, kamen ihm immer entweder arm vor oder ungemein anregend im Gespräch; dem einen war unmittelbar vor der Visite die Frau weggelaufen, ein anderer hatte berufliche Schwierigkeiten. Da kann man doch kein Geld nehmen!

»Wenn mir mal ein reicher Patient unterkommt, dem knöpfe ich bestimmt was ab!«

Ich sagte ihm, ich sei ja gerade so ein Fall von einem reichen Patienten, denn eben erst hätte ich ein Filmdrehbuch untergebracht. Freilich, gleich nach der Annahme des Drehbuchs sei es untersagt und »gekillt« worden, doch das Geld dafür hätte ich schon.

»Wenn Sie kein Geld von mir nehmen, werde ich mich prinzipiell nicht mehr von Ihnen behandeln lassen. Gehe eben in die Poliklinik und werde dort stundenlang Schlange stehen.«

»Sie brauchen ja gar nicht behandelt zu werden, Sie sind gesund wie ein Stier.«

»Wenn ich gesund bin, warum haben Sie mich dann abgehorcht?«

»Ich habe Sie abgehorcht, weil man mir im Krankenhaus ein neues Stethoskop gegeben hat, das ich ausprobieren wollte.«

»Das ist sehr geistreich, aber wenn die Patienten Sie bitten, zu ihnen nach Hause zu kommen, dann hoffen sie auf qualifizierte Hilfe und sind bereit, entsprechend dafür zu bezahlen.«

»Und ich, muß ich gestehen, habe gedacht, sie hätten Spaß daran, mit einem klugen Menschen zu reden.«

»Wären Sie klug, dann hätten Sie nicht zwanzig Jahre als einfacher Arzt verbracht, sondern hätten sich längst habilitiert und würden jetzt nicht hundertdreißig, sondern mindestens zweihundertfünfzig Rubel im Monat bekommen.«

»Sie wissen sehr gut, daß ich mich gar nicht habilitieren kann. Dazu müßte ich eine positive Charakteristik vom Parteikomitee und der Gewerkschaftsleitung des Krankenhauses haben; aber ich gelte als ein rückständiger und gesellschaftlich passiver Mensch. Ich gehe nicht zu Versammlungen und politischen Schulungen, nehme nicht an dem obligatorischen Gespräch über Breschnews Memoiren teil, ich war nicht auf der Solidaritätskundgebung für das chilenische Volk und habe nicht bei dem ›Subbotnik‹*

* Freiwillige unentgeltliche Arbeit in der Freizeit (Anm. d. Übers.).

zu Ehren des Geburtstags des Genossen Lenin mitgearbeitet, und das Parteikomitee des Krankenhauses hat Informationen darüber, daß ich regelmäßig zur Kirche gehe, obwohl das gelogen ist, ich gehe nur unregelmäßig hin.«

Ich verstehe ihn sehr gut, doch es tut mir so leid, daß ein so ausgezeichneter Arzt nur als einer von vielen im Krankenhaus sein Leben fristet, obwohl er aufgrund seiner Fähigkeiten viel mehr erreichen könnte. Und ich sage ihm wieder, was er schon tausendmal von anderen gehört hat: daß nämlich alle diese Versammlungen, Meetings und politischen Schulungen nichts anderes als ein idiotisches Ritual sind, dem die Leute ohne nachzudenken Folge leisten, das ihm aber die Möglichkeit geben könnte, sich der Medizin in einem viel höheren Maße zu widmen. Wenn es ihm aber gänzlich unmöglich sei, dieses Ritual einzuhalten, so sollte er sich auf die Privatpraxis konzentrieren und damit Geld verdienen. Besonders da in unserer Gesellschaft diese Hintertür den Ärzten noch offensteht.

Er lächelt, nickt mit dem Kopf und ist sogar teilweise mit mir einer Meinung. Er hatte mir einmal von einem Chirurgen erzählt, einem Doktor, Professor, Mitglied eines Stadtbezirkskomitees und Deputierten des Bezirkssowjets. Wenn dieser Deputierte in einem staatlichen Krankenhaus operiert, läßt er sich die Operation mit mindestens fünfhundert Rubel bezahlen.

»Na bitte!« sage ich. »Da sehen Sie's!«

»Ja, wollen Sie denn, daß ich auch so ein Bandit werde?«

»So ein Bandit zu werden würden Sie gar nicht fertigbringen, aber man kann doch zumindest ein klein wenig praktischer sein. Was müssen Sie denn in diesem abgetragenen Mantel herumlaufen und jede Kopeke umdrehen, obwohl Sie zu Privatpatienten fahren?«

Einmal fand sich denn doch unter seinen Patienten ein General, der paßte in keine einzige Kategorie der Leute, denen er unmöglich Geld für die Behandlung abknöpfen konnte. Der General war nicht arm, sah nicht allzu unglücklich aus, seine Generalin hatte nicht vor, ihn zu verlassen, und einen besonders interessanten Gesprächspartner konnte man ihn wohl auch nicht nennen. Der General wurde von irgendwelchen merkwürdigen Koliken geplagt, deren Ursache weder die Militärärzte noch die für den Kreml zuständigen Ärzte zu ergründen vermochten. Unser Doktor besuchte den General in dessen von antiken Möbeln, Teppichen und Kristall überquellender Wohnung, stellte fest, woher die Koliken kamen, bestimmte die Art der Behandlung und wollte sich auf den Heimweg machen. In diesem Moment brachte die Generalin ein Kuvert mit einem darinliegenden Geldschein.

»Und da nun«, erzählte Oleg mir später, »betrachtete ich noch mal all ihre Teppiche und Vasen und dachte: Nein, meine Herrschaften, gerade von euch will ich keine Kopeke haben!«

Und lehnte das Geld ab.

Und wenn ich an diesen Doktor denke, kommen mir andere in den Sinn, denen ich im Leben begegnet bin: Lehrer, Ärzte, Archivare in speckigen Jacketts, Stenotypistinnen, Museumsangestellte, die häufig ihr ganzes Leben in den niedrigsten, schlecht bezahlten Stellungen ausharren. Ich erinnere mich sogar an eine alte Frau, die in ihrer Jugend an der Sorbonne studiert hatte und sechs Sprachen beherrschte, die aber in einem Sanatorium Putzfrau war. Indem sie stets der allgemeinen Verlogenheit und Heuchelei aus dem Weg gehen, gelingt es diesen Menschen, sich ihre Seelen unangetastet zu bewahren, und sie verbreiten um sich das Licht der Güte und Menschlichkeit, des seelischen Adels. Sie haben nicht diese Eitelkeit, die manche Leute zur gesellschaftlichen Aktivität treibt, sie wirken keineswegs wie Helden, doch sie lassen sich kaum jemals durch Almosen korrumpieren, durch Drohungen einschüchtern, und sogar das Gefängnis vermag sie nicht zu zerbrechen. Still, schüchtern, unscheinbar werden sie nie einen Umsturz herbeiführen, nie eine Bewegung ins Leben rufen, keinerlei Aufrufe ergehen lassen und niemanden denunzieren. Es gibt ihrer nicht viele, doch ihnen ist es zu verdanken, daß Manuskripte verfemter Autoren nicht restlos vernichtet, sondern, heimlich abgeschrieben und sorgsam versteckt und gehütet, der Nachwelt erhalten bleiben; daß die Ereignisse der Vergangenheit nicht aus dem Gedächtnis gelöscht werden.

Andrej Dmitrijewitsch Sacharow

Ich habe Sacharows Geheimnis gelüftet, noch lange bevor
dies die sowjetischen Behörden getan haben. Das geschah
auf folgende Weise.

Ich denke, es muß so im Jahr 1964 gewesen sein. Ich saß
in der Redaktion einer Moskauer Zeitschrift und blätterte
in Erwartung des Redakteurs, der gerade hinausgegangen
war, im Nachschlagewerk der Akademie der Wissenschaften der UdSSR, das ich zufällig auf dem Tisch gefunden
hatte. Alle ordentlichen Akademiemitglieder, möglicherweise auch die korrespondierenden Mitglieder, waren in
diesem Buch aufgeführt. Es enthielt ihre Familiennamen,
ihre Vor- und Vatersnamen, ihre Amtsbezeichnungen, die
Privat- und Dienstadressen sowie die Telefonnummern.
Ich weiß noch, daß ich höchst erstaunt war zu erfahren,
daß das Akademiemitglied Scholochow zwei Adressen
hatte, eine im Kosakendorf Weschenskaja und eine in
Moskau; die letzte fehlte z. B. im Nachschlagewerk des
Schriftstellerverbandes.

Aus purer Neugierde begann ich verschiedene mir bekannte Namen nachzuschlagen und entdeckte plötzlich,
daß lange nicht alle Adressen und Telefonnummern der
Akademiemitglieder hier verzeichnet waren. Z. B. standen
neben dem Namen »Mikulin« weder Adresse noch Telefonnummer, ich fand dort lediglich die drei rätselhaften
Buchstaben »OTN«. Das war alles. Da ich früher im Flug-
wesen tätig war, wußte ich, daß Mikulin ein bekannter
Flugzeugkonstrukteur war; so dachte ich mir, daß seine

Identität deswegen so streng geheimgehalten wurde, weil er mit Raketenmotoren zu tun hatte. Daraus wiederum schloß ich, daß die Identität derjenigen Akademiemitglieder am meisten geheimgehalten wurde, deren Adressen und Telefonnummern nicht im Nachschlagewerk zu finden waren. Zur Kontrolle schlug ich Koroljow nach (es war allgemein bekannt, daß seine Identität besonders geheimgehalten wurde). Neben seinem Namen standen wiederum diese drei rätselhaften Buchstaben. Aha, sagte ich zu mir selbst, jetzt werden wir gleich diejenigen herausfinden, deren Identität besonders geheimgehalten wird. Mir scheint, daß an mir kein übler Geheimagent verlorengegangen ist. Gesagt, getan. Ich blätterte also weiter in dem Nachschlagewerk und kam zu dem mir bis dahin unbekannten Namen SACHAROW ANDREJ DMITRIJEWITSCH – »OJAF«.

Diese Buchstaben »OJAF« schienen mir eine noch rätselhaftere Abkürzung zu sein als »OTN«. Daher erschien mir vielleicht auch Sacharow selbst geheimnisvoller als alle übrigen. Als ich dann bald darauf einen bekannten Physiker traf, fragte ich ihn, wer denn eigentlich dieser Sacharow sei. Der Physiker erklärte mir, Sacharow habe die Wasserstoffbombe erfunden, er sei ein Genie und wie alle Genies ein Sonderling, z. B. gehe er selbst in den Milchladen, um Milch zu holen, d. h. auch nicht so ganz allein, er werde nämlich ständig von mehreren »Sekretären« begleitet (so nennt man die Leibwächter im Spezialjargon), die die Hände in den Taschen halten, in denen sie ihre entsicherten Pistolen verbergen. Für diese »Sekretäre« wäre es ja einfacher, die Milch selber zu holen, aber warum sollte ein Genie nicht auch seine Marotten haben, natürlich nur im Rahmen der Spezialvorschriften. Dabei möchte ich gleich hinzufügen, daß ich die Aussagen des besagten Physikers nicht nachgeprüft habe und somit für die Richtigkeit seiner Information nicht bürgen kann.

1968 wurde Sacharows Name in der ganzen Welt be-

kannt: durch die Veröffentlichung seiner Schrift »Betrachtungen über den Frieden, den Fortschritt und die friedliche
Koexistenz«. Viele begannen sich für ihn zu interessieren;
ich auch.

Es vergingen noch fünf Jahre, Sacharow war vollends
zur legendären Figur geworden. Einige meiner Freunde
kannten ihn persönlich, ich selber hatte jedoch keinerlei
Gelegenheit gehabt, ihn kennenzulernen; und einfach so
hinzugehen, um ihm meine Bewunderung auszudrücken
und ihm die Hand zu geben, ist nicht meine Art (so wie ich
es auch nicht mag, wenn jemand in dieser Absicht zu mir
kommt). Aber jene gesellschaftliche Sache, für die sich Sacharow einsetzte, verfolgte ich ständig und dachte auch
viel über ihn selbst nach.

Einmal fand im Taganka-Theater die Premiere irgendeines Stückes statt. Und wie stets bei Premieren dieses
Theaters waren sehr viele wichtige Persönlichkeiten anwesend, u. a. auch das Mitglied des Politbüros, Genosse Poljanskij. Eine ziemlich wichtige Persönlichkeit war auch
mein Freund, der bekannte Schriftsteller A. (ich habe absichtlich den ersten Buchstaben des Alphabets gewählt, damit sich die Neugierigen nicht mit unnützem Rätselraten
herumplagen). Er stand da, mit irgendeinem hochgewachsenen Mann ins Gespräch vertieft. Als ich hinzutrat, sagte
er: »Machen Sie sich bekannt.« Wir, d. h. der hochgewach-
sene Mann und ich, gaben uns die Hand, ich murmelte
meinen Namen, er den seinen, da ich ihn aber nicht verstanden hatte, sagte ich ein paar belanglose Worte über die
Aufführung und entfernte mich dann gleich wieder. Es
war eine Matinee; danach hatte ich noch irgend etwas zu
erledigen, abends hatten wir Gäste, und erst als ich schlafen ging, dachte ich wieder an das Theater, an die Menschen, die ich dort getroffen hatte, an den Schriftsteller A.
und an seinen hochgewachsenen Begleiter. Er hatte irgend
etwas Seltsames an sich, durch irgend etwas unterschied er
sich von allen übrigen (einschließlich Poljanskij), er hatte

so etwas an sich ... Das ist doch Sacharow! durchfuhr es mich plötzlich.

Wie war ich denn nun eigentlich darauf gekommen? Ich wußte natürlich, daß mein Freund Sacharow kannte, aber der kannte doch Gott und die Welt. Und Sacharow hatte mir weiß Gott nichts Besonderes mitgeteilt, keinerlei geniale Gedanken geäußert. Er hatte bloß seinen Namen gemurmelt, den ich nicht einmal verstanden hatte. Aus welchem Grunde begriff ich denn nun plötzlich, daß er es war?

Ich erklärte es mir so: weil er etwas von einer wirklich großen Persönlichkeit an sich hatte. Wiederholt hatte ich im Leben Gelegenheit gehabt, hervorragende Persönlichkeiten kennenzulernen, und ich möchte behaupten, daß sich unter ihnen kein einziges durchschnittliches Alltagsgesicht fand.

Am nächsten Tag rief ich A. an, um meine Vermutung zu überprüfen. »Warum hast du dich denn gleich umgedreht und bist weggegangen?« sagte er vorwurfsvoll. »Andrej Dmitrijewitsch war höchst erstaunt.« Mir war das schrecklich peinlich. Die Situation von Andrej Dmitrijewitsch war schon damals so, daß viele Angst hatten, mit ihm zu verkehren. Sicher dachte er, daß auch ich ...

Kurz gesagt, ich nahm die erstbeste Gelegenheit wahr, rief ihn an und besuchte ihn von da an regelmäßig in seiner berühmten Wohnung in der Tschkalow-Straße.

Ich möchte nicht behaupten, daß ich mit Sacharow befreundet war, ich bin nicht einmal sicher, daß meine Besuche für ihn notwendig waren, aber alle meine im Ausland erschienenen Bücher (Gott sei Dank waren es nicht viele) brachte ich ihm als erstem. Eines dieser Bücher gab das Ehepaar Sacharow jemandem zu lesen. Das Buch wurde bei diesem Leser anläßlich einer Hausdurchsuchung beschlagnahmt und liegt jetzt mit meiner Widmung in den Archiven des KGB.

Sacharow strebte nie nach Ruhm. Ich möchte sogar behaupten, daß ich niemanden kenne, der sich so wie er in den Schatten zu stellen versuchte. Indessen sagte mir ein bekannter Physiker, daß auch heute noch allen wichtigen Versuchen zur Steuerung der thermonuklearen Reaktion Sacharows Ideen zugrunde liegen. Man erzählt sich ferner, daß selbst die Leitung der Akademie der Wissenschaften zugeben muß, daß Sacharow auch während seiner letzten Jahre in der winzigen Moskauer Wohnung, wo es täglich von Menschen wimmelte, von Bittstellern, von Dissidenten und Journalisten, regelmäßig neue Arbeiten mit neuen Ideen verfaßte, und das neben seinem unablässigen Kampf für die Menschenrechte und ungeachtet der ständigen Repressionen, denen er ausgesetzt war.

Von Sacharow sagt man häufig, er sei mutig und tapfer. Aber diese Definition, sofern sie nicht ein sittliches Werturteil einschließt, kann ich nicht anerkennen. Was ist denn eigentlich Mut? Ist es physische Tapferkeit? Die besitzt doch oft jeder beliebige Abenteurer. Sacharow hat nichts von einem Abenteurer an sich. Sein Gewissen und das klare Bewußtsein der Gefahr, die der Menschheit droht, hießen ihn den Weg gehen, auf dem Mut allein nicht ausreicht.

Einmal fuhr ich mit dem inzwischen verstorbenen Konstantin Bogatyrjow, dem Literaturkritiker und Übersetzer deutscher Lyrik, zu Sacharow auf seine Datscha. Er holte uns am Bahnsteig ab. Es war gegen Abend. Die Sonne, die mit ihrem unteren Rand bereits den Horizont streifte, war groß und rot. »Diese Sonne«, sagte Andrej Dmitrijewitsch, »erinnert mich an die Explosion der Wasserstoffbombe.« Ich hatte mir die Explosion anders vorgestellt: als ein brodelndes, feuriges Urelement. Aber ich habe es mir eben bloß vorgestellt. Er dagegen hatte es wirklich gesehen. Und jetzt bringt die untergehende rote Sonne jedesmal Angst und Unruhe über mich. Ich sehe sie gleichgültig über unserem leblosen Planeten hängen.

Man hat Sacharow aus Moskau verbannt, man hat ihm

den Mund verschlossen – das ist nicht nur grausam, es ist auch sinnlos. Wo auch immer er sich befindet, die Probleme, die er beim Namen genannt hat, die aber nicht von ihm, sondern von der Geschichte gestellt worden sind, werden nicht verschwinden. Und je länger die Machthaber, die das Schicksal der Menschheit in Händen halten, der Lösung dieser Probleme aus dem Wege gehen, desto unausweichlicher werden wir in jenen Abgrund gleiten, in den Sacharow bereits geblickt hat.

Der sowjetisch-antisowjetische Mensch

Wer aus der Sowjetunion in den Westen gerät, verspürt
auf dem neuen Lebensweg gewisse Schwierigkeiten,
braucht Hilfe und versucht, irgendwie die Aufmerksamkeit der hiesigen Gesellschaft auf sich zu lenken. Erfah-
rungsgemäß ist es hierfür am günstigsten, Mitarbeiter des
KGB gewesen zu sein. Wenn einer zur Polizei kommt und
mitteilt, er habe im Komitee für Staatssicherheit, eben dem
KGB, gearbeitet und es dort bis zum Hauptmann, Major
oder Oberstleutnant (je höher im Rang, desto besser) gebracht, kann er mit dem wohlwollendsten Interesse für
seine Person rechnen. Sofort überrennen ihn Journalisten
und Agenten verschiedenster Sicherheitsbehörden, er wird
in Militärflugzeugen befördert, im Fernsehen gezeigt, die
Verleger schicken ihm Schecks über sechsstellige Summen. Kann einer nicht glaubwürdig genug seine Mitarbeit
beim Komitee für Staatssicherheit belegen, so kann er wenigstens sagen, er sei ein Spitzel gewesen, habe fremde
Gespräche belauscht und sich anschließend mit einem
Profi in Zivil irgendwo in den Anlagen oder in einer Pri-
vatwohnung getroffen oder auch in der entsprechenden
Personalabteilung, wo er dann mitzuteilen pflegte, wer wo
was gesagt hat. Mit einem allzugroßen Interesse des Publi-
kums können diese Leute nicht rechnen, aber ein wenig
profitieren kann man durch solche Geständnisse schon.
Wer aber nicht bekunden mag, daß er Spitzel war, kann
sich mit dem Geständnis bescheiden, er sei ein Dummkopf
gewesen. Ich war ein Dummkopf, ich glaubte an den Mar-

xismus-Kommunismus, an Lenin–Stalin und so weiter. Erst habe ich geglaubt, dann den Glauben verloren und wurde schlagartig klug. Der eine wurde klug nach der Rede Chruschtschows, in der er Stalin entlarvte, der andere nach dem Aufstand in Ungarn, der dritte nach den Ereignissen in der Tschechoslowakei, der vierte hat gar bis Afghanistan ausgeharrt.

In diesem Sinne habe ich nichts, womit ich prahlen könnte. Ein Dummkopf bin ich vielleicht gewesen, aber Stalin begann ich zu hassen etwa mit vierzehn, an Lenin habe ich gezweifelt, im KGB nicht gedient und bin auch nicht einmal ein Spitzel gewesen. Aber Begegnungen und Gespräche mit Geheimdienstlern, die habe ich gehabt. Besonders denkwürdig war die erste Begegnung.

An einem nebligen und frostigen Morgen im Januar 1959 wurde ich durch lautes und hysterisches Klopfen geweckt. Ich lugte aus der Tür und sah meine halbangezogene Wirtin, die ehemalige Tänzerin am Bolschoj-Theater, Ludmila Alexejewna.

»Wolodja«, sagte sie fürchterlich aufgeregt, »irgendein Mann stürmt den Hintereingang und behauptet, Ihr Kumpel zu sein.«

Ich sah auf die Uhr, es war halb neun, gewöhnlich stand ich viel später auf, da ich sehr spät schlafen ging.

Meine Zimmervermieterinnen – die Mutter Olga Leopoldowna Pasch-Dawydowa und ihre Tochter Ludmila Alexejewna, früher beide am Bolschoj-Theater tätig, jetzt aber schon pensioniert (die Mutter war über achtzig, die Tochter etwa sechzig) – hatten noch ihre alten Gewohnheiten beibehalten und gingen nie vor drei Uhr nachts zu Bett. Ich hatte mich ihren Gewohnheiten angepaßt, und wenn ich zufällig früher einschlief, so kam unweigerlich Olga Leopoldowna, klopfte lange an die Tür und sagte, wenn sie ihr Ziel erreicht hatte:

»Wolodja, Sie schlafen noch nicht? Ich wollte Ihnen gute Nacht wünschen.«

Olgas verstorbener Mann hatte als einer der ersten in der Sowjetunion den Titel »Volksschauspieler der Republik« bekommen, darum gehörten sie zu den seltenen Glückspilzen, die über eine abgeschlossene Vierzimmerwohnung mitten in der Moskauer City verfügten. In einem Zimmer lebten Olga und Ludmila mit einem großen Königspudel, im anderen Ludmilas Tochter mit ihrem Mann, einem Neugeborenen und dem Schäferhund Nelka, das dritte Zimmer war leer bis auf das kleine, bösartige Hündchen, das da immer in der Ecke saß. Das vierte Zimmer bewohnte ich. Mein Zimmer, sofern man es überhaupt so nennen konnte, war kaum vier Quadratmeter groß. An Möbeln beherbergte es ein großes, von einer Wand zur anderen reichendes Eisenbett und einen Stuhl, den man zwischen Bett und Fensterbrett nur quer stellen konnte. Das Fensterbrett war tief und diente mir als Schreibtisch. Darauf stand meine billig gekaufte Schreibmaschine und lagen zuhauf meine gesammelten ungedruckten Werke. Langsam, aber unaufhaltsam wuchs der Haufen dieser Werke an, denn ich war noch jung, voller Kraft und Hoffnung, und ich arbeitete Tag für Tag ausgiebig und fanatisch.

Ich hatte dieses Zimmer erst seit kurzem gemietet, meine Adresse kannte niemand, einschließlich meiner nächsten Freunde. Einen Kumpel, der so aus heiterem Himmel zu mir hätte kommen können, hatte ich gar nicht.

Zusammen mit meiner Wirtin ging ich zum Hintereingang. Alle drei Hunde kamen auf den Korridor gelaufen und bellten um die Wette.

»Wer ist da?« fragte ich.

»Wladimir Nikolajewitsch«, ließ sich eine verlegene Stimme vernehmen, »öffnen Sie bitte, ich komme nur für einen Augenblick.«

Ich war erstaunt und witterte Unbill. Obwohl ich schon siebenundzwanzig Jahre alt war, war ich doch nur ein Student und wurde damals noch nie mit Vor- und Vatersnamen angeredet.

Statt den ungebetenen Gast aufzufordern, durch den Vordereingang zu kommen, begannen Ludmila Alexejewna und ich, den Windfang vor der Hintertür zu entrümpeln, die Waschzuber, Eimer und Pappkartons beiseite zu schieben. Als wir die Tür schließlich öffnen konnten, stand vor uns ein relativ junger Mann mit Brille, der als erstes die Bitte äußerte:

»Können Sie bitte die Hunde wegführen.«

»Aber wer sind Sie, was wollen Sie?«

»Ich werde es Ihnen sofort erklären.«

Alle drei Hunde wurden fortgeschafft, Ludmila Alexejewna entfernte sich. Wir gingen allein ins Wohnzimmer.

»Was wollen Sie?« fragte ich ihn.

»Gleich, ich erkläre gleich alles«, sprach er und nickte hastig mit seinem spärlich behaarten Kopf. Und fragte rasch mit gedämpfter Stimme: »Kann uns hier niemand hören?«

»Uns hört niemand.«

»Und die Hunde sind weg? Sie können nicht hier hereinstürzen?«

»Nein, das können sie nicht. Sie haben noch nicht gelernt, alleine die Tür zu öffnen.«

»Ach ja, die Tür geht zur anderen Seite auf. Und es kann uns hier keiner hören?«

»Ich weiß nicht«, sagte ich lauter werdend, »ob uns einer hört oder nicht, ich habe nicht vor, mit Ihnen im Flüsterton zu reden. Was wollen Sie?«

»Gleich, gleich. Werde gleich alles erklären. Und Sie meinen also, man hört uns hier nicht?«

Bis dahin hatte ich noch nie etwas mit den Mitarbeitern des KGB zu tun gehabt, hatte keine Vorstellung davon, wie sie aussahen, habe damals, ehrlich gesagt, auch keinen Gedanken an sie verschwendet, doch in diesem Augenblick hegte ich keinerlei Zweifel an dem Beruf meines Gastes.

»Wladimir Nikolajewitsch . . . hört keiner zu?«

»Nein, es hört keiner zu.«

»Sehr gut, sehr gut. Ich glaube Ihnen, daß uns niemand zuhört. Ich komme zu Ihnen im Auftrag der studentischen literarischen Gesellschaft.«

»Was ist denn das für eine Gesellschaft?« fragte ich.

»Ach, einfach eine studentische Gesellschaft. Der . . . der . . . Moskauer Universität angeschlossen. Wir kommen zusammen, lesen Gedichte vor, reden darüber. Kann uns keiner hören?«

»Und was wollen Sie von mir?«

»Ach, nichts, nichts. Nichts Besonderes. Wir wollten einfach, daß Sie mal bei uns lesen. Wir haben Ihre Gedichte in der Zeitung ›Wetschernjaja Moskwa‹ gesehen, auch haben einige unserer Genossen Ihre Lesung im Ismajlow-Park gehört. Und darum möchten wir eben . . . kann uns keiner hören? . . . Sie einladen.«

»Wann?« fragte ich.

»Ja, jetzt gleich . . . sofort.«

»Jetzt sofort?« wiederholte ich. »Um halb neun Uhr morgens? Müssen denn Ihre Studenten nicht vormittags zu Vorlesungen?«

»Natürlich, Wladimir Nikolajewitsch, natürlich, die müssen zu Vorlesungen. Aber wir haben ja unsere ehrenamtlichen Funktionäre, gesellschaftlich interessiert und aktiv, die möchten sich vorher mit Ihnen unterhalten. Hört uns hier niemand? Vielleicht könnten wir jetzt hingehen, es ist gleich nebenan.«

»Warum sollte ich hingehen?«

»Na, wir könnten was verabreden. Vielleicht wären Sie bereit, bei uns zu lesen. Ich hoffe, Sie hätten nichts dagegen?«

Er flößte mir eine unklare Angst ein, auch einen Widerwillen und den Wunsch, ihn loszuwerden. Und ganz unerwartet für mich selbst sagte ich plötzlich, daß ich nur gegen Honorar läse. Das war glatt gelogen, denn obwohl ich einige Male im Rahmen der literarischen Vereinigung »Magistrale« öffentlich aufgetreten war, hatte mir nie einer Geld dafür geboten.

»Wieso gegen Honorar?« Er war sichtlich überrascht. »Wir sind doch eine studentische Gesellschaft, wir haben gar kein Geld.«

»Na, was Sie nicht haben, haben Sie nicht, aber unentgeltlich trete ich nicht auf.«

»Nein, nein, nein, Wladimir Nikolajewitsch ... kann man uns hören? Nein, wie denn das, für Geld?«

Und zwischen uns entwickelte sich ein langer und unsinniger Handel, wobei er es partout nicht begreifen konnte, wieso ich, ein Student und noch ein junger, unbekannter, also kein professioneller Dichter, eine solche Habgier entwickelte, während ich, wer weiß warum, hartnäckig auf Bezahlung bestand; und, da ich sah, daß ihn diese Forderung verwirrte, meine Hartnäckigkeit noch steigerte, in Wahrheit keineswegs aus merkantilen Gründen, sondern weil ich mittels dieser irrationalen Methode eine mir unverständliche, aber deutlich fühlbare Gefahr abzuwehren versuchte. Man muß sagen, daß meine Geldgier ihn offenbar aus der Fassung brachte, es interessierte ihn nicht einmal mehr, ob uns jemand hören konnte oder nicht, und er bestand lange, wenn auch verworren, auf der Unentgeltlichkeit meiner Lesung, obwohl er doch hätte zustimmen können – was verlor er schon. Warum er so sehr in die Klemme geriet, kann ich nicht sagen, höchstwahrscheinlich, weil das Gespräch von der vorher erarbeiteten Linie abwich. Schließlich wurde ich dieses Geredes müde, stand auf, forderte ihn ziemlich grob auf wegzugehen und ging an die Tür, um sie zu öffnen.

»Warten Sie, warten Sie, warten Sie«, zischelte er fast hysterisch. »Wladimir Nikolajewitsch, kann uns keiner hören? Ich hoffe, es hört uns keiner. Ich habe mich Ihnen nicht ganz korrekt vorgestellt. Gleich werde ich mich anders vorstellen.«

Und auf der Stelle veränderte sich sein Aussehen. Auf seinem Gesicht erschien ein Ausdruck von Überheblichkeit und Selbstzufriedenheit. Mit einer königlichen Geste schob er seine Hand in die Seitentasche, wo die Ausweispapiere waren.

»Sparen Sie sich die Mühe«, sagte ich, »ich sehe auch so, wer Sie sind.«

Auf seinem Gesicht malten sich Kummer und Enttäuschung. Er hatte offenbar geglaubt, seine Rolle schauspielerisch perfekt gespielt zu haben.

»Wie sind Sie darauf gekommen?« fragte er mit gebrochener Stimme.

»Das war nicht schwer«, sagte ich. »Dann und wann lese ich Kriminalromane, und da sind alle Schnüffler so ähnlich wie Sie.«

»Ja?«

Ich sah, daß meine Worte ihn getroffen hatten. Er war beleidigt. Später, als ich noch einige seiner Kollegen kennenlernte, merkte ich, daß die KGB-Leute, da weitgehend verhaltensgestört, meistens sehr leicht beleidigt sind. In dieser Überempfindlichkeit klingen noch Reste jener Menschlichkeit an, die sie von Geburt an hatten. Egal, nach welchen allgemeinen oder privaten Theorien sie sich auch richten, wie immer sie auch ihre Tätigkeit rechtfertigen mögen, sie spüren, daß diese Tätigkeit verächtlich ist. Es gibt allerdings auch solche, die nicht leicht zu beleidigen sind – das sind die Gefährlichsten.

»Nun ja, nun ja«, sagte mein Gesprächspartner enttäuscht. »Sie sind nun einmal dahintergekommen. Also, gehen wir«, schlug er halb bittend, halb befehlend vor.

»Gehen wir«, stimmte ich zu.

Ich muß sagen, auch wenn ich recht unbotmäßig und ironisch mit ihm gesprochen hatte, war ich doch furchtbar erschrocken. So erschrocken war ich wohl niemals zuvor und auch nie wieder. Ich war ein junger Dichter, ein Anfänger. Es schien mir, daß aus mir etwas werden müsse.

Und zugleich lebte in mir ständig das Gefühl, daß etwas Verhängnisvolles geschehen und mich an meiner Selbstverwirklichung hindern würde. Entweder würde bei mir eine unheilbare, galoppierende Krankheit entdeckt, oder ich geriet unters Auto, oder sonst irgend etwas würde passieren. Dabei war ich ein richtiger sowjetischer Mensch. Mein Sowjetismus äußerte sich durchaus nicht darin, daß ich die Sowjetmacht liebte oder an den Marxismus-Leninismus-Kommunismus glaubte. Eben an sowas alles glaubte ich überhaupt nicht und hielt die ganze sowjetische Propaganda für leeres Gewäsch für Dummköpfe. Wie die überwiegende Mehrzahl der Menschen, denen ich in meinem Leben begegnet bin, haßte ich das ganze sowjetische Wörtergeratter, haßte politische Schulungen, Versammlungen, Meetings, Demonstrationen, Wahlen und Subbotniks, diese unentgeltlichen Arbeitseinsätze an den Samstagen. Ich versuchte, mich vor all dem zu drücken, freilich ohne mich zu exponieren, ohne aufzufallen. Erst viele Jahre später wurde mir bewußt, daß sich eben darin mein Sowjetismus äußerte. Ich war jenes passive Mitglied der Gesellschaft, von dem die Obrigkeit sich keinerlei besonderen Nutzen verspricht. Wo immer ich auch gearbeitet habe oder angestellt war, die Vorgesetzten in der Verwaltung und der Partei haben immer gewußt, daß von mir keinerlei ideologische Aktivitäten zu erwarten waren. Nie wurde ich aufgefordert, in die Partei einzutreten, und man versuchte nicht einmal, mich zum Spitzel zu ködern (auch nicht in dem Fall, den ich jetzt erzählen werde), doch zugleich war ich als Mitglied der Gesellschaft absolut unschädlich. Gerade jene jungen Leute, die sich ernsthaft für die theoretischen Grundlagen des Kommunismus interessierten, die Marx, Lenin oder Stalin studierten, waren für das Regime viel gefährlicher, und die Sowjetmacht hat das letzten Endes begriffen. Ein Mensch, der eine Theorie ernst nimmt, fängt früher oder später an, sie mit der Praxis zu vergleichen, und lehnt schließlich entweder das eine oder das andere, zu guter Letzt aber das eine und das andere ab. Doch einer, den die Theorie nicht verblendet hat, verhält sich zu der real existierenden Praxis wie zu einem gewohnten und unabänderlichen Übel, dem man sich jedoch mehr oder minder anpassen kann.

Und so behaupte ich also, ein richtiger sowjetischer Mensch gewesen zu sein. Außerdem äußerte sich mein Sowjetismus auch darin, daß ich zwar darauf gefaßt war, von den Machthabern alle möglichen Überraschungen zu erleben, doch eben darum auch unfähig zum Protest gegen den wesentlichen Kern war. Mein Rechtsbewußtsein war gleich Null. Obwohl ich mit diesem zu mir gekommenen Mann in einem ironischen und ihm unangenehmen Ton sprach, bestand doch im Wesentlichen zwischen ihm und mir eine unausgesprochene Übereinkunft.

Ich erschrak und hielt es durchaus für möglich, daß man mich gleich für immer wegführen und keiner jemals erfahren würde, wo ich geblieben war. Die Vorstellung, daß ich, da keines Verbrechens schuldig, gegen ein solches Abführen protestieren könnte, hatte ich nicht. Ich habe die Ausweispapiere des Mannes nicht zu sehen verlangt, sein Recht, mich zu führen, wohin er wollte, nicht bestritten.

Als wir beide in den Korridor traten, stand da meine Wirtin, schon angezogen.

»Wolodja«, fragte sie mich, bemüht, meinen Begleiter nicht anzusehen, »gehen Sie für lange weg?«

Ich drehte mich zu ihm um und fragte laut, um der Wirtin begreiflich zu machen, wer er war:

»Gehe ich für lange weg?«

»Nein, nein, nein, wieso denn!«

Er spielte den Verlegenen! »Er ist sehr, sehr bald wieder zurück.«

Hinterher dachte ich noch, wie schlau ich doch meiner Wirtin zu verstehen gegeben hatte, wohin ich ging.

Ich dachte, auf der Straße würde mich der sogenannte »Schwarze Rabe« erwarten, ein Auto, in das man mich mit

nach hinten gebogenen Armen hineinzerren würde. Doch
da stand kein »Rabe«, und mein Begleiter schlug mir vor,
zu Fuß zu gehen. Das setzte mich in Erstaunen, doch ging
ich mit. Unterwegs sprach er mit mir nicht mehr ein-
schmeichelnd, sondern herablassend. Er fragte mich,
warum ich so traurige Verse schreibe, und in der Annahme, man könnte mich erschießen, weil ich Trauriges
schreibe, erwiderte ich, meine Verse seien zwar traurig,
enthielten aber Elemente eines inneren Optimismus. An
seinem Gesicht sah ich, daß meine Behauptung ihn nicht
sehr überzeugte. Und er schaute mich von Zeit zu Zeit an,
wie einen irregeleiteten jungen Mann, um den es zwar
schade ist, den man aber trotzdem wird erschießen müssen.

Wir gingen sehr lange durch irgendwelche krummen
Gassen, und ich fragte spöttisch (jedenfalls schien es mir,
daß ich spöttisch war), ob wir uns nicht verirrt hätten.

»Ja, ja mag sein«, antwortete er sichtlich beunruhigt.
»Möglich, daß wir uns verirrt haben. Ah, nein, übrigens
doch nicht. Wir haben uns wohl doch nicht verirrt.«

Und er wies auf ein Schild, auf dem stand:

KOMITEE FÜR STAATSSICHERHEIT
BEIM MINISTERRAT DER UdSSR

»Sehen Sie«, wiederholte er, als sei er stolz darauf, sich in
den angrenzenden Gassen auszukennen, »wir haben uns
doch nicht verirrt.«

Ich kann mich überhaupt nicht mehr entsinnen, durch
welche Tür wir hineingegangen sind, ob man ihn oder
mich nach unseren Ausweisen fragte, wie dort die Auf-
züge und Gänge aussahen. Weiß nur, daß wir einen Raum
betraten, wo hinter einem großen, aber bescheidenen Tisch
ein ganz gewöhnlicher Mann mittlerer Größe in einem
grauen Anzug saß. Er gab mir die Hand, stellte sich mit
Namen und Vatersnamen vor. Er bot mir einen Stuhl an
und fragte sofort:

»Wladimir Nikolajewitsch, was denken Sie über sich selbst, sind Sie ein sowjetischer Mensch?«

Mir wurde etwas leichter ums Herz. Wenn sie noch nicht sicher sind, ob ich sowjetisch oder nicht sowjetisch gesonnen bin, dachte ich, wird man mich also auch nicht sofort erschießen. Und ich versicherte ihm emphatisch, daß ich natürlich sowjetisch sei.

»Richtig«, sagte er, »ich habe keineswegs daran gezweifelt. Sie sind ein sowjetischer Mensch, und Sie müssen uns helfen. Sie helfen uns, wir helfen Ihnen, und Sie helfen uns, und wir helfen Ihnen.« Er rieb sich die Hände und blickte mich erwartungsvoll an. »Nun, erzählen Sie.«

»Was soll ich erzählen?« fragte ich aufrichtig staunend.

»Erzählen Sie, was Sie wissen.«

»Ich weiß gar nichts.«

»Aber Wladimir Nikolajewitsch«, sprach lächelnd der Mann hinter dem Tisch und wechselte einen Blick mit dem, der mich hergeführt hatte und jetzt in einer Zimmerecke saß. »Na, irgendwas wissen Sie doch!«

»Irgend etwas werde ich wahrscheinlich wissen, ich weiß aber nicht, was genau Sie interessiert.«

»Uns interessiert alles, alles.«

»Ich verstehe Sie nicht«, sagte ich.

»Wladimir Nikolajewitsch!« Er schlug die Hände zusammen, als wäre er fast verzweifelt. »Aber Sie sind doch ein sowjetischer Mensch.«

»Sowjetisch schon, freilich, aber ich verstehe nicht, was Sie von mir wollen.«

Da sagte er mir, er wolle, daß ich ihm aufrichtig (»Sie helfen uns, wir helfen Ihnen«) erzähle, mit wem ich Umgang pflege und wohin ich gehe.

Ich zweifelte nicht an seinem Recht, mir Fragen zu stellen, doch ich wußte genau, daß man sich vor der Beantwortung jeglicher Fragen drücken mußte. Und sagte, daß ich mit niemandem Umgang pflege und nirgends hingehe.

»Aber wieso denn, wieso«, meldete sich der, der mich

hergebracht hatte. »Sie waren doch auf einer Kunstausstellung und haben sich abstrakte Bilder angesehen.«

Ach, das also war es! Obwohl es eine ganz offizielle Ausstellung war und keiner einen gewarnt hatte, man solle sie nicht besuchen, hätte ich als sowjetischer Mensch begreifen müssen, daß man sich abstrakte Bilder lieber nicht ansehen sollte. Ich fragte meine Gesprächspartner nicht, woher sie wußten, daß ich auf der Ausstellung war und vor den abstrakten Bildern den Kopf nicht weggedreht hatte, doch ihre Informiertheit weckte in mir die Hoffnung, sie wüßten auch, daß diese abstrakten Bilder mir ganz entschieden nicht gefallen hatten. Und ich sagte ihnen jetzt bereitwillig, daß mir diese abstrakten Bilder nicht gefielen.

»Na, die können ja auch keinem normalen Menschen gefallen«, bemerkte der Ältere tiefsinnig und wurde sofort vom Jüngeren unterstützt:

»Ja, ja, ja, das ist eine Profanierung der Kunst.«

»Und was denken Sie über Pasternak?« fragte der Ältere.

Ich sagte, daß ich über Pasternak gar nichts dächte, und das war die pure Wahrheit, denn erst sehr viel später las ich Pasternak und dachte über ihn nach. In jener Zeit aber habe ich von allen sowjetischen Dichtern Simonow und Twardowskij bevorzugt und von den Prosaikern Scholochow, und das entsprach ihren Vorstellungen von dem gesunden Geschmack eines normalen Sowjetmenschen.

Und doch waren sie mit irgend etwas unzufrieden, und der Ältere sagte das erste Mal quasi beiläufig, wiederholte aber dann immer häufiger folgenden Satz: »Na ja, wie Sie meinen, doch dann . . . sind Sie eben selber schuld.«

Einmal brach er das Gespräch ab und ging eine Weile hinaus. Kaum war er weg, trat der Jüngere an seinen Tisch, nahm ein einfaches Holzlineal, kehrte zu seinem Stuhl zurück, hielt das Lineal wie einen Revolver und zielte auf mich, geheimnisvoll lächelnd, doch ohne ein Wort zu sagen.

Dann kam der Ältere zurück, und es ging wieder los: »Sie helfen uns, wir helfen Ihnen, und wenn Sie uns nicht helfen, sind Sie eben selber schuld.«

Und wieder nichts Konkretes.

»Na schön, und mit wem sind Sie befreundet?«

»Ich bin mit niemanden befreundet.«

»Was ist mit Litowzew und Polskij?«*

Mit Litowzew und Polskij habe ich im Institut zusammen studiert, wir haben einander unsere Gedichte vorgelesen. Es wäre dumm zu leugnen, daß ich mich mit ihnen traf. Ich sagte: »Ach ja, Litowzew und Polskij. Wir studieren zusammen, alle drei schreiben wir Gedichte, na, und sehen uns eben.«

»Und worüber unterhalten Sie sich?«

»Na, über Gedichte zum Beispiel.«

»Und sonst noch worüber?«

»Sonst über gar nichts.«

»Wieso denn sonst über gar nichts?« Beim Fragen steigerte er immer die Lautstärke. »Nicht mal über Mädchen?«

»Nein, über Mädchen reden wir nicht.« Ich wurde wütend.

»Ich bin verheiratet, vor kurzem ist unsere Tochter geboren, ich unterhalte mich nicht über Mädchen.«

»Na, na, na, na!« ließ sich ironisch der Jüngere aus seiner Ecke vernehmen.

»Na schön«, sagte der Ältere, »lassen wir die Mädchen. Und reden Sie über Politik?«

»Nein, reden wir nicht«, sagte ich.

»Wieso denn nicht? Was denn, Politik interessiert Sie nicht?«

»Nein«, erwiderte ich, und damals war es die pure Wahrheit.

»Wie kann das sein – Sie sind ein sowjetischer Mensch, aber Politik interessiert Sie nicht?«

* Namen sind vom Autor geändert.

»So ist es eben«, sagte ich und geriet immer mehr in Zorn. »Ich bin ein sowjetischer Mensch, aber Politik interessiert mich nicht.«

»Na schön. Mädchen interessieren Sie nicht, Politik interessiert Sie nicht. Und wie sind Ihre Beziehungen zu Ausländern?«

Da geriet ich vollends außer mir und brüllte:

»Was denn für Ausländer? Was reden Sie da für einen Blödsinn? Ich kenne überhaupt keinen einzigen Ausländer.«

»Aber, aber, aber«, brummelte aus seiner Ecke der Junge. »Und der israelische Diplomat?«

Ah, zum Teufel! Vor Wut spuckte ich sogar aus. Jedenfalls kommt es mir heute so vor, als hätte ich ausgespuckt.

Die Geschichte aber war so:

Einmal, als Igor Litowzew und ich in der Nähe der Kusnezkij-Brücke waren, gingen wir in eine Buchhandlung, und Litowzew entdeckte, daß ein neu erschienener Band mit Gedichten von Awrom Gontarj verkauft wurde.

»Wer ist Gontarj?« fragte ich.

»Kennst du ihn nicht? Ein sehr guter jüdischer Dichter. Sollte man kaufen.«

Wir reihten uns in die Schlange an der Kasse ein und bezahlten für zwei Gedichtbände. Doch als wir mit den beiden Quittungen an den Ladentisch kamen, stellte es sich heraus, daß der Gedichtband schon ausverkauft war, der schwarzgelockte Bürger vor uns hatte die letzten vier Exemplare genommen.

Als er unser Gespräch mit der Verkäuferin hörte, drehte er sich rasch zu uns um und sagte, wenn wir uns für Gontarj interessierten, würde er mit Vergnügen jedem von uns ein Exemplar schenken, und er überreichte uns auch sofort die beiden Bücher. Wir zierten uns erst, er blieb hartnäckig, und zu fünft (er war in Begleitung von zwei kleinen, ebenfalls lockigen Buben, etwa vier und sechs Jahre alt) traten wir auf die Straße. Die Gedichtbände haben wir von ihm angenommen, doch gleich darauf bedrängte er Litowzew mit der Frage, warum die UdSSR eine antisemitische Politik betreibe. Litowzew druckste herum. Ich, ein echter sowjetischer Mensch, der auch wirklich nichts von Politik verstand, beeilte mich, Litowzew zu Hilfe zu kommen, und sagte, eine solche Politik betreibe die UdSSR keineswegs. Der Schwarzlockige meinte, als Sekretär der israelischen Botschaft wisse er genau, was er sage. Und er fuhr fort, Litowzew zu bedrängen, wobei er mich vollständig ignorierte. Er meinte, es sei beschämend, daß Litowzew kein Hebräisch beherrsche und die jüdische Kultur nicht kenne. Ich sagte ihm, Litowzew sei kein Jude, sondern reinrassiger Russe, und für einen Russen kenne er die jüdische Kultur gut genug.

Ich weiß nicht, für wen mich der Israeli hielt, vielleicht für einen Kommissar, der Litowzew zu überwachen hatte, jedenfalls wollte er offensichtlich nicht mit mir reden und wandte mir die ganze Zeit den Rücken zu, während er, ungeachtet meiner Beteuerungen, Litowzew weiterhin Vorwürfe machte, weil dieser sich nicht zu seinem Judentum bekannte. Litowzew atwortete mit undeutlichem Gemurmel, man sah ihm an, daß er sich wirklich schämte. Die Kinder des Diplomaten zogen den Vater an den Händen, er sträubte sich lange, gab aber schließlich nach, setzte sich in seinen Wagen und fuhr davon. Litowzew und ich aber gingen zu Fuß weiter.

Und jetzt trieben sie mich mit dem Israeli in die Enge, wollten wissen, was Litowzew und ich mit ihm geredet hatten.

Ich geriet immer häufiger in Rage und sagte zu dem Älteren: »Wieso fragen Sie mich, Sie haben doch gehorcht und wissen ohnehin alles!«

»Warum denn, warum glauben Sie denn, wir hätten gehorcht?« kam es aus der Ecke.

»Woher sollten Sie denn von dem Israeli etwas wissen, wenn Sie nicht gehorcht haben?«

»Na gut«, sagte der Ältere aufgebracht. »Woher wir es wissen, woher wir es wissen! Und warum sind Sie nicht selber zu uns gekommen, haben uns nicht alles erzählt?«

»Warum sollte ich zu Ihnen kommen?«

»Wieso warum? Sie sind doch ein sowjetischer Mensch.«

»Ja«, sagte ich stolz. »Ein sowjetischer Mensch. Doch habe ich nicht gedacht, ich müßte, wenn ich jemanden begegne, sofort zu Ihnen gerannt kommen.«

»Warum haben Sie es nicht gedacht? Sie sehen doch, das ist eine provokatorische zionistische Propaganda. Ah ja, Sie interessieren sich ja nicht für Politik, Sie interessieren sich ja nur für Gedichte. Und was für Gedichte liest man in Ihrem Literaturzirkel ›Rodnik‹ *?«

»In welchem Literaturzirkel?« fragte ich.

»Na, wie heißt denn Ihr Zirkel am Institut? ›Rodnik‹?« fragte der Ältere und sah den Jüngeren an.

»Rodnik, freilich, Rodnik«, bekräftigte der andere, ohne zu zögern.

Und da wurde mir ganz leicht zumute. Ich hatte ja gedacht, sie wüßten wirklich alles über mich, doch da zeigte sich, daß sie einiges eben nicht wußten.

»Ja, wissen Sie denn nicht«, sagte ich schadenfroh, »daß ich diesen ›Rodnik‹ nie im Leben besucht habe?«

Da merkte ich, daß meine Antwort sie seltsamerweise entmutigte. Der Ältere blickte streng auf den Jüngeren, dieser schrumpfte irgendwie zusammen, sah, so wollte mir scheinen, schuldbewußt aus.

»Und Sie wissen nicht einmal, wie der Leiter des Zirkels heißt?« fragte der Ältere.

»Keine Ahnung«, erwiderte ich reinen Herzens.

»Na schön«, sprach der Ältere etwas verlegen. »Dann sagen Sie doch, worüber reden die Professoren bei den Vorlesungen?«

* Die Quelle (Anm. d. Übers.).

»Also auf diese Frage«, brachte ich boshaft hervor (und denke bis heute noch gern an meine Antwort zurück), »habe ich sogar beim Examen Mühe zu antworten.«

»Warum?« Meinen Scherz begriff der Ältere nicht.

»Darum«, sagte ich giftig, »weil – und das hätten Sie, wenn Sie mich schon beobachten, merken müssen! –, weil ich im Institut sehr selten bin, und wenn ich mal hingehe, dann vor allem, um mein Stipendium abzuholen. Und hätten Sie beim Leiter unserer Gruppe die Anwesenheitsliste kontrolliert, dann hätten Sie feststellen können, daß er bei meinem Namen immer notiert: fehlt, fehlt, fehlt.«

Damit war das Verhör beendet, wenn auch nicht ganz. Der Ältere sagte mir, einerseits glaube er mir, daß ich ein richtiger sowjetischer Mensch sei, andererseits aber hätte er Zweifel. Und wenn ich ihnen irgend etwas nicht gesagt oder nicht richtig gesagt hätte, so müßte ich mir schon selbst die Schuld geben ...

Danach wurde ich aufgefordert, eine schriftliche Erklärung über meine Schweigepflicht zu unterschreiben, was ich als sowjetischer Mensch widerspruchslos tat. Und kaum war ich aus dem KGB-Gebäude heraus, da lief ich schon, ebenfalls als sowjetischer Mensch, zu meinen Freunden und erzählte alles. Und erst von ihnen erfuhr ich folgendes:

Durch mein Schwänzen hatte ich im Institut eine Sensation verpaßt. Der Leiter unseres literarischen Zirkels »Rodnik« war verhaftet worden, weil er antisowjetische Verse schrieb. Und ich kannte diesen Studenten, wußte nur nicht, daß er der Leiter des Zirkels war. Ich kannte sogar einige seiner Gedichte. Einmal hatte er mich in die Ecke gedrängt und mir seine Gedichte vorgelesen, von denen mir zwei Zeilen im Gedächtnis haften geblieben sind:

Und die, die wir empor gepriesen haben,
An den Laternen werden baumeln sie.

Diese Verse hatten mir nicht gefallen.

Als der sowjetische Mensch, der ich war, liebte ich solche Verse nicht. Nun, da ich nicht mehr sowjetisch bin, liebe ich sie freilich auch nicht.

Wenn ich mich heute an diese meine erste Begegnung mit dem KGB erinnere, geht es mir durch den Sinn, wie wenig ich doch damals über meine Rechtslage wußte! Jeder, der nur einen Funken Rechtsbewußtsein hat, wird sagen, daß ich eine Unmenge der elementarsten Schnitzer gemacht habe. Erstens hätte ich schon in der Wohnung, in dem Moment, als ich erfuhr, daß ich einen Mitarbeiter des KGB vor mir habe, mir seinen Ausweis zeigen lassen müssen. Zweitens hätte ich ablehnen müssen, ohne schriftliche Vorladung mit ihm mitzugehen. Drittens hätte ich beim Verhör darauf bestehen müssen, mir zu sagen, aus welchem Anlaß ich hinzitiert worden sei, und verlangen, daß ein Protokoll geführt wird. Nun, und was die Unterzeichnung der Schweigeverpflichtung betrifft, so meine ich, daß diese Forderung ungesetzlich ist.

Doch wäre ich schon so schlau gewesen und hätte also den KGB-Leuten Kenntnisse in der Gesetzeskunde und ein hohes Maß an Rechtsbewußtsein vorgeführt – sie hätten mich damals schon ins Visier gefaßt, und wer weiß, was dann aus mir geworden wäre. Aber ich war ein ganz richtiger sowjetischer Mensch, der weder an den Marxismus-Leninismus noch an die Gesetze, weder an Wahrheit noch an Recht glaubte. In meinem damaligen Verhalten gegenüber dem KGB wählte ich das idiotischste Benehmen, und eben dieses erwies sich als das Richtige.

Einige Jahre vergingen. Meine Situation hatte sich gründlich verändert. Aus der alleruntersten sozialen Schicht war ich, wenn auch nicht in die allerhöchste, so doch hoch genug aufgestiegen. Ich wurde Mitglied der privilegierten Kaste der sowjetischen Schriftsteller. Allmählich veränderte sich auch mein Weltempfinden. Ich begann mir dessen bewußt zu werden, daß ich als Persönlichkeit und als Mitglied der Gesellschaft gewisse Pflichten und gewisse Rechte hatte. Ich bekam eine größere Einsicht in die sowjetischen Gesetze und bediente mich ihrer im praktischen Leben. Doch je gewissenhafter ich mich an diese Gesetze hielt, desto größer wurden meine Schwierigkeiten. Schließlich wurde ich aus der Schriftstellerkaste hinausgeworfen und verlor sogar jene minimalen Möglichkeiten (z. B. die Möglichkeit, eine noch so schlecht bezahlte Arbeit zu bekommen), die ich gehabt hatte, als ich noch Zimmermann oder Student war. Man hat mir erst praktisch, dann auch durch offiziellen Erlaß den Status des sowjetischen Menschen genommen und mich zum Feind des Sowjetsystems erklärt. Und durchaus zu Recht. Denn sobald ich mit dem Verstand erkannt hatte, daß in der Sowjetunion Gesetze immerhin existieren, vergaß ich das, was ich vorher intuitiv gewußt hatte: daß es in der Sowjetunion überhaupt keine Gesetze gibt. Wichtig sind, wie ich schon an anderer Stelle gesagt habe, nicht die geschriebenen Gesetze, sondern die ungeschriebenen Verhaltensregeln.

In der Karnickelmaske

Die letzten Jahre in der Sowjetunion lebte ich ein recht seltsames und für manche, das muß ich schon sagen, nicht eben durchschaubares Leben. Ausgeschlossen aus dem Schriftstellerverband, war ich gewissermaßen für vogelfrei erklärt worden. Leute, die früher durchaus gern mit mir Umgang pflegten, hatten jetzt nicht nur meine Telefonnummer vergessen, sondern prallten bei einer zufälligen Begegnung auf der Straße vor mir zurück wie vor einem Pestkranken. Nein, natürlich nicht alle. Bei weitem nicht alle. Ich hatte Freunde, die verließen mich nicht einmal in den allerbedrohlichsten Tagen, obwohl man einigen zu verstehen gab, daß sie mit großen Unannehmlichkeiten zu rechnen hätten, sollten sie so wie früher mit mir verkehren. Diese Drohungen ignorierten sie keineswegs aus einem Drang zum Heroismus, sondern einfach, weil sie anständige Leute waren.

Doch begegneten mir auch Leute, die mich schlagartig nicht mehr wiedererkannten, nachdem ich bei der Sowjetmacht in Ungnade gefallen war. Einige hatten die Stalinschen Zeiten erlebt, als sogar eine oberflächliche Grußbekanntschaft mit einem Verfemten den Kopf kosten konnte. Vielleicht hatten sie gerade deswegen überlebt, weil sie sich rechtzeitig von einem Freund oder einem Bekannten, manchmal auch von Vater und Mutter abzuwenden verstanden. Man kann für solche Leute Verständnis und Mitleid haben, doch sie zu achten fällt schwer.

Ich entsinne mich einer Begegnung dieser Art. Es war in

der Poliklinik für Schriftsteller. Aus dem Schriftstellerverband hatte man mich schon ausgeschlossen, aus dem Literaturfonds auch, doch in der Poliklinik behielt man mich noch, und die Ärzte bestanden sogar darauf, daß ich mich der üblichen Gesamtuntersuchung unterzog, um meine Gesundheit zu kontrollieren. Eine Weile hatte ich mich davor gedrückt, war aber schließlich hingegangen.

Und da sitze ich nun auf der Bank vor dem Untersuchungszimmer.

Den Gang entlang kommt der Schriftsteller L. Sieht mich, geht zögernder, gerät augenscheinlich in Zwiespalt: soll er auf mich zukommen und mich begrüßen oder so tun, als hätte er etwas vergessen, umkehren und davonstürzen? Doch während er überlegt, gehen seine Füße mechanisch Schritt für Schritt weiter, er ist nun schon ganz nah. Jetzt wäre es dumm, zu tun, als hätte er mich nicht bemerkt. Und der Zweifel in seiner Miene ist jetzt anderer Art. Wie soll er mich begrüßen? In früheren Zeiten wäre er stehengeblieben und hätte gefragt: »Wie geht's, wie steht's?«, obwohl es ihn damals überhaupt nicht interessiert hätte. Jetzt interessiert es ihn schon, doch ihm entgegen kommt der Kritiker Z., und hinter ihm sitzt auf dem Stuhl der Dramatiker I. . . . . Als L. an mir vorübergeht, nickt er mir zu und macht sogar mit der Hand eine kaum merkliche Bewegung, als wolle er mir mannhaft seine Solidarität signalisieren. Doch zuletzt macht er diese Handbewegung so, daß der Kritiker Z. und der Dramatiker I. nicht daran zweifeln können: Es ist dieses lediglich ein Ausdruck landläufiger Höflichkeit, wie sie auch zwischen Menschen, die verschiedener Ansicht sind, möglich ist. Und sonst gar nichts.

Aus der entgegengesetzten Richtung kommt die Übersetzerin D., eine Dame recht würdigen Alters. Kennengelernt habe ich sie 1960, als ich noch nicht dreißig, sie aber schon knapp über sechzig war. Ich war gerade dabei, meine erste lange Erzählung zu beenden, und las meiner neuen Bekannten einige Kapitel daraus vor. Sie aber pflegte später im Scherz zu sagen, wir beide hätten unseren Weg in die Literatur zusammen angetreten. Und da geht sie nun vorbei:

»Tag!« sage ich.

»Tag!« erwidert sie mir wie einem, den man flüchtig kennt, doch nach ein paar weiteren Schritten bleibt sie stehen und kommt zurück. »Ach Woloditschka, mein Lieber, guten Tag, guten Tag, ich sehe so schlecht, ich habe Sie nicht erkannt.« Und mit leiser Hoffnung, daß es nicht gefährlich ist, mit mir zu reden, fragt sie: »Aus dem Literaturfonds hat man Sie also nicht ausgeschlossen?«

»Doch, das hat man. Aber in der Poliklinik hat man mich noch behalten. Die Ärzte bestehen sogar jetzt auf einer Gesamtuntersuchung, obwohl ich sie gar nicht will.«

Sie ist fast entsetzt.

»Sind Sie denn auch gegen eine medizinische Untersuchung? Warum? Hier sind einfache Ärzte. Sie untersuchen Sie, machen Kardiogramm, entnehmen Proben für Analysen. Ich verstehe, wenn Sie um irgendwelche Rechte kämpfen, aber gegen die Medizin!?«

»Um Gottes willen!« sage ich. »Soweit gehe ich wirklich nicht, gegen eine medizinische Untersuchung zu kämpfen. Nein, hatte einfach keine Lust.«

»Ach, Woloditschka, ich bin sechsundsiebzig, ich möchte einen leichten Tod haben. Jetzt hat man mich nach Amerika eingeladen. Ich würde gern dahin fliegen, und auf dem Rückflug...«

Sie stellte mit einer Handbewegung den Absturz des Flugzeugs dar.

»Keine falschen Hoffnungen«, sage ich, »das ist nicht so einfach. Das Flugzeug fliegt hoch und fällt lange.«

»Woloditschka, reden Sie's mir nicht aus, ich habe nachgeforscht. Man wird sofort bewußtlos, und danach fühlt man nichts mehr. Wissen Sie, ich denke oft an Sie, rufe aber nie an, nicht, weil ich Sie vergessen habe, sondern weil ich jetzt geschont werden muß. Ja, ja, Woloditschka, mich muß man schonen, weil jetzt eine sehr große Übersetzung aus dem Englischen von mir herauskommen soll.«

Der bekannte Humorist E. geht vorüber. Grüßt meine Gesprächspartnerin, bemerkt mich, grüßt auch.

»Guten Tag, Tolja«, sagt die Übersetzerin, »freut mich sehr, Sie zu sehen. Wolodja und ich unterhalten uns einfach so über das Leben. Keine Politik, absolut keine. Wir haben unseren Weg in die Literatur zusammen angetreten.«

»Dafür beenden Sie ihn getrennt«, witzelt der Humorist und geht weiter.

Mit seinem übereilten Abgang erinnert er die gute Alte quasi daran, daß es nicht ganz ungefährlich ist, mit mir zusammenzusitzen, doch ein Anlaß, einfach aufzustehen und zu gehen, ist nicht in Sicht, und ohne Anlaß zu gehen ist doch irgendwie peinlich.

»Wissen Sie, Woloditschka, ich bin sechsundsiebzig, doch bin ich noch klar im Kopf. Ich kann mich an alles erinnern. Weiß noch, wie wir beide in Peredelkino* wohnten, wie wir auf der Terrasse saßen, wie Sie mir die ersten Exemplare meines im Verlag ›Goslit‹ erschienenen Büchleins aus der Stadt brachten. Warum rufen Sie mich nie an? Meine Nummer ist leicht zu behalten.« (Sagt die Nummer.)

»Aber ich muß geschont werden. Sie wissen doch, ich habe vor denen Angst. Ich habe alles überlebt: Hunger, Zerstörung. Von Politik verstehe ich überhaupt nichts. Ich habe weder Marx noch Lenin, noch Stalin jemals gelesen.«

»Ich auch nicht.«

»Ihrem Alter nach müssen Sie sie gelesen haben. Ach, Woloditschka, wenn Sie wüßten, wie sehr ich mich vor denen fürchte! Einmal mußte ich bei denen im Gang eine Weile sitzen, und sie führten an mir vorbei einen Mann, die Revolvermündung im Nacken. Das ist so furchtbar!«

* Peredelkino – ländlicher Vorort von Moskau, in dem vorwiegend Literaten und Künstler leben (Anm. d. Übers.).

»Das ist ohne Zweifel furchtbar«, stimmte ich zu, »aber nicht furchtbarer, als in einem fallenden Flugzeug.«

»Nein, nein, Wolodja, erzählen Sie mir nichts. Im Flugzeug, ich sag's Ihnen doch, da wird man bewußtlos, und dann ist alles ganz einfach.«

»Hier ist der gleiche Effekt. Man zielt auf Sie mit dem Revolver, Sie werden bewußtlos, und dann ist alles ganz einfach.«

»Ach, Wolodja, immer machen Sie Späße. Haben Sie denn noch Kraft für Späße?«

»Nein, ich spaße nicht. Sobald man mit dem Revolver nach Ihnen zielt, werden Sie . . .«

»Ach, hören Sie auf, Wolodja. Rufen Sie mich unbedingt an. In den nächsten Tagen besucht mich ein verrückter Amerikaner, er möchte Sie übersetzen. Aber vergessen Sie nicht, ich muß geschont werden.«

»Dann rufe ich lieber nicht an.«

»Ja, wird wohl besser sein, nicht anzurufen.«

Sie fährt flüsternd fort: »Kommen Sie einfach so, ohne Anruf. Obwohl . . . wir haben doch unten die Liftfrau sitzen . . .«

»Keine Sorge wegen der Liftfrau, ich komme maskiert.« Das irritiert sie.

»Maskiert? In was für einer Maske?«

»Sie wissen doch, wie es bei Wyssozkij* in dem Lied heißt: ›Verteilt die Masken flinker: Karnickel, Elefanten, Trinker . . .‹ Und ich habe nun eben die Maske eines Karnickels. Hab' sie meiner Tochter zu Silvester gekauft. Mit so großen Ohren. Ich setze sie auf und komme. Fragt man später die Liftfrau, wer bei Ihnen zu Gast war, wird sie sagen: ›Ein Karnickel.‹«

»Wolodja, machen Sie sich nicht lustig über mich, ich bin alt. Wissen Sie, dieser Amerikaner, den ich jetzt übersetze, der schreibt mir, er müsse dauernd zugunsten

* Wladimir Wyssozkij (1937–1980), einer der populärsten Liedermacher und -sänger der UdSSR (Anm. d. Übers.).

irgendwelcher Russen, die verfolgt werden, öffentlich auf-
treten. Und ich habe ihm geschrieben: ›Um Gottes willen,
nehmen Sie nur ja niemanden in Schutz, sonst wird es nur
noch schlimmer.‹«

»Für wen wird es schlimmer?«

»Für alle, für alle.«

»Ja, aber es gibt Leute, denen geht es jetzt schon so
schlecht, daß es schlimmer wohl kaum werden kann.«

»Wolodja, für alle wird es schlimmer, glauben Sie mir.
Vergessen Sie nicht, die haben eine Armee, eine Flotte, die
haben diese . . . wie heißen sie . . . Atomsprengköpfe.«

»Was sollen uns beiden die Atomsprengköpfe. Uns genügt ein einziger Revolver oder ein einziges abstürzendes
Flugzeug . . .«

Ich konnte nicht zu Ende sprechen, weil ich zum Arzt
gerufen wurde. Als ich herauskam, saß die alte Frau nicht
mehr vor der Tür.

Danach lebte ich in Moskau noch einige Jahre, habe
aber diese Übersetzerin nie wieder getroffen. Aus der Poliklinik der Schriftsteller schloß man mich schließlich doch
aus, und die alte Frau zu besuchen oder sie wenigstens anzurufen, wagte ich nicht. Um so mehr, als sie ja gebeten
hatte, sie zu schonen. Ich ging auch nicht zu ihr, als sie
achtzig wurde. Und auch nicht, um mich zu verabschie-
den, als ich wegfuhr.

Sie lebt übrigens noch, ist auch, wie ich gehört habe, in
Amerika gewesen. Und das Flugzeug, mit dem sie geflogen ist, ist nicht abgestürzt . . . Weder auf dem Hin- noch
auf dem Rückflug. Und ich freue mich sehr darüber, denn
ich denke mir, daß nicht alle Fluggäste ihre acht Jahrzehnte
gelebt haben dürften. Also sollen sie noch weiterleben, solange es geht. Und auch der alten Frau wünsche ich, sie
möge noch leben, noch arbeiten. Weil sie nämlich eine
sehr talentierte Übersetzerin ist.

Der wahre Parasit

Während meiner letzten Jahre in der Sowjetunion hatte ich
viele Unannehmlichkeiten verschiedenster Art, die alle damit zusammenhingen, daß man mich aus dem Schriftstellerverband ausgeschlossen hatte – wegen Betätigungen,
die mit dem hehren Titel eines sowjetischen Schriftstellers
unvereinbar waren. Meine Betätigungen waren aus zwei
Gründen mit diesem hehren Titel unvereinbar: Erstens
schrieb ich nicht ganz das, was die Partei und die Regierung von mir erwarteten, und zweitens verteidigte ich
Menschen, die man, wie es so schön heißt, wegen ihrer
Überzeugung eingesperrt hatte, oder anders formuliert –
wegen nichts und wieder nichts.

Nun versteht es sich von selbst, daß die sowjetischen
Behörden derartige Verbrechen nicht verzeihen konnten
und daß sie mich nicht nur aus dem Schriftstellerverband
ausschließen, sondern mich auch noch durch zusätzliche
Strafandrohungen unter Druck setzen mußten, z. B. durch
die Anschuldigung des Schmarotzertums. Man warf mir
also vor, daß ich nirgends arbeite und nur auf Kosten des
Volkes lebe, das derartige Parasiten nicht zu ernähren
wünsche.

Und so kam es dazu, daß mich unser Revier-Milizionär
Iwan Sergejewitsch Strelnikow aufzusuchen begann. So
ein hochgewachsener, grauhaariger und übrigens sehr höflicher Mann. Er kommt also zu mir, dringt nicht gewaltsam
ein, sondern klingelt und fragt höflich: »Ist es gestattet,
Wladimir Nikolajewitsch?« – »Nun, natürlich ist es gestat-

tet. Dem einen oder anderen ist es vielleicht nicht gestattet, Ihnen aber immer.« Er ist aber nicht nur ein höflicher Mensch, er ist auch schüchtern, kommt ins Zimmer und nimmt seine Mütze ab. »Setzen Sie sich, Iwan Sergejewitsch«, sage ich. »Nein, nein, ich stehe lieber.« Da ich ebenfalls ein höflicher Mensch bin, bestehe ich auf meiner Bitte.

Iwan Sergejewitsch setzt sich schließlich auch auf den Rand eines Stuhles, und es beginnt das folgende Gespräch: »Also, Wladimir Nikolajewitsch«, druckst der Revier-Milizionär herum, »entschuldigen Sie bitte, ich bin natürlich nicht von selbst zu Ihnen gekommen; man hat mich geschickt, weil man gern wüßte, ob Sie irgendwo arbeiten.« – »Aber gewiß, natürlich arbeite ich.« – »Ja, aber wo arbeiten Sie?« – »Hier, genau hier arbeite ich.« Und dann er: »Wieso arbeiten Sie hier, als was arbeiten Sie hier – wenn das kein Geheimnis ist?« – »Das ist überhaupt kein Geheimnis«, sage ich, »und zwar nicht nur für Sie, Iwan Sergejewitsch, sondern es ist für niemanden ein Geheimnis – ich arbeite hier als Schriftsteller.«

»Ja«, sagt er, »als Schriftsteller? Aber ich hörte doch, Wladimir Nikolajewitsch, daß man Sie, mit Verlaub, aus dem Schriftstellerverband ausgeschlossen hat.« – »Ja«, sage ich, »man hat mich ausgeschlossen. Lew Tolstoj hat man seinerzeit sogar aus der Kirche ausgeschlossen – na und?« – »Nun, Wladimir Nikolajewitsch, ich weiß nicht, wieso man damals Tolstoj ausgeschlossen hat, aber Sie jedenfalls sollten einen richtigen Arbeitsplatz haben.« – »Ja«, sage ich, »an und für sich habe ich einen richtigen Arbeitsplatz. In unserer Verfassung steht geschrieben, daß jedermann das Recht auf Arbeit im selbstgewählten Beruf hat. Ich habe mir meinen Beruf schon vor langer Zeit ausgewählt, und genau in ihm arbeite ich auch.«

»Das ist alles recht und schön, aber wenn Sie arbeiten, muß doch auch irgendein Beweis dafür da sein.« – »Nun«, sage ich, »Beweise dafür habe ich so viele Sie wollen. Sehen Sie diese Bücher hier, sie alle tragen meinen Namen. Ohne Arbeit schreibt man keine Bücher.« Er sieht sich die Bücher an, man muß schon sagen, durchaus ehrfurchtsvoll. Im Herzen stimmt er wohl auch darin mit mir überein, daß ein Schmarotzer keine Bücher schreibt; das Ganze ist ihm wohl auch recht peinlich, aber dennoch sagt er: »Bücher, Wladimir Nikolajewitsch, sind natürlich schön und gut, aber ich brauche eine Bescheinigung.«

Gut, ich erkläre ihm also, daß in unserer äußerst demokratischen Verfassung über Bescheinigungen überhaupt nichts gesagt ist. Da wäre nur davon die Rede, daß der Mensch ein Recht auf Arbeit habe, und wenn man schon herumzunörgeln beginne, dann müsse man auch sehen, daß es ein Recht und keine Verpflichtung sei.

Diese Gespräche mit dem Revier-Milizionär zogen sich über vier Jahre hin, manchmal übrigens mit großen Pausen. Und nicht immer verliefen sie so ruhig, wie ich es eben beschrieben habe. Manchmal wurde ich sehr ärgerlich. »Iwan Sergejewitsch«, sagte ich, »schämen Sie sich denn überhaupt nicht, zu mir zu kommen? Ist es Ihnen nicht peinlich, einem Schriftsteller Parasitentum vorzuwerfen, dessen Bücher in einer Auflage von mehreren hunderttausend Exemplaren gedruckt und in drei Dutzend Sprachen übersetzt wurden? Und wenn diese Bücher Ihnen schon nichts bedeuten sollten, dann nehmen Sie doch vielleicht zur Kenntnis, daß ich auch Lieder geschrieben habe, die von Ihnen, Ihren Kindern und fast von der gesamten Bevölkerung der Sowjetunion gesungen wurden. Und sollte Ihrer Ansicht nach auch das nicht zählen, dann könnte Sie vielleicht die Tatsache, daß ich von meinem elften Lebensjahr an in Kolchosen, in Fabriken und auf dem Bau gearbeitet und vier Jahre als Soldat in der Sowjetischen Armee gedient habe, davon überzeugen, daß ich kein Parasit bin. Oder genügt Ihnen auch das noch nicht?«

Der Mann vom Revier war völlig verwirrt und wurde nun selbst nervös. »Aber Wladimir Nikolajewitsch, ich persönlich hege für Sie die größte Hochachtung. Doch was soll ich denn machen, man schickt mich doch.«

Letzten Endes blieben alle diese Gespräche für mich sozusagen ohne Folgen, da sich die Behörden doch nicht entschließen konnten, mich offiziell zum Parasiten zu erklären. Inoffiziell hatte man mich jedoch schon viel früher in die Kategorie der Parasiten eingereiht, und das lange bevor ich meine Arbeitsbescheinigung verlor. Damals diente ich noch als Soldat, und wir wurden recht schlecht verpflegt. Wenn wir uns dann beschwerten, sagte man uns, wir wären Parasiten, die keinerlei materielle Werte produzierten und nicht einmal die acht Rubel (in heutiger Währung achtzig Kopeken) verdienten, die das Volk täglich für uns aufwende.

Und da wir, wie man so schön sagt, pflichtbewußte Soldaten waren, machten wir uns diese Ansicht zu eigen, obwohl sie mir heute reichlich idiotisch erscheint. Denn wenn das Volk zu seiner Verteidigung tatsächlich Soldaten braucht, dann muß es für sie auch so wie für normale Glieder der Gesellschaft sorgen. Und wenn es sie nicht braucht – wozu gibt es sie dann überhaupt?

Schon gar nicht zu reden von den Schriftstellern. Dem Schriftsteller wird immer vorgeworfen, er sei ein Parasit, lebe auf Kosten des Volkes, habe dem Volk dankbar zu sein, habe dem Volk zu dienen, habe Bücher über das Volk und für das Volk zu schreiben. Das heißt, vor allem über die Arbeiter und Bauern. Doch dies ist alles dummes Zeug.

Ich selbst habe sowohl über Arbeiter als auch über Bauern geschrieben, doch ich weiß auch, daß der Mensch, der Bücher liest, diese nicht nach der Klassenzugehörigkeit ihrer Helden beurteilt, sondern danach, ob das Geschriebene interessant ist oder nicht. Der normale Leser, und das ganz unabhängig davon, ob er Arbeiter, Kolchosbauer oder Akademiker ist, liest lieber einen spannenden Roman über den Grafen von Monte Christo oder über La Reine

Margot, als etwas Stumpfsinniges über seine Klassenkampf-Brüder in der Art der »Brüder Jerschow«.

Wollte man der Logik jener folgen, die den Schriftstellern vorschreiben, wie und für wen sie schreiben müssen und wer was zu lesen hat, dann müßten Spionageromane nur von Spionen, Tschechows Erzählung »Kaschtanka« jedoch nur von Hunden gelesen werden.

Natürlich lebt der normale Schriftsteller stets im Bewußtsein seiner Verpflichtungen gegenüber Volk, Land und Gesellschaft. Aber diese Verpflichtung nimmt er freiwillig auf sich. Ein Schriftsteller, der Verpflichtungen erfüllt, die von oben durch die Partei dekretiert werden, ist kein Schriftsteller, sondern ein Schreiberling. Und während er seinen Verpflichtungen nachkommt, muß der Schriftsteller keineswegs immerzu irgend jemandem dafür dankbar sein, daß er ihn ernährt. Er schafft geistige Werte, die die Gesellschaft nötig hat und deren Preis nicht in Rubel auszudrücken ist.

Übrigens sind diese Werte tatsächlich auch in Rubel meßbar. Ist doch jedes Buch, abgesehen von allem anderen, auch eine reale Ware, die man in der Hand halten, kaufen und auch verkaufen kann, und das manchmal sogar recht vorteilhaft. Viele Bücher erscheinen in enormen Auflagen und bringen ihren Verlegern enorme Gewinne. Enorme Gewinne würden dem sowjetischen Staat auch die Bücher einiger von ihm vertriebener Schmarotzer bringen. Doch dann müßte man offenbar irgend jemand anderen als Schmarotzer bezeichnen.

Die moderne Gesellschaft ist ein kompliziertes Gebilde. Sie braucht Arbeiter und Bauern, Ingenieure und Ärzte, Lehrer, Künstler und Schriftsteller, kurz und gut, sie braucht alle. Die Erfahrung lehrt uns, je mehr Menschen des einen oder anderen Volkes unmittelbar mit der Produktion von Lebensmitteln beschäftigt sind, um so weniger gibt es dort von diesen Lebensmitteln. Und weiter: Je mehr sich die Regierung eines solchen Landes mit der

Kunst anlegt, um so weniger gibt es dort wiederum diese Lebensmittel.

Ich wiederhole nochmal: die moderne Gesellschaft braucht alle. Und niemand ernährt irgendwen. Oder – alle ernähren alle. Das allerdings mit einer Ausnahme. In der Sowjetunion gibt es, wie schon oben erwähnt, eine Kategorie von Menschen, die weder materielle noch geistige Werte schaffen, sondern lediglich in Versammlungen herumsitzen, in die Hände klatschen und Anweisungen erteilen, wie der Bauer sein Korn zu säen und der Schriftsteller seine Bücher zu schreiben hat. Und diese Menschen sind meiner unerleuchteten Ansicht nach die wahren Parasiten.

Einheimische Währung

Das Abschiednehmen dauerte einige Tage, und all diese Tage wurde ich das Gefühl nicht los, auf meiner eigenen Beerdigung zu sein.

Es kamen Freunde, Bekannte, flüchtig bekannte und uns ganz unbekannte Leute. Aus der letzten Kategorie sind mir zwei junge Männer von terroristischem Aussehen im Gedächtnis geblieben. Wegen vermuteter geheimer Mikrofone wollten sie nicht laut sprechen, sondern reichten mir einen Zettel, auf dem stand, ihre Untergrundorganisation müsse dringend einen ihrer Leute in den Westen entsenden und ich solle für diesen Mann eine Braut ausländischer Herkunft beschaffen. Ich habe keine Ahnung, ob sie wirklich die Illusion hegten, Widerstandskämpfer zu sein, ob sie eine Abart von Heiratsschwindlern waren oder ob es eine der letzten Provokationen des KGB war. Wer sie auch sein mochten, helfen konnte ich ihnen auf keine Weise, weil ich zur Zeit gerade keine brauchbare ausländische Braut zur Verfügung hatte, was ich ihnen auch mitteilte. Ungläubig und enttäuscht gingen sie schließlich.

Der Leiche durfte die letzte Ehre erwiesen werden, und der Strom der Besucher setzte am frühen Morgen ein und versickerte weit nach Mitternacht. Die morgendlichen Besucher kamen einzeln oder in kleinen Gruppen, benahmen sich leise, saßen da mit Trauermienen und redeten halblaut, wie es sich in der Nähe eines Verblichenen geziemt. Doch gegen Abend wurde der Strom stärker, immer häufiger hörte man durch die Wand das Zuschlagen der Lifttür, meistens ertönte gleich darauf die Wohnungsklingel, und zu guter Letzt wurde es in den Zimmern so voll, daß man kaum noch durchkam. Die abendlichen Besucher erschienen auch mit Trauermienen, aber das Gedrängel, die Vielzahl der Leute und der Wodka taten unweigerlich ihre Wirkung, die Besucher wurden lauter und lauter, wie es ja auch bei einem Leichenschmaus ist, wenn die Anwesenden in Stimmung kommen.

Jedoch – alles geht vorüber. Vorüber ging der Strom der Besucher, vorüber ging der Abschiedsabend, den die Lyrikerin Bella Achmadulina zusammen mit dem Maler Borja Messerer in seinem riesigen Atelier auf dem Arbat für uns veranstalteten, und unser letzter Tag brach an.

Kurz nach sechs Uhr morgens verließen wir – meine Frau Ira, meine Tochter Olja und ich – erschöpft vom endlosen Abschiednehmen und der schlaflos verbrachten Nacht unsere Wohnung, gingen hinaus in die Finsternis eines Moskauer Dezembermorgens, wo uns eine Menschenmenge erwartete, wie sie auch bei Leichenbegängnissen den Sarg zu erwarten pflegt. Wie es in solchen Fällen gewöhnlich ist, bestand die Menge aus nahestehenden und nicht nahestehenden Menschen, aus Leuten, denen man fast täglich begegnete, und solchen, die vielleicht seit einigen Jahren nicht mehr aufgetaucht, jetzt aber gekommen waren, um Abschied zu nehmen.

Schweigend standen die Freunde und sahen zu, wie wir zum letzten Mal aus unserer Haustür hinaustraten.

Schweigend standen die Nachbarn, die heimlichen und die aktiven Sympathisanten und Mitwirkenden in dem ziemlich unsinnigen Zweikampf, der vor sieben Jahren in diesem Hof stattgefunden hatte und als »Iwankiade«* weit über dessen Grenzen bekannt geworden ist.

Schweigend standen Iras ehemalige Schüler, jetzt Stu-

---

* Woinowitschs satirischer Bericht über seinen Kampf um die eigene Wohnung, die sein Nachbar, der KGB-Oberst Iwanjko, ihm kraft seines Amtes wegnehmen wollte (Anm. d. Übers.).

denten oder schon mit ihrem Studium fertige, fast erwachsene Leute.

Irgendwie ist in meinem Gedächtnis haften geblieben, wie der Schauspieler des Theaters »Sowremennik«, Walja Nikulin, sich aus der Menge löste und auf uns zukam. Vor sieben Jahren, als man mich aus dem Schriftstellerverband ausgeschlossen hatte, rief er mich an und sagte, er käme bestimmt in der allernächsten Zeit vorbei; doch er kam nicht (und hätte es auch gar nicht gemußt, unsere Bekanntschaft war recht flüchtig), doch jetzt war er da, und in Eile umarmten wir uns.

Die Zeit wurde knapp, die Türen der Autos knallten, und unsere seltsame Wagenkolonne, die sich aus Shigulis und ausländischen Wagen zusammensetzte, raste zum Flughafen Scheremetjewo.

Die Periode des merkwürdigen, widernatürlichen Widerstandes eines einzelnen gegen einen Staat, der rücksichtslos dagegen anging, der weder an Kraft noch an Zeit noch an den Gehältern für die am Kampf beteiligten Mitarbeiter der Geheimdienste sparte – diese Periode ging nun zu Ende.

Und es begann der letzte Akt. Unser bescheidenes Gepäck (wir hatten vier Koffer dabei, einer enthielt nur die Spielsachen unserer Tochter) wurde von einer ganzen Brigade von Zöllnern kontrolliert. Sie prüften jeden Gegenstand, jeden Schuh einzeln, jede Puppe von Olja wurde in den Röntgenapparat gesteckt. Sie suchten gar nichts Bestimmtes – außer vielleicht einen Anlaß, uns zum letzten Mal zu demütigen. Sie ließen immerhin alles durch. Die Medaille der Bayerischen Akademie der Schönen Künste, auf deren Einladung ich nach München ausreiste, erregte Aufmerksamkeit. Sie überlegten hin und her, holten sich irgendwo Rat und ließen sie doch passieren.

Ich benahm mich indifferent. Mir war auch wirklich alles egal. Die Kontrolle näherte sich dem Ende, zwei unserer Koffer rollten bereits ein abschüssiges Förderband hinab, als man mich plötzlich heranrief und um meine Unterschrift auf einem Formular bat. Ich fragte, was ich denn unterschreiben müsse.

»Sie müssen bestätigen, daß Ihr Manuskript beschlagnahmt worden ist.«

Ich staunte: Was für ein Manuskript? Man zeigte mir einen Stapel ausgeblichenes, vergilbtes Papier. Es war ein Kapitel aus einem meiner schon längst publizierten Bücher, das ich seinerzeit weggelassen, inzwischen aber auf anderem Weg über die Grenze geschafft hatte. Wahrscheinlich war ich in diesem Augenblick nicht in ruhigster Verfassung, denn ich schmiß ihnen auf der Stelle ihre Formulare zurück, während die Zunge schon die unbedachten Worte formte:

»Gut, in diesem Fall kehre ich nach Hause zurück.«

Ich griff nach dem dritten Koffer, den einer der Zöllner schon zum Förderband tragen wollte, und trat an die Sperre, die uns von den zurückbleibenden Freunden trennte.

Irgendein Mann in Zivil verstellte mir mit ausgebreiteten Armen den Weg.

»Halt, warten Sie!«

Ich stellte den Koffer ab und trat an den dienstältesten Zöllner:

»Schämen Sie sich denn nicht, sich hier vor den Augen all der Leute zu blamieren? Wegen der paar Blatt Papier! Glauben Sie denn wirklich, ich würde etwas Wertvolles durch Ihre Hände gehen lassen?«

Und plötzlich – was war denn? Ich traute meinen Augen und Ohren nicht. Der Zöllner wurde rot, senkte den Blick und sprach überdeutlich, fast Silbe für Silbe:

»Die Zollkontrolle Ihres Gepäcks ist abgeschlossen. Der Zoll hat Ihnen gegenüber keinerlei Forderungen.«

Ich war irritiert. Ich hatte doch gedacht, sie seien hier alle vom KGB, die einen in der Uniform der Zöllner, die anderen in Zivil. Und da stellte sich nun heraus, daß ich ihn mit denen in einen Topf werfe. Ich trat zurück. Ein KGB-Mann im Regenmantel rannte mit seinem »Walkie-Talkie« in eine entfernte Ecke und sprach dort rasch und erregt hinein. Mit wem beriet er sich da? Mit der Lubjanka?* Am Sonntag, am frühen Morgen? . . .

Meine Frau sagte zu dem anderen KGB-Mann, der neben uns stand:

»Was regt ihr euch auf? Ihr werdet die Papiere ja doch zurückgeben.«

»Und wir geben sie nicht zurück, um nichts in der Welt geben wir sie zurück«, erwiderte der wütend.

Der Mann mit dem Funkgerät näherte sich uns wieder. Ich stellte mich ihm in den Weg.

»Was rennst du denn bloß herum mit dem Ding da? Was brabbelst du da hinein? Schämst du dich nicht?«

»Aber ich kann nichts dafür!« schrie er nervös.

»Quatsch«, sagte ich. »Genau du kannst dafür. Der da«, ich zeigte auf den Zöllner, »der kann vielleicht wirklich nichts dafür. Du aber, du kannst dafür.«

»Ich kann gar nichts dafür«, wiederholte er und stürzte davon.

Ich hatte den Eindruck, daß auch ihm die Situation peinlich war.

Das wirkte auf mich ernüchternd, ich beruhigte mich. Und begann darüber nachzudenken, warum ich diesen Skandal angezettelt hatte. Inzwischen waren unsere ersten beiden Koffer aus der Versenkung wieder aufgetaucht. Ein Arbeiter kam heran und sagte schadenfroh, er glaube, die Motoren seien angelassen und das Flugzeug startbereit. Aus der Gruppe der mich begleitenden Freunde hörte ich die Stimme eines von ihnen:

»Wolodja, was treibst du? Eine zweite Chance wird es nicht geben!«

Ich wußte ja selber, die würde es nicht geben, ich bedau-

---

* Berüchtigtes Gefängnis in Moskau (Anm. d. Übers.).

erte schon, was da passiert war. Zum Teil widersprach es sogar meinen Prinzipien. An und für sich habe ich nicht viele Prinzipien, doch eines von ihnen ist durchdacht und eisern. Ich bemühe mich, nicht zu sagen, daß ich etwas tun oder etwas unterlassen werde, wenn ich nicht sicher bin, daß ich genau so handeln werde, wie ich gesagt habe. Und das zweite entspringt unmittelbar dem ersten. Wenn ich gesagt habe, ich mache das und das, so muß ich es auch machen. Und in dem gegebenen Fall erst recht. Ich hatte gesagt, ohne das Manuskript würde ich nicht abfliegen, und dieses Wort mußte ich halten. Ein dummes Wort, freilich, doch da war nichts zu machen. Jetzt, im nachhinein, denke ich, daß die KGB-Leute gar keine Chance hatten, nicht nachzugeben. Die Frage meiner Abreise war irgendwo hoch oben, wo sie gar nicht hinreichten, entschieden worden. Und sie besaßen gar nicht die Kompetenz, diese hoch oben gefällte Entscheidung umzustoßen. Doch damals habe ich das nicht genau wissen können und fühlte, ehrlich gesagt, daß ich mich einer Bagatelle wegen auf ein recht großes Risiko einließ. Doch mir blieb ja kein Ausweg ...

Ihnen blieb auch kein Ausweg, und sie gaben mir das Manuskript zurück. Um die Wahrheit zu sagen, empfand ich dabei doch einige Schadenfreude. Sie hatten mich demütigen wollen, und nun hatte ich sie gedemütigt. Allerdings wußte ich da noch nicht, daß mich eine nächste Prüfung erwartete.

Kaum waren wir den Blicken der zurückgebliebenen Freunde und ausländischen Korrespondenten entschwunden, als uns in irgendeinem Gang Zöllner und die Miliz wieder den Weg versperrten. Außer der Gepäckkontrolle mußten wir uns jetzt einer Leibesvisitation unterziehen. Eine Zöllnerin brachte meine Frau und die Tochter in eine Kabine und ließ sie sofort wieder gehen. Jetzt war ich an der Reihe. Wir betraten die Kabine zu dritt: ein dicker Zöllner mit einem Stern im Knopfloch, ein Hauptmann der

Miliz, im Gegensatz zum Zöllner mager, mit bräunlich-lederner Gesichtshaut, und ich.

»Leeren Sie Ihre Taschen!« befahl der Zöllner.

Ich hatte beschlossen zu gehorchen.

Ich holte aus den Taschen alles hervor, was darin war: den Paß, einiges Geld, das ich gar nicht hatte verbergen wollen, bei der ersten Kontrolle hatte ich einfach daran nicht gedacht. Doch mein Geld interessierte den Zöllner nicht im mindesten. Denn die ihm gestellte Aufgabe war nicht, mich beim Valutenschmuggel zu ertappen, sondern mich zu demütigen. Das wurde mir klar. Doch wußte ich, daß er mich gar nicht demütigen konnte, weil er mir gleichgültig war. Ich wußte, ich konnte mich zur Wehr setzen, wahrscheinlich sogar ohne allzu großes Risiko, doch ich konnte mich auch ganz und gar fügen, ohne mich gekränkt zu fühlen. Und dazu eben entschloß ich mich – mich zu fügen. Er befahl mir, einen Stiefel auszuziehen – ich zog ihn aus. Vor mir hockend, steckte er die Hand hinein und tastete darin herum.

Und plötzlich sah ich vor mir nicht einen gestrengen Wächter, sondern einen gar nicht mehr jungen Mann, dick und kurzatmig.

»Hör mal«, sagte ich, ihn ganz bewußt duzend. »Was suchst du denn da? Eine Bombe?«

»Nein«, sagte er mürrisch, »keine Bombe.«

»Was denn sonst? Dein Gewissen?«

»Ziehen Sie den anderen Stiefel aus«, sagte er und steckte die Hand aus.

Ich zog den Stiefel aus, schmiß ihn an seiner Hand vorbei auf den Boden und sagte befehlend: »Heb auf!« Er hob ihn auf, fuhr wieder mit der Hand hinein. Reichlich wütend und schon wieder bereit, auf den Flug zu verzichten (obwohl das ja wirklich zu dumm gewesen wäre) sagte ich:

»Schämst du dich gar nicht, mich zu durchsuchen? Du weißt doch, ich bin kein Verbrecher, sondern Schriftsteller.«

»Ich habe ihre Bücher nicht gelesen«, erwiderte er einigermaßen aggressiv.

»Schäm dich, daß du sie nicht gelesen hast«, sagte ich.
»Und überhaupt, schau dich doch an. Was kriechst du
denn hier auf dem Boden herum? Du hast doch dein
menschliches Aussehen verloren. Ich an deiner Stelle
würde mich lieber erschießen, als hier diese Arbeit zu tun.
Was willst du denn noch von mir?«

Und plötzlich schrie er: »Nichts! Nichts!« und stürzte
aus der Kabine hinaus.

Erst dachte ich, er wollte jemanden zu Hilfe holen, doch
dann begriff ich, daß er einfach geflüchtet war. Weil er
sich schämte.

Ich war dabei, mir die Stiefel anzuziehen und begegnete
unverhofft dem Blick des neben mir stehenden Milizio-
närs, der verdattert guckte und nicht zu verstehen schien,
was vorgefallen war.

»Wohin ist er denn gegangen?« fragte er mich plötzlich
in einem einschmeichelnden Tonfall, wie man einen Vorgesetzten fragt.

»Weiß ich nicht. Vielleicht, um sich zu erschießen. Geh
du auch, erschieß dich.«

Ich dachte, der Milizionär würde wütend werden, doch
er brachte plötzlich ein klägliches Lächeln zustande und
fragte:

»Fahren Sie für lange weg?«

»Nein«, sagte ich. »Ich komme bald wieder.«

Dann rannten wir drei auf das Flugzeug zu, und ich
stieß noch, gegen wen auch immer, Verwünschungen aus,
eine Angestellte des Flughafens aber rannte uns nach und
rief immer wieder hysterisch: »Es ist doch zu Ihrer eigenen
Sicherheit! Es ist doch zu Ihrer eigenen Sicherheit!« Sie
rechtfertigte sich. Sie schämte sich auch.

Wir waren die letzten Fluggäste. Kaum hatten wir das
Flugzeug betreten, da schloß sich die Tür, und das Flugzeug setzte sich in Bewegung.

Als wir hoch genug waren, erschien die Stewardess mit dem Getränkewagen: Bier, Wodka, Cognak, Whisky, Gin. Ich nahm ein Gläschen Wodka und fragte, was es koste. Sie sagte: in Dollar soundso viel, in Westmark soundso viel.

»Und in Rubel?« fragte ich.

»Einheimische Währung nehmen wir nicht an«, sagte die Stewardess und wurde rot.

Ja, da heißt es: Scham ist kein Rauch, beißt nicht in den Augen. Ich denke aber, sie beißt doch. Und solange Menschen Scham zu empfinden vermögen, leben sie noch, sind sie noch Menschen. Und es ist also noch nicht alles verloren.

II. Friß und schweig

Literatur und Schriftsteller im sowjetischen Leben

U-Bahn-Station Aeroport

Fast im Zentrum Moskaus, unweit der U-Bahn-Station
Aeroport, stehen einige sieben-, acht- und sogar neunstök-
kige Häuser der höchsten Kategorie, was bedeutet, daß sie
nicht aus vorfabrizierten Stahlbetonblöcken, sondern aus
Ziegeln gebaut sind, und ferner, daß die Wohnungen hier
nicht kleinformatige »Behausungen« sind, sondern geräumige Zimmer und Küchen aufweisen, breite Korridore,
hohe Decken und vor dem Aufgang ein strumpfstricken-
des Liftmädchen, das jeden Eintretenden zuerst einmal mit
der Frage »Zu wem wollen Sie?« am Weitergehen hindert –
und dann auch noch nachprüft, ob Sie auch wirklich zu der
angegebenen Person und um Gottes willen nicht zu
irgendeiner anderen gehen.

Nach dem Mittagessen können Sie dann auch die Bewohner dieser Häuser zu Gesicht bekommen. Da flanieren
beispielsweise zwei Jahre und Jahresringe ansetzende Her-
ren in dünnem hellblauen Rollkragenpullover, Jeans und
mit Sonnenbrille durch die Gegend – ganz so, wie man
ehemals ausländische Spione darzustellen pflegte.

Da gehen sie also, schön gemächlich, die Hände hinter
dem Rücken verschränkt, und blicken gönnerhaft auf die
Umgebung, als existierte sie ausschließlich nur ihnen zum
Dank.

»Haben Sie meinen letzten Roman gelesen?« fragt der
eine den anderen.

»Nein, ich hatte noch keine Zeit«, bekennt der andere
schuldbewußt.

»Sehr bedauerlich«, rügt der erste sanft von oben herab.
»Sie sollten ihn unbedingt lesen – er wird Ihnen großes
Vergnügen bereiten. Im übrigen habe ich denen gründlich
die Meinung gesagt und sie total am Boden zerstört.«

»Wen? Die da?« fragt der Gesprächspartner flüsternd
nach.

»Wie – wen?!« trompetet der erste. »Die amerikanischen
Imperialisten, ist doch klar.«

Nach seinem selbstzufriedenen Ausdruck zu schließen,
ist er völlig davon überzeugt, daß die Lektüre seines Romans diese amerikanischen Imperialisten in gräßliche Ver-
wirrung stürzen wird.

Ihrem Gespräch nach zu urteilen, kann es sich nur um
Schriftsteller handeln. Nun könnte aber ein geübter Beobachter das schon ihrem Äußeren entnehmen – ihrem
selbstgefälligen Gehabe, den Brillen, Jeans und eben den
eng anliegenden Rollkragenpullis. Jeder Beruf hat seine
Kleidung: Die Parteifunktionäre laufen bei jedem Wetter
in dunklen Anzügen und Krawatten herum, die Maler tragen zerlumpte, farbenbekleckste Pullover und Baskenmüt-
zen, und die Schriftsteller ziehen ihrerseits Jeans und
dünne Rollkragenpullover an und vor.

In der Sowjetunion gibt es achttausend Mitglieder des
Schriftstellerverbandes, von denen die Hälfte in Moskau
wohnt. Drei Viertel dieser Hälfte wiederum sind in genau
jenen Häusern bei der Station Aeroport gemeldet. Hier
wohnen vor allem die gewöhnlichen Schriftsteller.

Nicht gerade die allerärmsten, sondern solche, die Geld
haben oder hatten. Diejenigen, die noch nie Geld hatten,
leben in den staatlichen Wohnungen der miesen Sorte.
Und die außergewöhnlichen, will sagen die Sekretäre des
Schriftstellerverbandes, leben in den staatlichen Wohnungen der besseren Sorte. Hier aber ... Es gibt zwar auch
hier wichtige Persönlichkeiten, die in staatseigenen Wolgas oder Tschaikas zum Dienst kutschieren, aber das ist
doch eher die Ausnahme. Hier haust im wesentlichen das

Fußvolk, und das fährt im eigenen Shiguli oder gar mit der U-Bahn.

Etwa die beiden Opas, die vor dem Haus auf dem Bänkchen sitzen. Worüber die sich wohl unterhalten? Doch nicht auch über ihre Romane oder Gedichte? Eher nein, die schreiben längst weder Romane noch Gedichte. Die leben von ihrer Pension, 120 Rubel im Monat, und verdienen ein wenig dazu, etwa durch Gutachten für irgendeine Zeitschrift oder einen Verlag. Vielleicht schreiben sie auch ihre Memoiren – wer beschäftigt sich denn heute nicht damit? – über ihre Begegnungen mit berühmten Menschen irgendwann einmal im Verlauf ihres Lebens. Aber nein, vermutlich mißbrauchen sie nicht einmal die Gattung der Autobiographie, sie sitzen einfach von zwölf Uhr an auf dem Bänkchen, unterhalten sich halblaut und äugen umher, ob da nicht einer mit verdächtig feinem Gehör auf dem Nachbarbänkchen Platz genommen hat.

Sie reden von dem, was sie am Vortag von Bekannten oder über BBC gehört haben. Es heißt, der neue Sekretär des Parteikomitees habe dasselbe getan wie der alte, nämlich die Parteikasse geklaut. Und jetzt erwarten den neuen die gleichen Unannehmlichkeiten wie damals den alten, das heißt, man wird ihm einen Verweis erteilen. Und an seine Stelle wird wieder der alte treten, weil dessen Verweis mittlerweile schon aufgehoben ist. Und Markow soll versucht haben, seine Nichte auf Kosten des Literaturfonds zu beerdigen, aber irgendein Wahrheitsfanatiker hat ihm das vermasselt. Und Wosnessenskij ist trotz des Skandals um den »Metropol«* wieder in die USA gereist. Angeblich war zwar der Schriftstellerverband dagegen, und Wertschenko soll vor lauter Wut persönlich mit dem Fuß aufgestampft haben, aber Wosnessenskij ist trotzdem abgereist. Weil nämlich der Senator Kennedy sein persönlicher Freund ist. Und Arthur Miller auch. Nun können aber

* 1979 in den USA erschienener Almanach Moskauer Autoren (Anm. d. Übers.).

weder Senator Kennedy noch Arthur Miller den Genossen Wertschenko anweisen, nicht mit dem Fuß aufzustampfen. Also muß Wosnessenskij in Moskau irgendeinen einflußreichen Freund haben, der ranghöher und vielleicht auch furchterregender ist als der Genosse Wertschenko.

Da sitzen die beiden Alten, hecheln alles durch, dreschen leeres Stroh, reden über Gott und die Welt und scheinen dabei kein Thema auszulassen. Sie reden über Polen, über die Dissidenten, über die Juden, die ausreisen, und die Antisemiten, die dableiben und neuerdings so en vogue sind, daß eine Dichterin kürzlich im Haus der Schriftsteller einen bekannten Dichter fragte: »Aber Jewgenij Michailowitsch, warum sind Sie eigentlich gegen den Antisemitismus?«

Ah ja, und gestern wurden im Literaturfonds Pelzmützen verteilt. Die *hervorragenden* Schriftsteller bekamen welche aus dem weichen, dichten Fell junger sibirischer Hirsche, die *bekannten* erhielten Ottermützen, die *populären* welche aus Fuchsfell, und den *gewöhnlichen* wurde Kaninchen zugeteilt. Einer hielt sich für bekannt und verlangte eine Ottermütze. Dem sagte man: »Genosse, Ihr Platz in der Literatur wird nicht von Ihnen festgelegt, sondern vom Sekretariat, also beklagen Sie sich dort.« Er ging also ins Sekretariat und bekam folgendes zu hören: »Uns tut es, das verstehen Sie doch, nicht ums Otterfell leid, aber Sie beteiligen sich zu wenig am gesellschaftlichen Leben.« Er versuchte zu widersprechen, doch wurde ihm dabei übel, und man brachte ihn ins Krankenhaus.

Und im Radio hatte es geheißen, Solschenizyn habe gesagt, es gebe in der Sowjetunion sieben Schriftsteller, die beschrieben das Landleben nicht schlechter als Turgenjew oder gar Tolstoi. Wen konnte er bloß damit gemeint haben? Abramow, Bjelow, Rasputin, Moschajew. Und wen noch? Solouchin? Nein, Salygin. Nein, doch wohl eher alle zwei. Und was meinen Sie? – fragen sie einen in ihrer Nähe auftauchenden Betrunkenen.

Der Betrunkene sieht sie aus tieftraurigen Augen an, ihr Streitgespräch interessiert ihn überhaupt nicht, er hadert mit seinem eigenen ungerechten Schicksal: Hatte er doch gehofft, die »Literaturnaja Gaseta« würde zu seinem sechzigsten Geburtstag ein halbes hundert Zeilen und ein Foto bringen, jetzt hingegen war es klar, daß es nur zu einer Notiz im »Moskauer Literator« reichen würde, und auch keine hundert Zeilen, sondern ganze acht, und ohne Porträt. Und im Literaturfonds hat man ihm eine Kaninchenmütze angetragen, die hat er aber abgelehnt.

Also antwortet er überhaupt nicht auf die ihm gestellte Frage, er geht weiter, heim, und verfaßt ein Schreiben »an Markov persönlich«: »Ich bitte mich vom heutigen Tage an nicht mehr als Mitglied des Verbandes sowjetischer Schriftsteller zu betrachten.« Seine Frau ist in heller Verzweiflung: »Komm zu dir, was stellst du bloß an! Du hast doch eine Tochter. Die fliegt aus dem Institut. Und dein Buch, an dem du vier Jahre gearbeitet hast! Jetzt wird man es nicht drucken.« »Macht nichts! Ich schick' es eben an Ardis* oder Possev**, die drucken es bestimmt.«

Er stößt seine Frau aus dem Zimmer, ruft seinen Freund an und deklamiert ausdrucksvoll die Erklärung: »Ich bitte mich vom heutigen Tag an nicht mehr . . .« Die Frau stürzt herein. »Petja, was machst du da bloß? Das Telefon wird doch abgehört!« Er zielt mit dem Hörer nach ihr: »Raus hier! Wage es nicht, dieses Zimmer zu betreten!« Die Frau flieht, in Tränen aufgelöst, aus dem Zimmer, die Tür knallt. Er unterbricht das Gespräch mit dem Freund: »Na ja, ist schon gut, ich ruf dich morgen an.« Morgen erwacht er mit dröhnendem Kopf und findet nirgends seine Erklärung – die hat seine Frau längst zerrissen und ins Klo befördert. Na ja, vielleicht hat sie doch nicht ganz unrecht. Die Tochter hat noch kein Diplom. Und an dem Buch hat

* Verlag für russische Literatur und Literaturwissenschaft in Ann Arbor, Michigan (Anm. d. Übers.).
** Russischsprachiger Verlag in Frankfurt/M. (Anm. d. Übers.).

er vier Jahre lang geschrieben. Und wer weiß, ob man es bei Possev drucken würde, vielleicht auch nicht, und wenn doch – was soll man danach tun? Und der »Moskauer Literator« hat sein Jubiläum ja doch vermerkt. Und Genosse Kobenko, den die Schriftsteller KGBenko nennen, hat persönlich ein Telegramm geschickt. Im übrigen – es läßt sich irgendwie leben. Es stimmt schon, gestern hat er am Telefon ein bißchen zu viel von sich gegeben, aber er hat das alles doch nicht in einer Versammlung und auch nicht ausländischen Korrespondenten gesagt! Dafür hätte man ihm früher einmal den Kopf abgerissen, aber jetzt macht das nichts, jetzt sind die Zeiten *liberaler*, jetzt verstehen alle alles. Der Mann hat eben eine Kränkung erlitten, na also, und da hat er sich vollaufen lassen, na eben, und hat dann die Frau verprügelt, stimmt schon, Überflüssiges gequatscht hat er auch, na ja, er liebt also die Sowjetmacht nicht – aber wer liebt sie denn schon?

Angeblich hat einmal der kleine Sohn Mussolinis den Vater beim Mittagessen gefragt: »Papa, was ist das – Faschismus?« Worauf der Vater die Stirn in drohende Falten legte und knurrte: »Friß und schweig!« Friß und schweig! Dergleichen ist doch der reinste Liberalismus!

In vergangenen Tagen, da konnte es schon geschehen, da saß man in der Versammlung, schwieg und tat niemandem etwas Böses. Und plötzlich vernimmt man, wie der Vorsitzende den eigenen Namen nennt. »Und nun wollen wir uns anhören, worüber Genosse Soundso schweigt.« Die schwach gewordenen Beine tragen den Genossen Soundso zur Rednertribüne, eine stockende Zunge lallt etwas über Ergebenheit der Partei und der Regierung und seiner eigenen Person dem Genossen Stalin gegenüber ... Worauf man ihm entgegenhält, nein, irgendwie trauen wir Ihnen nicht, irgendwie sprechen Sie das alles zu lustlos, als ob man Sie dazu zwingen würde, aber wir zwingen Sie ja nicht, na ja, Sie lieben die Sowjetmacht nicht, also sagen Sie das bitte offen, die Sowjetmacht wird auch ohne Sie

fertig werden, und Sie – Sie werfen wir raus, und Ihre Leiche wird auf dem Misthaufen der Geschichte modern.

Vor meiner Abreise aus Moskau geriet ich auf den
Friedhof von Nowodewitschje. Erst durchstreifte ich den
alten Teil, wo Gogol, Tschechow und Bulgakow liegen, so-
dann ging ich in den neuen Teil hinüber, wo vor allem die
Generäle und Marschälle begraben werden. Hier türmen
sich, einer höher als der andere, die Gedenksteine verehrter Verblichener. Mit naturalistisch gemeißelten oder ge-
gossenen Runzeln, Brauen, Wimpern, Orden, mit Aufschriften, in denen die Titel, Ämter und Auszeichnungen
des Toten aufgezählt werden. Es liegen hier Schriftsteller,
die in ihren Werken und in unserem Gedächtnis weiterleben, Twardowskij, Ehrenburg, Smeljakow ... Aber
sonst ... Da ruht unter seinem steinernen Abbild ein Lite-
raturmarschall, den die Zeit zum unbekannten Soldaten
degradiert hat. Und dabei war er doch jemand, der ein-
stens in Präsidien vorsaß, seine weniger erfolgreichen Mit-
brüder zerfetzte, nach ihrem Blut lechzte, seine Bücher in
riesigen Auflagen herausbrachte, einen unaufhörlichen
Strom von Auszeichnungen, Orden und Privilegien auf
sich zufließen sah und allmählich selbst glaubte, daß er all
dies durch seinen gewaltigen Beitrag zur Literatur verdient
hätte. Jetzt aber bleiben irgendwelche zufälligen Passanten
neben dem Gedenkstein stehen: »Wer ist der da?«

»Irgendein Schriftsteller.«

»Ach so.«

Da liegt er nun auf dem Misthaufen der Geschichte, zu
Recht vergessen.

Heute geht es auch bei den Versammlungen im Schriftstellerverband so zu wie auf einem Friedhof – leise und
langweilig. Das Schriftstellerfußvolk nimmt seine Plätze
ein, am Präsidiumstisch nehmen die Literaturgeneräle
Platz, Genosse Kusnezow tritt ans Rednerpult und leiert
seine Rede ab, als kaue er an Kaugummi: Während der Rechenschaftsperiode haben sich die Schriftsteller, beflügelt

von den Beschlüssen des und des Parteitages sowie von den Anweisungen des Genossen XY höchstpersönlich, fruchtbringend und enthusiastisch bemüht. In dieser Zeit sind erschienen ... Es folgt eine Aufzählung von Büchern, die entsprechend jenem Rang, Amt und Namen eingestuft werden, welche der Autor vorzuweisen hat. Unsere Leniniana wurden ergänzt, in der künstlerischen Gestaltung des kommunistischen Menschen wurden neue Seiten aufgeschlagen; leider befassen sich unsere Schriftsteller noch nicht ausreichend mit dem Thema der Arbeit, doch auch hier sind Fortschritte zu verzeichnen. Die Leitung des Schriftstellerverbandes ist von ständiger Sorge um die Festigung der Verbundenheit des Schriftstellers mit dem Leben erfüllt. So haben Schriftstellerbrigaden die Bautrupps der Baikal-Amur-Bahn aufgesucht, sie haben ihre Werke in den Nomadenzelten von Hirschzüchtern vorgetragen und sich am Subbotnik (der »freiwilligen« und unbezahlten Samstagsarbeit) im »Lichatschow«-Autowerk beteiligt.

Mit Literatur hat das immer weniger zu tun. Es geht nur noch um Reisen, Versammlungen, den *Friedenskampf* und ähnlichen Kram, der die Mehrzahl der im Saal Sitzenden gar nicht berührt, läßt man doch diese Mehrzahl zum Kampf für den Frieden, welcher untrennbar verbunden ist mit Auslandsreisen und folglich auch mit dem Heimschleppen kapitalistischer Tonbandgeräte und Küchenmaschinen, erst gar nicht zu.

Nun hat aber Genosse Kusnezow auch dieser Mehrheit Tröstliches zu berichten: So haben das Sekretariat und die Parteiorganisation ihre unablässige Sorge um Alltag und Gesundheit der Schriftsteller walten lassen. Während der Rechenschaftsperiode wurde ein neues »Haus schöpferischer Arbeit« (Schriftstellerheim) gebaut, die medizinische Betreuung verbessert, die Errichtung einer Datscha-Baugenossenschaft vorgesehen, die Vergünstigungen für Kriegsinvaliden erweitert, und soundso viele Schriftsteller kamen in den Genuß einer einmaligen Geldzuwendung.

Da sitzt du nun herum, hörst dir das an, und – na ja, vielleicht ist es nicht ganz so wie auf dem Friedhof, aber irgendwie doch wie in einem wohltätigen Heim für Arme, Alte und Sieche.

Der Stoff, mit dem solche Reden gefüttert sind, scheint für alle deutlich durch. Verhalte dich ruhig, folgsam, gehorche der Führung, und wenn du schon nicht über Gebiets- oder Bezirkskomiteesekretäre, Fabrikdirektoren oder Kolchosvorsitzende schreiben kannst, dann tu es wenigstens über Komsomolzen, Pioniere, die Natur, die Miliz, die Arbeiterklasse, und auch möglichst im richtigen Geist, nämlich: langweilig und optimistisch. Und alles wird bei dir in Ordnung sein, und das Buch werden wir irgendwann einmal herausbringen und dir eine kostenlose Einweisung ins Haus der schöpferischen Arbeit zukommen lassen, und auch im Krankheitsfall schießen wir zu, und dann, irgendwie, du wirst schon sehen, hast du auch schon die Pension geschafft. Friß und schweig!

Die Versammlung wird mit Wahlen abgeschlossen, die so vor sich gehen: Der Vorsitzende teilt mit, daß die Zeit gekommen sei, eine neue Führung zu wählen. Das Sekretariat, das Parteikomitee und das Moskauer Stadtkomitee der Partei schlagen die folgenden Genossen vor. Wer ist dafür? Die Hände fliegen hoch. Dann geht es im Eiltempo: Wer ist dagegen, wer enthält sich der Stimme? Niemand ist dagegen, keiner übt Stimmenthaltung. Das ist früher manchmal vorgekommen, aber jetzt haben solche Fälle entweder vergangene Fehler eingesehen, oder sie sind aus dem Schriftstellerverband ausgeschlossen und gelten als beschäftigungslose Parasiten, oder sie leben, so wie ich, im Ausland.

Nun tagen die Schriftsteller doch nicht nur oder verteilen Pelzmützen und Autos, sie schreiben doch wohl auch daneben noch Bücher? Nun, strenggenommen ist das gar nicht einmal nötig. Unter den führenden Mitgliedern des Verbandes gibt es auch tatsächlich solche Faulpelze, die nichts schreiben. Warum aber sollte man andererseits keine Bücher schreiben, wenn man dafür gut bezahlt wird?

Wie also ist ein Buch zu schreiben, damit man dafür gut bezahlt wird?

»Ich habe meinem Tolik«, sagte mir die Frau eines Schriftstellers, »schon ganz zu Beginn, als er erst mit dem Schreiben anfing, gesagt: Tolik, schreib möglichst langweilig, je farbloser und fader du schreibst, desto weniger Neider wirst du haben, desto leichter wirst du gedruckt werden.«

Eine kluge Frau. Und auch der Mann ist kein Dummkopf. Er hat auf den Rat seiner Frau gehört, schreibt irgend etwas über Geologen oder meinetwegen über Fischer, er schreibt langweilig, ragt vor dem allgemeinen Hintergrund nicht hervor, reizt niemanden und gibt ohne sonderlichen Kampf mit Redakteur und Zensor jahraus, jahrein ein Buch heraus.

Nun muß man aber wissen, daß ein Buch in der Sowjetunion nicht das gleiche bedeutet wie hier. Dort wird dafür Geld gezahlt, ganz unabhängig davon, ob es jemand liest oder nicht. Man zahlt für Umfang und Auflage. Und wenn nun der Umfang noch in irgendeinem Grad vom Autor abhängt, so hat auf die Auflage ausschließlich die Führung Einfluß. Bei der Festlegung der Auflage wird berücksichtigt, in welchem Maß das Buch vom Parteistandpunkt aus richtig ist. Je richtiger, desto langweiliger und desto höher die Auflage. Die dicksten und fadesten Bücher schreibt in diesem Sinn Georgij Mikejewitsch Markow, der Erste Sekretär des Schriftstellerverbandes der UdSSR, Mitglied des ZK der KPdSU, Deputierter zum Obersten Sowjet der UdSSR, zweifacher Held der Sozialistischen Arbeit und Leninpreisträger.

Als ich noch in Moskau im Kreis von gebildeten und am Literaturleben interessierten Menschen lebte, beschloß ich einmal, eine kleine soziologische Untersuchung anzustellen, und fing an, all meine Bekannten zu befragen, ob auch nur irgendeiner wenigstens ein Buch Markows gelesen hatte. Ich habe mindestens hundert Leute befragt, und es stellte sich heraus – nicht ein einziger hatte eine Zeile von Markow gelesen. Den ersten Menschen, der tatsächlich ein Markow-Buch kannte, traf ich in München.

Je interessanter ein Schriftsteller ist, je erfolgreicher bei seinen Lesern – desto zaghafter wird er gedruckt. Wenn aber ein Schriftsteller originell und von den anderen verschieden ist, sich etwa auch durch individuelle Schreibweise und in die Tiefe gehenden Inhalt auszeichnet, also schlicht durch Talent hervorsticht, dann – ja, dann mühen sich die Lektoren ganz besonders mit ihm ab in dem Versuch, sein Buch dem durchschnittlichen Niveau anzugleichen. Je weniger ihnen das gelingt, in um so geringerer Auflage wird dann das Buch erscheinen. Gelingt es gar nicht, wird das Buch eben auch gar nicht gedruckt.

Dem Schriftsteller mißfällt solches selbstverständlich, und er beginnt, sich zu beschweren und zu protestieren. Je mehr er aber protestiert, um so größeres Unbehagen lenkt er auf sich und um so geringer werden seine Chancen, verlegt zu werden. Wenn er sich fortan ruhig verhält, dann gibt man ihm schließlich eine Grundlage für ein Hungerleiderdasein, nämlich eine unqualifizierte Beschäftigung der Art, daß er die Manuskripte von Anfängern zu begutachten oder Rohübertragungen turkmenischer, jakutischer oder mongolischer Romane ins Russische zu übersetzen hat.

Fährt er aber fort und hört er mit dem Protestieren nicht auf oder, noch schlimmer, schickt er sein Manuskript ins Ausland, dann erklärt man ihn zum Feind der Sowjetmacht, zum Kriegsbrandstifter, Agenten der CIA, Faschisten, Schmuggler, Homosexuellen, man wirft ihn aus dem Schriftstellerverband hinaus, und nun nimmt sich seiner sehr hautnah schon eine andere Organisation an – die für staatliche Sicherheit, das KGB.

Genie und Frevel

Über Michail Sostschenko

Michail Michajlowitsch Sostschenko wäre am 10. August 1985 90 Jahre alt geworden. Ein Jubiläumsdatum. In der Sowjetunion wird es wahrscheinlich offiziell zur Kenntnis genommen werden. Jubiläumsversammlungen wird es kaum geben, doch Artikel werden vermutlich erscheinen. Geht doch nicht anders! Ein bedeutender sowjetischer Schriftsteller, ein Klassiker, hat das Spießertum gebrandmarkt, das uns daran hindert, irgendwohin voranzuschreiten. Möglich, daß etwas über Sostschenkos Humor, seinen unwiederholbaren Stil gesagt werden wird, daß man sich darauf besinnt, was Gorki über Sostschenko gesagt hat.

Doch warum sollte man nicht auch eines anderen Jahrestages gedenken, obwohl es freilich keine runde Jubiläumszahl ist?

Vor 39 Jahren, auch in den Tagen des Augusts, wurden Sostschenkos Verdienste weitschweifig und lautstark erörtert. Auf der Sitzung des Leningrader Parteiaktivs, auf der Versammlung Leningrader Schriftsteller und auf vielen anderen Sitzungen, Versammlungen und Besprechungen. Die Reden klangen äußerst emphatisch. Sostschenko sei ein Verleumder. Sostschenko lästere. »Sostschenko entrümpelt seine gemeine und niedrige Seele, und zwar mit Genuß, mit Wollust, in dem Bestreben, allen zu demonstrieren: Schaut nur, was ich für ein Lump bin! Es fällt schwer, in unserer Literatur etwas Widerwärtigeres zu finden als jene ›Moral‹, die Sostschenko in seiner Erzählung ›Vor Sonnenaufgang‹ predigt, indem er andere Menschen und auch sich selbst als lüsterne Tiere ohne Scham und Gewissen darstellt.«

Diese Worte über Scham und Gewissen sprach ein Mann, nach dem bis heute Straßen, Fabriken und Schiffe benannt sind; und sogar die Stadt Mariupol bekam diesen ekligen Namen – Schdanow. Ausgerechnet dieser Mann sprach über Scham und Gewissen, der in dem von der Blockade eingeschlossenen Leningrad, wo Tausende Hungers starben, Tennis spielte, um seine überschüssigen Pfunde loszuwerden. Ausgerechnet dieser scham- und gewissenlose Gehilfe Stalins maßte sich an, über die Künste zu befehligen; dieses Monstrum, das, wie die Fama behauptet, nur mit einem Finger auf dem Klavier spielte, belehrte Schostakowitsch und Prokofieff, wie sie Musik zu schreiben hatten.

Im August 1946 war er bis zur Musik noch nicht vorgedrungen, da drangsalierte er die Literatur. Sostschenko nannte er »Lump« und »Verleumder«, Anna Achmatowa* – ein »wildgewordenes Dämchen, halb Nonne, halb Hure«.

Schdanow hatte nur zwei Reden geschwungen, danach aber wurde, wie üblich, die Meute der Schriftsteller von der Kette gelassen.

Die Versammlung der Leningrader Schriftsteller leitete der aus Moskau angereiste Konstantin Simonow**. Schön anzusehen, verhältnismäßig jung (er war knapp über vierzig), mit leicht ergrautem Haar, stand er damals im Zenit seines Ruhmes; Autor berühmter Gedichte, Theaterstücke, Drehbücher und des Romans »Tage und Nächte«, Publikumsliebling und Stalins Liebling, mit Stalinpreisen und Orden überschüttet. Und obendrein fast ein Kriegsheld.

* Anna Achmatowa (1889–1966) eine der bedeutendsten russischen Dichterinnen dieses Jahrhunderts, die aus Überzeugung nicht emigrierte und lange Jahre verfemt war. Bis heute ist in der Sowjetunion nur eine Auswahl ihrer Werke erschienen (Anm. d. Übers.).
** Konstantin Simonow (1915–1979), prominenter sowjetischer Lyriker, Prosaiker und Dramatiker, mehrfacher Preisträger, aktiver Parteigänger (Anm. d. Übers.).

Er leitete die Versammlung, redete selbst, ließ andere reden, und als jemand von hinten schüchtern etwas zu Sostschenkos Verteidigung zu piepsen wagte, sagte Simonow, er setze die Verteidiger Sostschenkos mit den Verteidigern der anglo-amerikanischen Imperialisten gleich. Man warf Sostschenko vor, er sei unbegabt, er sei eine kümmerliche Null, ein Schwein unter der Eiche, er hasse das sowjetische Volk, und das Volk seinerseits lehne ihn verachtungsvoll ab, nie würde ihn jemals einer lesen.

Aus Gründen des Alters und der geographischen Entfernung habe ich an jener Versammlung nicht teilgenommen, doch sah ich Simonow zu anderen Zeiten und in anderen Versammlungen, darum kann ich mir sehr gut vorstellen, wie er sprach – das »r« leicht gedehnt, ruhig, gemessen, erbarmungslos. Ich denke, er empfand sich als Heerführer auf dem Schlachtfeld, so eine Art ideologischer Marschall Schukow und, getragen von der Allmacht des sowjetischen Staates, schlug er vernichtend auf den schon am Boden liegenden Feind ein.

Ich lebte damals in Saporoschje und war gerade in die Handwerkerschule eingetreten, um Tischler zu werden. Und in unseren ersten Unterrichtsstunden wurde uns nicht etwa gesagt, wie man den Hobel hält oder den Kaseinleim anrührt, sondern wie man das geistlose, unbegabte, banale, verleumderische und hochstaplerische Geschreibsel von Sostschenko und Achmatowa aufzufassen habe. Wir wußten noch nicht den Unterschied zwischen Stemmeisen und Meißel, aber über Sostschenko und Achmatowa wußten wir schon alles. Ihre schädliche Tätigkeit und ihre Entlarvung waren offenbar das wichtigste auf der Welt. Der sowjetische Staat hatte erst ein Jahr zuvor Deutschland besiegt, hatte an der Niederlage Japans seinen Anteil gehabt, jetzt aber vernichtete er Sostschenko und Achmatowa.

Danach arbeitete ich in einer Fabrik, besuchte die Abendschule, diente in der Armee. Und überall, in der

Schule beim Literaturunterricht, in der Fabrik und in der Armee bei den politischen Schulungen studierten wir den Erlaß des ZK der KPdSU über die Zeitschriften »Swesda« und »Leningrad«, und unsere Lehrer entlarvten Sostschenko und Achmatowa, die sich vom Volk losgesagt hatten.

Wenn ich an Sostschenkos Schicksal denke, erstaunt mich, ehrlich gesagt, nicht die Tatsache, daß die Machthaber ihn so sehr unter Beschuß nahmen, sondern daß sie es nicht schon früher getan hatten.

Denn seine Helden entsprechen keineswegs den Maximen der sowjetischen Literatur. Sie zeichnen sich nicht bei der Kohleförderung aus, sie verwöhnen die Heimat nicht mit gesteigertem Melkertrag, sie leiten kein Gebiets- oder Stadtbezirkskomitee der Partei und kämpfen nicht auf weltberühmten Schlachtfeldern, sondern in den Küchen der Kommunalwohnungen.

Auch äußerte Sostschenko Meinungen, die für einen sowjetischen Schriftsteller höchst merkwürdig waren. Da schrieb er zum Beispiel: »Was habe ich denn, sagen Sie mir, für eine ›klar umrissene Ideologie‹, wenn mir keine Partei als Ganzes recht zusagt? . . . Vom Standpunkt parteigebundener Leute bin ich ein Mann ohne Prinzipien. Na gut. Ich aber sage von mir selbst: bin kein Kommunist, kein Sozialrevolutionär, kein Monarchist, bin einfach ein Russe. Ich empfinde keinen Haß, gegen niemanden – das eben ist meine ›klar umrissene Ideologie‹.«

Also, wirklich! Freilich, das wurde 1922 gesagt. Danach hat er nichts dergleichen geäußert, sich aber auch nicht von früheren Äußerungen distanziert.

Natürlich, er wurde verrissen. Aber die Bücher wurden gedruckt. In den dreißiger Jahren erschienen die »Gesammelten Werke« in sechs Bänden, auch Auswahl- und Sammelbände. Und das alles in der gleichen Zeit, da seine Kollegen Bulgakow, Platonow, Pasternak faktisch verboten waren.

Ich glaube, das kann man nur dadurch erklären, daß Sostschenko die Oktoberrevolution als etwas Unumgängliches akzeptiert hat. Zu den von ihm beschriebenen gewöhnlichen Leuten verhielt er sich nicht hochmütig, wie zum Beispiel Bulgakow, er empfand für sie Mitgefühl und war selbst gleichsam einer von ihnen. Das Moralisieren, zu dem er neigte, hatte keinen sozialkritischen Beigeschmack, er forderte die Menschen auf, in ihren Kommunalwohnungen friedlich miteinander zu leben, ohne die Rechtmäßigkeit solcher Wohnungen zu diskutieren. Außerdem schrieb er Kurzgeschichten, Feuilletons und Erzählungen, und jeden von ihm gezeichneten Fall konnte man als untypisch deklarieren. Die Machthaber wurden erst hellhörig, als sie wahrnahmen, welch ein Bild sich aus diesen Einzelstücken ergab. Sie sahen, daß Sostschenko im Gegensatz zu den anderen eben das erreicht hatte, was die Ideologen des sozialistischen Realismus formal forderten: er hat das echte Bild des neuen Menschen geschaffen. Und dieser neue Mensch war kein Vertreter eines Spießbürgertums, das »uns« daran hindert vorwärtszuschreiten, sondern jenes Spießbürgertums, das rücksichtslos vorwärtsgeht und uns gegen unseren Willen hinterherschleift.

Formal war der Grund des staatlichen Zorns gegen Sostschenko seine Kindergeschichte »Abenteuer eines Affen« und die autobiographische Erzählung »Vor Sonnenaufgang«. Doch es heißt, es habe noch einen anderen, vielleicht wesentlicheren Grund gegeben: In einer der alten Erzählungen Sostschenkos sei Stalin auf irgendeinen schnurrbärtigen Mann gestoßen und habe natürlich gedacht, er sei gemeint. Der Generalissimus war bekanntlich äußerst argwöhnisch und erspähte sich selbst in jedem Geschöpf mit Barthaaren, einschließlich der »Küchenschabe«* von Kornej Tschukowskij. Und doch, denke ich, war es nicht nur das, jedenfalls nicht das allein.

* Gedicht für Kinder von K. T., einem sehr beliebten und populären Kinderbuchautor (Anm. d. Übers.).

Einmal, als man ihn kritisch durch die Mangel drehte, forderte man Sostschenko auf, auf die Tribüne zu kommen und zu erklären, wie er sich zu der fürsorglichen kameradschaftlichen Kritik verhalte. Er trat vor und fragte:

»Wofür verfolgt ihr mich?«

Sostschenkos Verfolger wußten wohl selbst nicht genau, wofür es geschah. Sie dachten sich natürlich passende Anlässe aus und suchten in seinen Werken nach Zeilen, die ihn entlarvten, doch es ging nicht um Zeilen, nicht um einzelne Taten oder Äußerungen, sondern darum, daß die Verfolger instinktiv spürten: Sostschenko tat nur so, als wäre er einer von ihnen, in Wirklichkeit gehörte er einfach einer ganz anderen Rasse an. Der Unterschied zwischen ihnen war wie, sagen wir mal, zwischen Hunden und Wölfen.

Ich gebrauche diese Analogie nicht, um Sostschenkos Gegner ein weiteres Mal zu beschimpfen, und auch nicht, um Sostschenko mit einem wilden Tier zu vergleichen. Für mich ist an diesem Vergleich folgendes wichtig: Der Wolf – das ist echte, unverfälschte Natur, der Hund ist ein verkümmerter Wolf. Ein Wolf, der seiner Natur untreu geworden ist und sich in eine Dienstabhängigkeit begeben hat, haßt den echten Wolf, der sich selbst treu geblieben ist.

Und wie die Pseudowölfe den Wolf hetzen, so hetzen Pseudoschriftsteller den Schriftsteller.

Hier könnte man mich fragen: und Simonow? War er denn auch ein Pseudoschriftsteller?

Zu jener Zeit, da die Hetzjagd auf Sostschenko stattfand, hatte ich ihn noch nicht gelesen. Das erste Mal las ich ihn 1956. Und seine Erzählungen beeindruckten mich nicht allzu sehr. Ich wußte, daß Sostschenko einst unglaublich populär war, daß in den zwanziger Jahren, als die Auflagen in der Regel minimal waren, seine Bücher in Hunderttausenden von Exemplaren verkauft wurden. Sogar Sostschenko selbst hatte dieser Umstand etwas irritiert.

Er meinte, die Leser suchten in seinen Büchern das blanke Lachen, ihnen ginge es darum, »zu fressen und sich vor Lachen die Bäuche zu halten«. Doch als ich diese Geschichten las, kamen sie mir nicht einmal sehr komisch vor.

Simonow aber las ich von Kindesbeinen an. Ich liebte seine Gedichte, Theaterstücke, die Filme, die nach seinen Drehbüchern gemacht worden waren. Etwas kühler nahm ich seine Prosa auf, doch auch sie habe ich gelesen.

Seither ist viel Zeit vergangen. Ich nehme Simonow in die Hand, aber kann ihn nicht lesen. Alle seine Gedichte scheinen mir unaufrichtig, unecht zu sein, sogar sein berühmtes »Warte auf mich«, das Gedicht, das die Leute während des Krieges sich wieder und wieder abgeschrieben und auswendig gelernt haben – auch das macht auf mich jetzt gar keinen Eindruck. Dasselbe gilt von seinen Theaterstücken und Filmen. Und was die Prosa betrifft – das ist überhaupt eine hilflose Belletristik mit papierenen Helden, mit Situationen, die nicht ganz verlogen sind, aber auch mit der Wahrheit nicht viel zu tun haben.

Puschkin hat einmal gesagt: »Genie und Frevel sind unvereinbar« – ein Satz, der nicht aus Effekthascherei gesagt worden ist. Aus ihm spricht, meiner Erfahrung nach, die unbezweifelbare Wahrheit.

Simonow war kein absoluter Bösewicht. Es gab Leute, denen er half, es gab Bücher, die er gerettet hat, es gab Situationen, wo er das Gute erstrebte. Doch in anderen Situationen war er kalt und grausam. Und darin äußerte sich die Unechtheit seiner Natur und die Unechtheit seines Talents. Und Sostschenko verfolgte er nicht nur, weil er den Befehl dazu hatte, sondern weil Sostschenko für ihn etwas zutiefst Feindliches war. Und das fühlte er.

Mein Verhältnis zu Sostschenko entwickelte sich genau entgegengesetzt. Erst war mein Interesse an ihm nicht sonderlich groß, jetzt empfinde ich aber ein steigendes Bedürfnis nach seiner Lektüre. Ich lese aufs neue seine Geschichten, die »Sentimentalen Erzählungen« und jenes erstaunliche Buch, das von jenem Schdanow in Grund und Boden verdammt wurde: »Vor Sonnenaufgang«. Das Buch, in dem er wirklich seine Seele entblößt hat.

Da heißt es, der Schriftsteller müsse für das Volk schreiben. An sich ist das Blödsinn. Der Schriftsteller kann schreiben für wen er will. Für alle oder für einen engen Kreis, für seine Frau oder für sich selbst. Wenn das, was der Schriftsteller schreibt, dem Volk fremd oder unverständlich ist, so bestraft ein Volk, das in normalen Verhältnissen lebt, den Schriftsteller damit, daß es seine Bücher nicht kauft und nicht liest, aber Henker in der Art von Schdanow oder Simonow braucht das Volk zum Bestrafen des Schriftstellers nicht.

Doch gerade Sostschenko ist ein wahrhaft volksnaher Schriftsteller. In diesem Sinne war er ein glücklicher Schriftsteller. Die Leser haben ihn gleich bemerkt und haben ihn geliebt. Ein glücklicher Mensch aber war er nicht. Sostschenko, der Millionen Leser zum Lachen brachte, litt seit frühester Jugend an entsetzlicher Melancholie, war mürrisch und finster, in sich selbst versunken. Den Grund für seine Leiden versuchte er in »Vor Sonnenaufgang« aufzuspüren. Er wollte für sich und für andere das Rezept zum Glücklichsein finden. Er glaubte, es in diesem Buch gefunden zu haben. Doch ausgerechnet nach diesem Buch trampelte man so sehr auf ihm herum, daß sich seine Depressionen verstärkten.

Er wurde aus dem Schriftstellerverband ausgeschlossen. Er wurde nicht mehr gedruckt. Um sich irgendwie seinen Lebensunterhalt zu verdienen, entsann er sich eines seiner früheren Berufe und wurde Schuster. Doch war er eine ausnehmend wahrhaftige Natur, und diese Wahrhaftigkeit bewahrte er sich in allen Lebenslagen. Er war immer weich, bescheiden, taktvoll und menschlich. Und ich kann mir nicht vorstellen, daß Sostschenko unter irgendwelchen Gegebenheiten gegen Simonow oder sonst jemanden gehetzt hätte. Die Wahrhaftigkeit seiner Natur hätte ihm das nie gestattet.

Eben diese Wahrhaftigkeit konnte Simonow ihm niemals verzeihen. 1953 wurde die Frage erörtert, ob man Sostschenkos Mitgliedschaft im Schriftstellerverband wiederherstellen solle. Und da trat wieder Simonow auf den Plan. Nein, er genierte sich nicht, wich nicht aus, stellte sich nicht krank. Er war dieses Mal nicht dagegen, daß Sostschenko wieder Mitglied des Schriftstellervereins wurde. Simonow war nur gegen die Formulierung, die, sollte man meinen, keine prinzipielle Bedeutung hatte. Sostschenkos Mitgliedschaft wiederherzustellen – das bedeutet, anzuerkennen, daß wir im Unrecht waren, argumentierte Simonow. Darum muß man ihn nicht *wieder* aufnehmen, sondern ihn als einen Anfänger *neu* aufnehmen. Also aufnehmen nur jener Sachen wegen, die er nach 1946 geschrieben hatte, alles vorher Geschriebene und von der Partei Verurteilte aber – genau wie früher – für literarische Makulatur erklären. Übrigens das, was Sostschenko nach 1946 geschrieben hatte, gefiel Simonow auch nicht, und er schlug vor, sein Opfer in den Schriftstellerverband nicht als Prosaiker, sondern als Übersetzer aufzunehmen. Man denke! Simonow, der Autor langatmiger, langweiliger, schlampig geschriebener Romane, verweigerte Sostschenko die Anerkennung als Prosaiker.

Nach Sostschenkos Rückkehr in den Schriftstellerverband hörte die Hetzjagd auf, aber nicht für lange. Eine 1954 nach Leningrad gekommene Delegation englischer Studenten äußerte den Wunsch nach einer Begegnung mit Sostschenko und Achmatowa. Bei dieser Begegnung fragten die Studenten die beiden nach ihrer Meinung über den Erlaß des ZK der KPdSU und Schdanows Rede. Anna Achmatowa sagte, sie habe beides für richtig befunden. Sostschenko sagte, der Erlaß sei nicht ganz gerecht gewesen. Wegen dieser Angelegenheit gab es viel Streit. Einige empörten sich über die Studenten: Wie konnten sie so etwas fragen, begriffen sie nicht, wo sie sich befanden? Andere sagten, Sostschenko hätte klüger sein müssen und dasselbe antworten wie die Achmatowa. Die dritten sagten, die Achmatowa hätte die Studenten nicht täuschen dürfen, es wäre ihre Bürgerpflicht gewesen, die Wahrheit zu sagen. Ich aber denke, daß alle drei recht hatten. Die englischen Studenten brauchten all diese Feinheiten nicht zu verstehen, denn verstehen kann man sie nur, wenn man die sowjetische Psychologie beherrscht. Anna Achmatowa wußte genau, daß außer den Studenten auch ihre Feinde zuhörten, sie verachtete sie und wollte ihnen keine Gelegenheit geben, ihre Unvorsichtigkeit auszunutzen. Sostschenko aber ließ sich von der ihm angeborenen Treuherzigkeit leiten, doch hätte er seine Treuherzigkeit verleugnet, wäre er nicht mehr Sostschenko gewesen. Bei der Gelegenheit möchte ich klarstellen, daß ich Treuherzigkeit für eine sehr edle menschliche Eigenschaft halte, obwohl treuherzige Menschen allgemein als Dummköpfe gelten.

Diese Frechheit hat man Sostschenko nie verziehen.

Von da an wurde er bis zu seinem Tode verfolgt. Und, nach einem Wort der Anna Achmatowa, hat er die zweite Runde nicht durchgehalten. Lydia Tschukowskaja entsinnt sich eines Gesprächs, das sie drei Monate vor Sostschenkos Tod mit der Achmatowa hatte. Sostschenkos Geist habe gelitten, er habe Verfolgungs- und Größenwahn. Sei ganz in sich gekehrt, höre den Gesprächspartner gar nicht. Auf Fragen nach dem Wetter oder nach seinen Reiseplänen antworte er: »Gorki hat gesagt, ich sei ein großer Schriftsteller.« Ich bin kein Psychiater (die Achmatowa übrigens auch nicht), für mich kündet dieser Bericht nur von Depression, nicht aber von Wahn. Daß er verfolgt wurde, war eine objektive Tatsache. Und daß er Gorkis Worte wiederholte, war sein letzter Versuch, sowohl die Wahrheit zu sagen als auch die eigene Menschenwürde zu wahren. Zumal er sich ja auf Gorki berief, nicht etwa sich selber als groß bezeichnete.

Zwölf Jahre lang hat man Sostschenko wie einen Wolf gehetzt und ihn schließlich zu Tode gehetzt. Und erst danach anerkannt. Letzten Endes erkennt man nach dem Tod alle an. Man hat Bunin anerkannt, Bulgakow, Mandelstam, die Zwetajewa, Platonow, Pasternak, die Achmatowa...

Man hat immer angenommen, Sostschenko sei 1895 geboren. Doch jetzt hat ein sowjetischer Gelehrter ein Dokument ausgegraben, aus dem hervorgeht, daß Sostschenko ein Jahr früher geboren ist – natürlich eine wichtige Entdeckung, die sowjetische Presse berichtete davon. Aber um wieviel früher Sostschenko starb, um welche Zeitspanne man sein Leben verkürzt hat – das werden wir niemals erfahren.

Das Maul stopfen

Von Zeit zu Zeit verbreitet sich in Moskau das Gerücht, daß Pasternaks* Roman »Doktor Schiwago« in Kürze erscheinen wird. Man sagt, das Buch wäre schon in den Verlagsplan aufgenommen. Man sagt, jemand hätte schon das Vorwort geschrieben. Man sagt, man sagt, man sagt. Das geht so seit rund fünfundzwanzig Jahren (denn die Gerüchte tauchten schon zu Pasternaks Lebzeiten auf), das Buch aber ist noch immer nicht da.

Ich will hier kurz die Geschichte dieses Romans ins Gedächtnis rufen. Boris Pasternak schrieb an ihm viele Jahre. Als er ihn in den fünfziger Jahren beendet hatte, bot er das Manuskript der sowjetischen Literaturzeitschrift »Nowyi mir« an. Das Redaktionskollegium, an dessen Spitze damals Konstantin Simonow stand, lehnte das Manuskript ab. 1957 wurde der Roman von dem italienischen kommunistischen Verleger Feltrinelli auf russisch herausgebracht. 1958 bekam der Autor den Nobelpreis für Literatur – eine sensationelle Entscheidung, die alle, einschließlich des Preisträgers, total überraschte. Der schwedischen Akademie, die ihm den Preis – in erster Linie für seine Lyrik – zuerkannt hatte, übermittelte der achtundsechzigjährige Pasternak telegraphisch seine Gefühle: »Unendlich dankbar, gerührt, erstaunt, verlegen.« Die beiden letzten Worte hätten auch von den sowjetischen Machthabern stammen können. Auch sie waren erstaunt und verlegen. Wer war

* Boris Pasternak (1890–1960), einer der bedeutendsten russischen Lyriker und Prosaiker dieses Jahrhunderts (Anm. d. Übers.).

Pasternak? Warum war der Preis nicht Scholochow (er bekam ihn sieben Jahre später) oder Fedin oder Michail Aleksejew zuerkannt worden, sondern irgendeinem Pasternak, den das sowjetische Volk nicht einmal kannte?

Ein Hexensabbat brach los. Ein Schwall von wüsten Beschimpfungen ergoß sich aus den sowjetischen Zeitungen über das weißhaarige Haupt des Preisträgers. Pasternak wurde von Schriftstellern und den sogenannten einfachen Werktätigen beschimpft. Man nannte ihn einen Feind des Volkes und antisowjetisch. In einem Brief hieß es, der Schreiber kenne nur die guten Schriftsteller Scholochow und Fadejew, wer Pasternak sei, wisse er nicht. Ein anderer äußerte seine Meinung in Versen: »Pasternak Boris – wer das wohl ist? / Gähnende Leere und Finsternis.«

Nach chinesischem Vorbild führte man die Studenten des Literatur-Institutes an Pasternaks Datscha vorbei, wobei sie laute Verwünschungen ausstießen und gefüllte Tintenflaschen, mit denen man sie versorgt hatte, am Gartenzaun zerschlugen. Der Sekretär des ZK des Leninschen Kommunistischen Jugendverbandes der UdSSR und Vorsitzende des KGB, Semitschastnyi, nannte den Dichter ein Schwein und erklärte, die Sowjetregierung habe nichts dagegen, wenn Pasternak das Gebiet der UdSSR verließe.

Geifernd und beschämend war auch die Versammlung des Schriftstellerverbands. Einer nach dem anderen betraten die »Ingenieure der menschlichen Seele«* die Tribüne und riefen hysterisch, Pasternak hasse das sowjetische Volk, er sei ein Lakai des internationalen Imperialismus, das Aussprechen seines Namens sei nicht anders als eine unanständige Blähung in der Öffentlichkeit. Pasternaks Platz sei auf der Müllhalde. Was bewog die Schriftsteller zu diesen Ausbrüchen? Haß, Wut, Neid und Angst. Schlage ich heute nicht, werde ich morgen selber geschlagen.

Zwei ältere und noch mehr oder weniger geachtete

---

* »Ingenieure der menschlichen Seelen« war der »Ehrentitel«, den Stalin den Schriftstellern verliehen hatte (Anm. d. Übers.).

Schriftsteller, Ilja Selwinskij und Viktor Schklowskij*, waren zu jener Zeit in Jalta. Hätten sie sich doch vor dieser haßerfüllten Hetzjagd gedrückt! Sie wußten nämlich sehr gut, wer Pasternak war. Hatte doch der Lyriker Selwinskij Pasternak seinen Lehrer genannt. Doch die Angst, die sich in den Jahren des Stalinschen Terrors in ihre Seele gefressen hatte, ließ sie fürchten, man könnte es ihnen zum Vorwurf machen, sie hätten sich in einem so entscheidenden historischen Moment absichtlich hinter den Krimbergen versteckt. Doch hatten sie keine Angst davor, ihre Namen auf ewig mit Schande zu beflecken. Und, mühsam in der Hitze schnaufend, beim steilen Aufstieg Herztabletten schluckend, schleppten sie sich zur Post, um ein Telegramm mit der Verurteilung ihres Kollegen abzuschicken.

Pasternak sah sich schließlich gezwungen, die Annahme des Nobelpreises zu verweigern.

Seitdem sind mehr als fünfundzwanzig Jahre vergangen. Der Autor des Romans ist längst tot. Auch viele seiner Verfolger haben das Zeitliche gesegnet. Der Roman »Doktor Schiwago« aber erscheint in immer neuen Auflagen in vielen Sprachen. Er wird auch heute noch überall auf der Welt gelesen. Er erscheint auch in russischer Sprache, gelangt auch, ungeachtet der Wachsamkeit der Zollwächter, in die Sowjetunion, wird dort von habgierigen Buchspekulanten und selbstlosen Enthusiasten weitergeleitet. Nehmen wir einmal an, er würde heute in der UdSSR verlegt werden. Womit ließe sich ein solches Ereignis vergleichen? Am ehesten wohl mit der 1967 erfolgten Publikation der Zeitschriftenfassung des Romans »Der Meister und Margarita« von Michail Bulgakow**.

* I. Selwinskij (1899–1968), ein formal interessanter, inhaltlich der politischen Thematik abgewandter, von der Kritik wenig beachteter Lyriker. V. Schklowskij (1893–1984), Prosaiker, Literaturwissenschaftler, vielseitig, dynamisch, in der Jugend einer der führenden Theoretiker der »Formalen Schule« (Anm. d. Übers.).
** Michail Bulgakow (1891–1940), Dramatiker, Prosaiker, Satiriker (Anm. d. Übers.).

Doch es gibt einen wesentlichen Unterschied. Bulgakows Roman war gleichsam aus dem Nichts hervorgetreten, aus der Asche auferstanden, und dieses Auferstehen bestätigte die tiefe Hoffnung des Autors, daß, wie es im Roman heißt: »Manuskripte nicht brennen«, daß echte geistige Werte unvergänglich, unausrottbar sind. Eine solche Sensation könnte sich mit »Doktor Schiwago« nicht wiederholen. Dieser Roman lebt ja. Millionen haben ihn gelesen. Auch würde er in der Sowjetunion nur in einer winzigen Auflage erscheinen, die zum größten Teil ins Ausland verkauft würde. Einen anderen Teil der Auflage würde man »unter sich« verteilen, das heißt, nur denen zukommen lassen, die ihrerseits unsere heutige Literatur vernichten. Ein noch kleinerer Teil würde in die Buchhandlung für Schriftsteller gelangen; dort würde der Roman nur gegen Vorlage der Mitgliedskarte und als Belohnung für gutes, angepaßtes Benehmen verkauft. Nun, und der letzte kümmerliche Rest würde auf einige wenige Buchläden in Moskau und anderswo verteilt werden und innerhalb von fünf Minuten ausverkauft sein.

Nach diesem Schema wurde vor einigen Jahren auch ein Gedichtband des im Gefängnis zu Tode gequälten Dichters Ossip Mandelstam veröffentlicht und verteilt. Ein Referent der Partei, der in Leningrad vor einem gebildeten Auditorium redete, erklärte, der Gedichtband sei gedruckt worden, um dem Westen unsere Pressefreiheit zu demonstrieren. »Verstehen Sie«, teilte er seinen Zuhörern vertraulich mit, »wir haben Mandelstam verlegt, um denen das Maul zu stopfen.«

Dasselbe würde auch heute geschehen. Der legal verlegte Pasternak käme in die Hände einer auserwählten Elite. Der großen Masse der Leser würde man weiterhin das Maul stopfen mit den kümmerlichen Werken von Markow, Sartakow, Bondarew oder Tschakowskij. Jedes ungewöhnliche, echte Talent würde man auch jetzt hetzen, verfolgen, schmoren lassen, unter Zuhilfenahme der

Schriftstellermeute, der Arbeiteraktivisten und der KGB-Spezialisten. Und irgendwann, so an die zwanzig bis dreißig Jahre nach seinem Tod, würde man diesem Autor verzeihen, daß er gelebt hat, und würde verlegen, was heute geächtet wird.

Die selbstherrlichen sowjetischen Staatslenker glauben, sie könnten alles verwalten, einschließlich der Literatur. Doch die Erfolge der verwalteten, geförderten, umschmeichelten und mit Preisen belohnten Literatur sind nicht größer als die Erfolge der verwalteten Landwirtschaft. Hier wie da gibt es viele Helden der Sozialistischen Arbeit, das Resultat aber ist zum Weinen.

Und dennoch: In der Literatur ist die Lage besser. Trotz aller Widrigkeiten tauchen von Zeit zu Zeit Schriftsteller auf, die man natürlich verfolgen, hetzen und töten kann, doch sie zu verwalten ist nutzlos: sie sind unlenkbar. Sie eben sind es, die Bücher schaffen, die man zwar jahrzehntelang totschweigen, die man aber nicht ausmerzen kann.

Leben und Schicksal Wassilij Grossmans und seines Romans

Wäre Wassilij Grossmans Roman »Leben und Schicksal« gleich, nachdem das Manuskript abgeschlossen war, veröffentlicht worden, im Jahre 1960 also – er wäre ohne jeden Zweifel zu einer Sensation in der Weltliteratur geworden. Aber damals geschah etwas ganz anderes. Wadim Koschewnikow, Chefredakteur der Zeitschrift »Snamja«, an die der Autor das Manuskript geschickt hatte, las ihn durch – und lief sofort damit zum ZK der KPdSU, vielleicht auch zum KGB, das ist in diesem Fall nicht von Bedeutung. Von Bedeutung ist vielmehr, daß alsbald Mitarbeiter des KGB bei Grossman auftauchten, das Manuskript konfiszierten, die Entwürfe, die Aufzeichnungen, alles, was auch nur irgendeinen Bezug zum Roman hatte, beschlagnahmten.

Eine zweite Abschrift wurde aus dem Safe von Alexander Twardowskij geholt, dem Chefredakteur der Zeitschrift »Nowyi mir«, dem Grossman den Roman ebenfalls zur Lektüre gegeben hatte. Den Schreibkräften, die das Werk abgeschrieben hatten, wurden nicht nur alle Exemplare, sondern auch das Kohlepapier beschlagnahmt, das beim Abschreiben verwendet worden war, und, wie es hieß, es wurden sogar die Farbbänder aus den Schreibmaschinen herausgezogen. Alles wurde in einen Sack aus Segeltuch gesteckt, verplombt und verschwand, so schien es damals, für immer.

Viele Jahre liefen die widersprüchlichsten Gerüchte über den beschlagnahmten Roman Grossmans um. Niemand oder kaum jemand wußte, was das für ein Buch war und warum es ein solches Schicksal ereilt hatte. Jetzt, nachdem dieser Roman aus dem Nichts wiederauferstanden ist, können wir uns endlich ein Bild machen.

Bei der Lektüre drängt sich unwillkürlich der Vergleich mit »Krieg und Frieden« von Tolstoi auf, denn »Leben und Schicksal« ist ein riesiges historisches und zeitgeschichtliches Gemälde, Kriegs- und Friedensszenen sind, wie auch bei Tolstoi, von gleicher Wichtigkeit im Roman. Die Handlung spielt in Moskau und in der tiefsten Provinz, im Hinterland und an der Front des Zweiten Weltkrieges, im Stab Stalins und im Stab Hitlers. Eine Heldin des Romans kommt in einer deutschen Gaskammer um, einen anderen vernichtet man unter unmenschlichen Foltern in den Räumen der Lubjanka.

Ich möchte Nikolai Strachow zitieren, einen bekannten russischen Kritiker des vorigen Jahrhunderts, der mit Begeisterung über Tolstois Roman geschrieben hatte: »Welche Größe und welcher Aufbau! Tausend handelnde Personen, tausend Schauplätze, alle denkbaren Sphären des staatlichen und des persönlichen Lebens, Geschichte, Krieg, alle Schrecken, die es auf der Erde gibt, alle Leidenschaften, alle Elemente des menschlichen Lebens, vom ersten Schrei eines Neugeborenen bis zum letzten Aufblitzen der Gefühle eines sterbenden Greises, alle Freuden und Leiden, die der Mensch kennt, alle denkbaren Seelenzustände – von den Gefühlen eines Diebes, der seinen Kameraden Geld gestohlen hat, bis zum größten Aufleuchten der menschlichen Seele, all das ist in diesem Buch.« Und all das, füge ich hinzu, kann man mit vollstem Recht auch über Grossmans »Leben und Schicksal« sagen.

Das Buch ist erfüllt von einem herzerwärmenden Humanismus, von dem unerschütterlichen Glauben des Autors an das Gute, an alles Gute, das im Menschen ist. Die handelnden Personen werden in ihrer ganzen Erbärmlichkeit – und in ihrer ganzen Größe gezeigt. Der Ehemann hat seine Frau im Verdacht, daß sie gegen ihn im NKWD ausgesagt hat. Die Frau hat den gleichen Verdacht gegen ihren Liebhaber. Der Kommandant einer Panzereinheit riskiert seinen Kopf, indem er die Ausführung eines Befehls Stalins verzögert, um unnötige Menschenopfer zu vermeiden. Ein und derselbe Mensch zeigt angesichts des Todes ungewöhnlichen Mut – und vollbringt eine Schandtat aus Angst, kleine Privilegien zu verlieren.

Nein, dieses Buch ähnelt keineswegs denen, mit denen ein Autor manchmal ein kleines bißchen Wahrheit durch die Zensur schleusen kann. Von diesem Buch wäre das keiner einzigen Seite gelungen, weil aus allen Seiten die *ganze* Wahrheit schreit.

Die Sowjetliteratur wird von inkompetenten Leuten geleitet, die manchmal sogar elementare Wissenslücken haben. Aber sie haben einen Instinkt wie Tiere, mit dem sie fehlerlos das Lebende vom Toten, das Echte vom Unechten unterscheiden. So ist es nicht erstaunlich, daß ihnen nach der Lektüre dieses Romans klar war, daß man ihn nicht frisieren konnte, durch Auslassungen, Zufügungen oder durch das künstliche Anhängen eines Happy-Ends. Sie schätzten das gewaltige Werk nach seinem wahren Wert ein und fanden folglich keinen besseren Ausweg, als es zu ergreifen und zu verstecken.

Um die konfiszierten Manuskripte wiederzuerlangen, bestürmte Grossman viele Instanzen und wurde schließlich vom Chefideologen der Partei, Michail Suslow, empfangen. Suslow sagte Grossman, daß sein Roman ideologisch schädlich sei und nicht früher als in 200 Jahren gedruckt werde; er irrte sich genau um 180 Jahre. Grossman jedoch sah seinen Roman auch nicht mehr gedruckt. Er ertrug den Schlag nicht, der ihn getroffen hatte, erkrankte und starb qualvoll an Krebs, noch vor seinem sechzigsten Geburtstag.

Auf dem Totenbett litt Grossman nicht nur physisch. Für einen wirklichen Schriftsteller gibt es nichts Schlimmeres, als zu sterben, ohne seine wichtigste Arbeit gedruckt zu sehen, ja, sogar ohne Aussicht, daß sie jemals unter die Leute kommt. Verglichen damit, hat Pasternak, den letzten Endes auch sein Roman zugrunde richtete, ein glücklicheres Schicksal gehabt. Wenn auch gejagt und beschimpft, so konnte er dennoch sein Buch gedruckt sehen, und er erfuhr, welch großen Erfolg es hatte. Grossman jedoch starb, wie lange vor ihm der vortreffliche Michail Bulgakow, fast in Vergessenheit. »Mich hat man in einem Hauseingang erwürgt«, sagte der Dichter vor seinem Tode.

»Leben und Schicksal« klingt als Romantitel möglicherweise nicht sehr verlockend. Doch je mehr ich über ihn nachdenke, desto treffender erscheint er mir. Weil nämlich Leben und Schicksal ganz und gar nicht dasselbe sind. Und weil es ziemlich schwierig ist, in einem Leben, wie Grossman es beschreibt, seinem Schicksal treu zu bleiben. Das Leben des Autors wirkte sich auf das Schicksal des Romans aus, das Schicksal des Romans hatte tragische Auswirkungen auf das Leben des Autors.

Dennoch kann ich jetzt das Schicksal des Romans nicht tragisch nennen, weil das Ende seiner Geschichte glücklich ist, und überhaupt ist das kein Ende, sondern ein Anfang. Die Abenteuer des Romans sind vorüber, er hat sein Leben begonnen. Er ist veröffentlicht, und auch in Russisch findet er zunehmend Verbreitung. Die französischen, deutschen und englischen Ausgaben waren große Erfolge; weitere Übersetzungen sind in Vorbereitung. Bei einem Werk dieser Größenordnung ist auch das Erscheinen einer Übersetzung stets ein außerordentliches Ereignis. Und ich bin überzeugt, daß »Leben und Schicksal« Grossmans noch für viele Leser zu einem solchen Ereignis werden wird. Das Schicksal dieses Romans wird ein glückliches, sein Leben ein langes sein.

Von der Zensur

Im Sommer 1980, kurz vor meiner Emigration, ging durch Moskau das Gerücht, das Fernsehen werde bald eine mehrteilige Serie – »Sherlock Holmes' Abenteuer«, nach dem Buch von Conan Doyle – zeigen, die gerade abgedreht war. Aber zugleich verbreitete sich auch ein zweites Gerücht: Die Serie sei verboten und »in die Schublade gelegt« worden; ihren Schöpfern sei ein Verweis erteilt worden, da sie versucht hätten, dieses ideologisch unzulängliche Werk auf die Bildschirme zu bringen. Das war seltsam, da »Sherlock Holmes' Abenteuer« in der Sowjetunion schon Dutzende Male erschienen waren und immer wieder neu aufgelegt wurden. Man konnte sich kaum vorstellen, was da zum Anlaß gedient haben könnte. Bald stellte sich jedoch alles heraus.

Das Ärgernis tauchte bereits in den ersten Szenen der ersten Episode auf. Sherlock Holmes und Doktor Watson trafen zum erstenmal zusammen.

»Oh«, sagt Sherlock Holmes, »wie ich sehe, waren Sie in Afghanistan.« Und auf die erstaunte Frage des Doktors, wie er darauf gekommen sei, antwortet der berühmte Detektiv: »Der Gang meiner Überlegungen war folgender: An diesem Arzt ist eine militärische Haltung zu bemerken. Der Gesichtsfarbe nach zu urteilen, ist er gerade aus den Tropen zurückgekehrt. Er hat schwere Belastungen und Krankheiten hinter sich, was an seinem ausgemergelten Gesicht zu sehen ist. Sein linker Arm ist verletzt. Er hält ihn in einer unnatürlichen Stellung. Wo in den Tropen kann ein englischer Militärarzt eine solche Wunde erhalten? Natürlich, in Afghanistan.«

So wurde der Text des längst verstorbenen englischen Klassikers plötzlich aktuell und – aus der Sicht der sowjetischen Zensur – völlig unannehmbar.

Nach einiger Zeit kühlte der Zorn der Obrigkeit jedoch ab, und man gestattete den Filmemachern, die anstößige Stelle neu zu synchronisieren. Jetzt sagte Sherlock Holmes: »Wie ich sehe, kommen Sie aus einem orientalischen Land.«

Aber diese rein politische Korrektur wirkte sich auch auf das künstlerische Niveau des Werks aus. Sherlock Holmes verblüfft uns durch die absolute Genauigkeit seiner Schlußfolgerungen. Auf eine so vage Aussage wie »aus einem orientalischen Land« hätten wir bei einiger Anspannung unseres Intellekts jedoch auch selber kommen können. Das ist ein kleines, aber charakteristisches Beispiel dafür, wie die Zensur die künstlerische Gestalt zerstört, indem sie eine ihr unerwünschte Information aus dem Text herausnimmt.

Wenn von der Zensur die Rede ist, so denkt man in erster Linie an eine besondere Behörde, den Glawlit. Zu seinen Aufgaben gehört es, die Verbreitung von Militär- und Staatsgeheimnissen durch Presse, Rundfunk und Fernsehen und ebenso in der schönen Literatur, in Kino und Theater zu verhindern. Die Zensoren des Glawlit haben eine lange und mit den Jahren immer länger werdende Liste von militärischen Einheiten, geographischen Punkten, Industrieobjekten, Naturkatastrophen, sonstigen Katastrophen und Unglücksfällen, die sich auf dem Gebiet der UdSSR ereignet haben, wissenschaftlichen Entdeckungen sowie Nachnamen, die in der Presse entweder überhaupt nicht oder teilweise nur mit besonderer Erlaubnis der Partei oder der Staatssicherheitsorgane erwähnt werden dürfen. Dazu gehören auch die Namen bedeutender Parteiführer (von Trotzki bis Chruschtschow), die Namen einiger

Schriftsteller, Dissidenten und Wissenschaftler, die auf einem besonders geheimen Gebiet arbeiten. Der Name Sacharow etwa durfte in der Presse nicht genannt werden, solange er aktiv in der sowjetischen Wissenschaft arbeitete und die höchsten sowjetischen Auszeichnungen erhielt. Dann wurde sein Name verboten, weil er Dissident geworden war. Jetzt wird er ziemlich häufig erwähnt, aber immer nur mit Billigung der höchsten Parteiinstanzen. Die Liste der verbotenen Namen hat derart katastrophale Ausmaße erreicht, daß die Zensoren immer schlechter mit ihrer Arbeit fertig werden. Das zeigte sich unlängst, als sie eine Science-fiction-Erzählung von Arthur C. Clarke zum Druck zuließen, in der alle sowjetischen Kosmonauten die verbotenen Namen sowjetischer Dissidenten trugen.

Derartige Fehler, die von den Zensoren oder Redakteuren begangen werden, heißen im sowjetischen Redaktionsjargon »ljap«, Pfusch, und solche »ljaps« mogeln sich nicht zum ersten- und, wie ich hoffe, nicht zum letztenmal auf die Seiten der sowjetischen Presse. Vor etwa zehn Jahren veröffentlichte der Mathematiker Jurij Gastew ein nur auf den ersten Blick »harmloses« Buch über mathematische Logik. Im Vorwort zu diesem Buch brachte er seine besondere Dankbarkeit den Doktoren Cheyne und Stokes gegenüber zum Ausdruck, die ihm bei der Arbeit an diesem Buch geholfen hätten. Cheyne und Stokes waren weder Mathematiker noch Logiker und konnten Gastew bei der Arbeit an seinem Buch in keiner Weise helfen. Denn sie waren Ärzte, und nach ihnen ist das Cheyne-Stokessche Atmen benannt, das bei Menschen in der Agonie zu beobachten ist. Und so war es auch bei Stalin vor seinem Tod. In der Stalinzeit war Gastew im Gefängnis, und erst der Tod des Führers ließ ihn seine Ausbildung fortsetzen und beenden. Aber das genügte Gastew noch nicht, und so verwies er in seiner Bibliographie auf die Arbeiten von mindestens zehn Dissidenten, die ebenfalls zum größten Teil keinerlei Bezug zu seinem Thema hatten.

Zu dieser Zeit wurde auch in der Zeitschrift »Awrora« ein ähnlicher »ljap« von den Zensoren übersehen. In einen Artikel war eine positive Äußerung über Sacharow hineingeschmuggelt worden. Dafür mußte vor allem der Chefredakteur herhalten, wie das in solchen Fällen zu sein pflegt.

Es muß gesagt werden, daß der Glawlit nur eine der Instanzen ist, die Zensur ausüben, und zwar nur im letzten Vorbereitungsstadium der Publikation eines Buchs, Films oder Schauspiels. Der erste Zensor eines Werkes ist, solange es noch in Arbeit ist, bekanntlich der Autor selbst. In der nächsten Etappe kommt das Werk zu den Lektoren, dann wird es von mehreren Personen redigiert (von einem »Unter«redakteur, einem Redakteur [einfach], einem »Ober«redakteur und vom Chefredakteur). Zur Aufgabe dieser Leute gehört es, das Manuskript so zu trimmen, daß es bestimmte ideologisch-künstlerische Forderungen erfüllt, obwohl ideologische und künstlerische Forderungen in fast allen Fällen, mit wenigen Ausnahmen, in krassem Widerspruch zueinander stehen. Hier das ungefähre Aufgabengebiet des ersten Redakteurs eines Manuskripts, das zum Druck bestimmt und in den Plan aufgenommen wurde: Erstens muß er es mehr oder weniger leserlich machen, falls nötig, den Aufbau des Sujets, den Stil, die Sprache verbessern, Orthographie- und Grammatikfehler korrigieren (unter den anerkannten sowjetischen Schriftstellern gibt es viele, denen elementare Kenntnisse der Rechtschreibung fehlen), in einigen Fällen sogar das Manuskript ganz umschreiben. Zweitens muß er darauf achten, daß das Manuskript den kanonischen Regeln des sozialistischen Realismus entspricht, das heißt, daß unbedingt ein positiver Held darin vorkommt, daß das Gute (vom kommunistischen Standpunkt aus) das Böse besiegt, daß der Grundton des zukünftigen Werks auf jeden Fall optimistisch ist. Drittens: er darf nicht nur keine Kritik des bestehenden Systems zulassen, sondern nicht einmal Anspielungen darauf; die sowjetische Wirklichkeit muß im Ganzen in leuchtenden Farben beschrieben werden, die kapitalistische dagegen in den düstersten. Die letzte Forderung wird sogar strenger beachtet als die erste, weswegen fast alle Aufzeichnungen von Reisenden, die sich im Ausland aufgehalten haben, in der Regel vernichtender Kritik unterzogen werden, wenn in ihnen nicht Arbeitslosigkeit, Inflation, Verbrechen und andere Laster des Kapitalismus erwähnt werden. Außerdem hat der Redakteur auch die Arbeit des Zensors zu leisten und ist ebenso wie dieser verpflichtet, aufmerksam dafür zu sorgen, daß im Buch an keiner Stelle Geheimnisse, die nicht zur Verbreitung bestimmt sind, oder unerwünschte Namen vorkommen. Es versteht sich, daß dann, wenn der Name des Autors selbst auf der Liste derjenigen steht, deren Erwähnung verboten ist, von einer Veröffentlichung eines Buches, ganz gleich welchen Inhalts, keine Rede sein kann.

Der Redakteur ist Hauptverantwortlicher für alle Fehler, die in einem veröffentlichten Buch vorkommen. Wenn das Buch die Unzufriedenheit der Parteiorgane hervorruft, so wird der Autor in der Regel nur in der Presse oder auf irgendwelchen (meist geschlossenen) Versammlungen kritisiert; den Redakteur jedoch erwischt es wesentlich öfter, er bekommt einen Verweis, oder man entläßt ihn.

Die schlimmste Sünde, die ein Redakteur begehen kann, ist natürlich ein politischer Fehler. Das kann alles mögliche sein: die Darstellung einer Person oder Sache, die der Partei unbequem ist, in positivem Licht, eine Anspielung auf gewisse Ereignisse (wie die Erwähnung des Kriegs in Afghanistan), sogar ein Lob oder eine ungenügende Kritik bestimmter Erscheinungen in der Kunst.

Zuweilen wird ein gewöhnlicher grammatikalischer Fehler zum politischen. Während des Krieges und danach wurden die Befehle des »Kommandierenden Oberbefehlshabers« Stalin in allen Zeitungen gedruckt. Es gab einige Fälle, wo aus Unaufmerksamkeit im russischen Wort für »Oberbefehlshaber« der Buchstabe »l« ausgelassen wurde und so »Schießbefehlshaber« entstand. Unter Stalin galten solche Fehler als Sabotage. Mir ist persönlich ein Fall bekannt, wo der verantwortliche Redakteur der Gebietszeitung »Der Saporoscher Bolschewik« (in der Ukraine), dem dieser Fehler unterlaufen war, sofort erschossen wurde.

Die Angst vor Fehlern dieser Art ist so groß, daß in den Redaktionen der großen Zeitungen immer ein besonderer Mitarbeiter (man nennt ihn »Kühler Kopf«) damit beauftragt ist, nach allen Redakteuren und Korrektoren die ganze Zeitung noch einmal aufmerksam zu lektorieren.

Die Strafen waren, wie schon gesagt, zu Stalins Zeiten besonders drakonisch, aber auch heute wird man für solche Fehler streng bestraft. So wurde etwa der den Lesern meiner »Iwankiade« bekannte Sergej Iwanjko, zu Zeiten freundschaftlicher Beziehungen zu China der »Kühle Kopf« der Zeitung »Literatur und Leben«, sofort entlassen, nachdem die Zeitung den Lesern mitgeteilt hatte, daß »das Wirtschaftsvolumen der USA und Chinas einen bedeutenden Umfang erreicht hat« (es ist hoffentlich klar, daß statt »USA« stehen sollte »UdSSR«).

Solche Fehler kommen besonders oft in Zeitungen vor, die ja in großer Eile hergestellt werden müssen. In Zeitschriften und Büchern hingegen machen sich die Redakteure in erster Linie Sorgen um den Text zwischen den Zeilen, das heißt um die Anspielungen, die der Autor bewußt eingefügt hat, oder um Assoziationen, die er nicht vorausgesehen hat. Aus diesem Grund sind sogar die deutschen Konzentrationslager ein Thema, das fast immer verboten ist (einige Bücher erschienen nur mit besonderer Genehmigung), weil sie den Leser natürlich an die Lager im eigenen Land erinnern. Aus dem gleichen Grund sind auch die Themen »Faschismus« und »Nationalsozialismus« fast völlig verboten. In den sechziger Jahren erhielt Michail Romms Dokumentarfilm »Der gewöhnliche Faschismus« eine Parteirüge, weil die darin gezeigte Kunst des Dritten Reichs zu sehr an die sowjetische erinnerte.

Überhaupt verdient der Berufsstand der Redakteure eine genauere Darstellung (worum ich mich in weiteren Artikeln bemühen werde). Einstweilen will ich nur sagen, daß sie so eingeschüchtert und rechtlos sind, daß sie Anspielungen sogar da suchen, wo gar keine sind. So war seinerzeit einer der Vorwürfe, die dem Regisseur Andrej Tarkowskij anläßlich seines Films »Andrej Rubljow« gemacht wurden, daß die Bauern in seinem Film zu schlechte Kleidung trügen und an sowjetische Kolchosbauern erinnerten. Aber wie hätten denn diese Bauern im Rußland des 14. Jahrhunderts angezogen sein sollen?

Im Jahr 1968 kam der ziemlich einfältige Kinderfilm »Achtung, Schildkröte« in die Filmtheater. Das Hauptereignis des Films: Eine Schildkröte, die Schüler einer Moskauer Schule in Pflege hatten entkommt und gerät auf die Straße. Auf der Straße fährt genau zu dieser Zeit eine Kolonne sowjetischer Panzer. Die Schildkröte wird gesichtet, und der erste Panzer hält an. Hinter ihm kommt die ganze Kolonne zum Stehen. Der Kommandeur der Kolonne (er befindet sich irgendwo hinten) fragt über Funk den ersten Panzerfahrer, was denn los sei. Dieser antwortet, auf der Straße sei eine Schildkröte. Man verhandelt lange über Funk, und dann gibt der Kommandeur den edlen Befehl, die Straße zu verlassen und die Schildkröte zu umfahren (anstatt etwa einen Panzerfahrer hinauszuschicken, um die Schildkröte an den Straßenrand zu tragen). Bei der Besprechung des Films blickte ein Redakteur die Autoren und den Regisseur listig lächelnd an und sagte: »Es geht also um eine Schildkröte (russ. ›Čerepacha‹)? Če-?« – »Če-?« fragte einer der Autoren zurück. »Na ja, kleine Če- und der große sowjetische Panzer.« Er glaubte also, daß die Filmemacher mit der Schildkröte die Tschechoslowakei (ČSSR) meinten, obwohl im Film die sowjetischen Panzer die »kleine Če-« umfuhren – und in Wirklichkeit geschah es ja bekanntlich ganz anders.

Mündliche und schriftliche Anweisungen schreiben den

Redakteuren und Zensoren vor, nicht nur den »offensicht-
lichen«, sondern auch den »versteckten« Sinn herauszusu-
chen. Außerdem müssen sie mit den sogenannten Allusionen kämpfen, das heißt damit, daß beim Leser Gedanken
entstehen können, die weder mit dem Text noch mit dem
Sinn in irgendeiner Weise etwas zu tun haben. Auf die
Frage, was Allusionen sind, sagte ein bekannter sowjetischer Regisseur folgendes: »Das ist, wenn Sie beispielsweise im Kino sitzen und sich irgendeinen Landschaftsfilm
ansehen, irgendwelche Berge sehen, sagen wir, kaukasi-
sche, schneebedeckte Gipfel, Wolken, und sich dabei denken: ›Und trotzdem ist der Breschnew ein Halunke‹.«
Neben den hauptberuflichen Zensoren und den Redakteuren nehmen die verschiedensten Behörden Zensurfunktionen wahr, ganz egal, wie wenig sie mit Literatur
und Kunst zu tun haben.
So sendet ein Verlag ein Buch über Geologen (auch
wenn es ein Roman ist) vor der Veröffentlichung an das
Amt für Geologie, ein Buch über den Grenzschutz an das
KGB, eines über Revolutionäre an das Institut für Marxismus-Leninismus usw. Dabei achten alle diese Einrichtungen nicht nur darauf, daß keine sachlichen Fehler stehen-
bleiben, sondern machen auch Anmerkungen (oft sehr
grobe und unhöfliche) zu dem künstlerischen Wert des
Werks, die der Autor akzeptieren muß (oder wenigstens
muß er so tun, als ob er sie akzeptierte).
Es versteht sich, daß auch die leitenden Organe des
Schriftstellerverbandes, die Parteiorgane (vom Gebietskomitee bis zum Zentralkomitee der KPdSU), die Kulturver-
waltungen auf Bezirks-, Stadt- und Gebietsebene, die Kul-
turministerien der Republiken und der UdSSR, viele andere Organisationen, in einigen Fällen auch einzelne »verdiente Personen«, das heißt Bestarbeiter (Aktivisten), Kosmonauten, Generäle (mich haben alle drei Kategorien »redigiert«) und viele, viele andere Zensurfunktionen wahr-
nehmen.

Aber der wichtigste Zensor in der Sowjetunion ist die Angst. Jeder sowjetische Schriftsteller, der sich an ein neues Werk macht, denkt immer daran, daß der Lohn für seine Arbeit nicht nur Ruhm und Honorar sein kann, sondern auch das Verbot von Teilen des Buchs, Verbot des ganzen Buches, Verbot aller seiner Bücher, sein Ausschluß aus dem Schriftstellerverband und, als äußerste Maßnahme, Gefängnis.

Wenn der Feind sich nicht ergibt...

Fünfzig Jahre sozialistischer Realismus

Vor fünfzig Jahren, im August 1934, fand in Moskau, im Säulensaal des Gewerkschaftshauses, ein grandioses Spektakel statt, das zwei Wochen dauerte und Erster Allunionskongreß der sowjetischen Schriftsteller genannt wurde. Der Kongreß gab feierlich die Vereinigung aller Schriftsteller bekannt, die »die Ziele der Sowjetmacht unterstützen und bestrebt sind, am sozialistischen Aufbau mitzuwirken«.

Die Vertreter einer neuen, bisher in der Welt noch nicht dagewesenen Literatur traten einer nach dem anderen ans Rednerpult. Autoren, die die Rolle eines kollektiven Schöpfergottes auf sich nahmen und versprachen, in kürzester Zeit einen neuen Menschen zu schaffen. Von Zeit zu Zeit zogen Junge Pioniere unter Trommel- und Paukenschlägen in den Sitzungssaal, Delegationen von Rotarmisten, Kolchosbauern und »Helden der Arbeit«. Sie berichteten feierlich über ihre beispiellosen Erfolge an der Arbeitsfront und riefen die Schriftsteller auf, diese Heldentaten zu beschreiben und so eine Literatur zu schaffen, die mit der Leistung der Arbeiterklasse und der der werktätigen Bauern verglichen werden könne. (Ich darf etwas vorgreifen: Die Literatur hat diese historische Aufgabe erfüllt; ihre Erfolge sind tatsächlich mit den Erfolgen der sowjetischen Industrie und Landwirtschaft vergleichbar.)

Der Kongreß verabschiedete eine Reihe von bemerkenswerten Entschließungen. Eine davon war, daß von nun an und in alle Zukunft alle Autoren ohne Ausnahme bei ihrer

Arbeit die Methode des sozialistischen Realismus anzuwenden hätten.

Was das ist? Die offizielle Formulierung lautete, der sozialistische Realismus sei die wahrheitsgetreue Darstellung des Lebens in seiner revolutionären Entwicklung. Es gab auch andere, etwa die: Der sozialistische Realismus – das ist Shakespeare, Rembrandt und Beethoven im Dienst des Proletariats. Einige Zeit später antwortete der Klassiker und Theoretiker des Sozrealismus Fadejew auf eine entsprechende Frage: Weiß der Teufel! Und in unseren Tagen tauchte die inoffizielle, aber völlig erschöpfende Formel auf: Der sozialistische Realismus ist der Lobgesang auf die Obrigkeit in einer ihr verständlichen Form.

Auf dem Kongreß führte der Begründer des neuen Realismus, Maxim Gorki, den Vorsitz. Dem großen proletarischen Schriftsteller kamen Tränen der Rührung, als er sah, daß sich alle unter einem Dach versammelt hatten, ohne übereinander herzufallen: proletarische Autoren, Überläufer, Vertreter exotischer Minderheiten, mittelasiatische Volksbarden, die zwar noch nicht lesen und schreiben konnten, aber bereits gelernt hatten, Honorarabrechnungen selbstsicher mit ihrem Daumenabdruck zu zeichnen.

Auf der Bühne des Säulensaals spielte Gorki seine letzte Rolle. Die Geschichte brauchte ihn nicht mehr. Tatsächlich hatte er ja auch schon alles vollbracht, was er vollbringen konnte. Den Musterroman für kommende Generationen von Sozrealisten, »Die Mutter«, hatte er schon geschrieben. Und seinen berühmten Satz, »Wenn der Feind sich nicht ergibt, muß man ihn vernichten«, hatte er auch schon in Umlauf gebracht. Was wollte man noch von ihm? Als lebendiges Denkmal, das zu Kanälen, Kolchosen und Kolonien minderjähriger Straftäter reisen, das Reden halten, Rührung empfinden und Tränen vergießen konnte, war er nicht mehr nötig. Wichtig war nur noch sein Name für Straßen und Fabriken, Theater und Dampfer. Und natürlich auch für die Stadt Gorki, in der heute ein Feind vernichtet wird, der sich noch immer nicht ergeben hat – Andrej Sacharow.

Der Kongreß beendete seine Arbeit, die Delegierten fuhren mit den Mitbringseln für die Verwandtschaft zurück in ihre Städte und Dörfer, und es begann in eintöniger, mühseliger Kleinarbeit die Vernichtung der Literatur.

Wenn wir von den Autoren sprechen, die Opfer des Sowjetregimes geworden sind, zählen wir gewöhnlich immer die gleichen Namen auf: Babel, Mandelstam, Bulgakow, Platonow, Soschtschenko, Zwetajewa, Achmatowa, Pasternak ... Die einen denken an diese Namen mit Bitterkeit, die anderen mit Stolz: Da kann man es sehen, so sagen sie, die wirkliche russische Literatur hat ungeachtet aller Umstände immer existiert und sich entwickelt. In Wirklichkeit jedoch nicht »ungeachtet aller Umstände«, sondern vielmehr dank der Partei und dem Genossen Stalin persönlich. Denn dieser hätte die Entwicklung von einem Tag auf den anderen abbrechen und sofort alle obengenannten Autoren erledigen können. Aber er duldete sie, wobei er individuell vorging, ja sogar ein gewisses Feingefühl bewies. Selbst Mandelstam, der geschrieben hatte, daß Stalins unförmige Finger fett wie Würmer seien, schickte er nicht sofort in den Tod. Er ließ ihn noch etwas in der Verbannung leben und ließ ihn auch noch etwas schreiben. Er gab Mandelstam Gelegenheit, sich zu bessern. Aber der und die anderen besserten sich nicht. Bis zum Schluß gewannen sie die Sowjetmacht nicht lieb. Nein, natürlich traten sie nicht gegen sie auf. Sie waren damit einverstanden, als sozialistische Realisten zu gelten. In den für sie schweren Zeiten bemühten sie sich sogar, etwas Hymnisches über Lenin und Stalin zu verfassen. Aber um der Gerechtigkeit willen muß man sagen, daß sie das ungern taten, ungeschickt; es kam ihnen nicht von Herzen. Sie erkannten die neue Macht innerlich nicht an, die Literaturpolitik der Partei ekelte sie an, und sie schrieben schließlich nur noch für die Schublade oder bemühten sich, das Geschriebene im Kopf zu behalten. Obwohl sie sich bis zum Schluß nicht ergaben, taten sie so, als hätten sie sich ergeben. Deswegen feindete man sie an, druckte sie nicht, ließ sie hungern und trieb sie zum Wahnsinn oder zum Selbstmord. Wenn der Feind sich nicht ergibt, muß man ihn vernichten.

Und wenn er sich ergibt? Diese rhetorische Frage läßt sich nicht eindeutig beantworten. Zunächst ist zu bestimmen, was »sich ergeben« heißt.

Majakowski hat schon lange vor seinem Selbstmord begonnen, sich zu ergeben, als er »dem eigenen Lied auf die Kehle« trat. Als Gorki die Sowjetmacht anerkannte, hatte er noch nicht begriffen, daß man die neuen Verhaltensregeln ganz, nicht nur teilweise, akzeptieren mußte. Er mischte sich weiter in fremde Angelegenheiten, verteidigte die Bücher eines Kollegen, einen anderen holte er aus dem Gefängnis, wieder einem anderen besorgte er eine Wohnung, und er fuhr sogar fort zu schreiben. Er ergab sich also zu 99 Prozent, aber ein Prozent seiner Seele versuchte er vor der Partei zu verbergen, und das wurde ihm zum Verhängnis. Man sagt, daß nach seinem Tod bei ihm gewisse Aufzeichnungen gefunden worden seien, die Stalin las und mit dem russischen Sprichwort kommentierte: »Füttere einen Wolf, er wird immer wieder in den Wald zurückblicken.« Dieser freilich hat gar nicht zurückgeblickt, sondern nur noch ein wenig zur Seite geschielt.

Ich glaube, daß das Vorgehen der Sowjetmacht gegen die Schriftsteller nicht von vornherein in böser Absicht geschah. Daß die Literatur im Ganzen und jedes einzelne in ihr existierende Talent ihre Feinde sind, dessen wurde sich die Obrigkeit nicht sofort, sondern erst im Ergebnis langer Reihen von Versuchen und Fehlversuchen bewußt. Beispielsweise gab es ganz am Anfang einige Schriftsteller (Bunin, Kuprin, Mereschkowski, Awertschenko), die die neue Macht nicht akzeptierten, auf sie pfiffen, sie verfluchten – ganz klar, das waren Feinde. Die Schwankenden versuchte die Partei auf ihre Seite zu ziehen. Diejenigen, die sie akzeptierten, aber noch nicht von den Überbleibseln der Vergangenheit Abschied genommen hatten, die also das zu Schreibende noch an die konkrete Wirklichkeit anzupassen versuchten, hoffte sie umzuerziehen. Aber es gab Autoren, die sich sofort und ohne Zögern auf die Seite der neuen Macht stellten, die ehrlich und hingebungsvoll versuchten, ihre Bücher den Forderungen anzupassen. An ihnen zeigte sich, daß ein solcher Schriftsteller, solange in ihm auch nur ein bißchen Talent übrig war, ebenfalls ein Feind war, der vernichtet werden mußte – wobei nicht unbedingt der Mensch selbst zu beseitigen war; es genügte, das in ihm vorhandene Talent zu zerstören. Jede künstlerische Begabung erwies sich als Gefahr für die Sowjetmacht. Einige weitblickende Schriftsteller verstanden das rasch. Sie verstummten. Andere ergaben sich dem Trunk. Katajew stellte sich meiner Meinung nach dreißig Jahre lang bewußt talentlos. Aber einige verstellten sich so gut, daß sie für immer ihr Talent verloren.

Die lebenden Leichname der sowjetischen Literatur

Ende 1966 gab der Chefredakteur des »Nowyj mir«, Alexander Twardowskij, der »Literaturnaja Gaseta« ein Interview. Als er die Namen der Autoren aufzählte, von denen er Texte veröffentlichen wollte, drückte Twardowskij seine besondere Zufriedenheit darüber aus, daß sich einer der ältesten und angesehensten sowjetischen Schriftsteller, Konstantin Fedin, damit einverstanden erklärt hatte, der Zeitschrift einige Kapitel seines neuen Romans »Der Scheiterhaufen« zu überlassen.

Einige Tage später kam ein Mitarbeiter der »Nedelja« (Beilage der Zeitung »Iswestija«) in die Redaktion des »Nowyj mir« und bat, ihm für einen Vorabdruck einen Abschnitt aus dem Meisterwerk zu empfehlen. Die Mitarbeiter der Prosaabteilung blickten sich an und bekannten dann verlegen, daß sie den Roman nicht gelesen hätten und daher keinen Abschnitt empfehlen könnten. Der Mitarbeiter der »Nedelja« ging in den ersten Stock, wo das Redaktionskollegium und der Chefredakteur ihre Büros hatten. Es zeigte sich, daß auch von ihnen niemand den Roman gelesen hatte, den sie veröffentlichen sollten. Den Roman kannten nur die Korrektoren. Aber auch sie konnten sich an den Inhalt nicht mehr erinnern, und eine Korrektorin deutete dem Gast an, er könne einen beliebigen Abschnitt nehmen, das ganze Buch sei gleich sinnlos und langweilig.

Es versteht sich von selbst, daß sich unmittelbar nach dem Erscheinen des neuen Romans alle führenden Kritiker in langen Artikeln begeistert über das große Ereignis ausließen.

Dabei war Fedin nicht von Anfang an talentlos, im Unterschied zu einigen seiner Kollegen. In den zwanziger Jahren waren seine Romane »Städte und Jahre« und »Die Brüder« sehr verbreitet und beliebt. Aber eines Tages, mag sein nach langem Schwanken beschloß er, ein sowjetischer Musterliterat zu werden. Und je dicker nun seine Bücher wurden, um so langweiliger wurden sie, je armseliger ihr Inhalt, um so besser waren die Rezensionen. Am Ende seines Lebens war Fedin Mitglied der Akademie, Vorsitzender des Schriftstellerverbandes der UdSSR, Abgeordneter des Obersten Sowjets, Träger aller höheren Literaturpreise und Held der sozialistischen Arbeit. All diese Auszeichnungen erhielt er erst, nachdem er mehrfach bewiesen hatte, daß aus seiner Feder keine einzige lebendige Zeile mehr hervorkommen würde.

Die sowjetische Literatur hat nicht nur ihre toten Klassiker, sie hat auch lebende oder, genauer, solche, die zu leben scheinen. Das heißt, sie existieren, sie nehmen an den zahllosen feierlichen Sitzungen teil, sie halten lange und langweilige Reden, und von Zeit zu Zeit geben sie Bücher heraus, dick wie Ziegelsteine. Die Bücher dieser Autoren liest schon niemand mehr. Nicht einmal die Redakteure, nicht einmal die Zensoren.

Mit dem Verfall von Persönlichkeit und Talent bezahlten alle von der Sowjetregierung anerkannten Koryphäen für ihr Wohlverhalten, Alexei Tolstoi, Fadejew und Scholochow eingeschlossen. Der Abstieg des letzteren ist überhaupt katastrophal, wenn man davon ausgehen will, daß er tatsächlich der Autor von »Der stille Don« ist. Zunächst ein berauschender Aufstieg: mit 23 Jahren der erste Band, mit 24 der zweite. Als er den letzten Band vollendet hat, ist er erst 35 Jahre alt. Im Grunde ein junger Schriftsteller; einige fangen in diesem Alter erst an. Er aber, so zeigte sich, hatte seine Entwicklung schon abgeschlossen, und es begann ein unaufhaltsamer Rutsch nach unten. Das plumpe Machwerk »Neuland unterm Pflug«, die mittelmäßige Erzählung »Ein Menschenschicksal«, und dann noch etwas ganz Hilfloses; sogar in der sowjetischen Literatur ist es schwer, ein Werk zu finden, das an Unbegabtheit seinem letzten Roman »Sie kämpften für die Heimat« gleichkommt. Je mehr er trank und je unbegabter er schrieb, um so zahlreicher wurden die offiziellen Ehrungen und Lobgesänge. In seinen letzten Jahren, als er schon nicht mehr schrieb, wurde er noch zweimal mit dem Titel eines Helden der sozialistischen Arbeit ausgezeichnet. Das Talent Scholochows wurde im Verlauf vieler Jahre hartnäckig und systematisch vernichtet. Lange vor seinem physischen Tod war er geistig tot.

Wenn der Feind sich nicht ergibt, muß man ihn vernichten. Wenn er sich ergibt, muß man ihn erst recht vernichten.

Zensur und Rezeptur

Daß die Zensur in der Sowjetunion äußerst streng ist, ist allgemein bekannt. Erbarmunglos streicht sie aus Büchern, ob es nun literarische Werke oder Sachbücher sind, jede Erwähnung von unliebsamen Fakten und Ereignissen, selbst wenn sie in der sowjetischen Geschichte eine große Rolle gespielt haben. Im langen Verzeichnis der verbotenen Namen stehen Revolutionsführer, Staatsmänner und natürlich auch Schriftsteller, Künstler und marxistische Denker. Aber neben diesen Verboten, seien sie nun dauernd oder nur zeitweilig, gibt es für die Autoren ganz gute Gebrauchsanweisungen. Wenn man sich an diese Rezepte hält, kann man immer mit dem Wohlwollen der Obrigkeit und mit offiziellem Erfolg rechnen.

Das Idealwerk des sozialistischen Realismus muß den Leser auf den Gedanken bringen, daß die Sowjetmacht die beste aller Staatsformen sei. Hauptfigur eines solchen Buches muß ein positiver Held sein. In früheren Zeiten war das ein revolutionärer Fanatiker wie Pawka Kortschagin*, heute ist es ein Gebietssekretär der Partei oder ein gewissenhafter Arbeiter, der bestätigt, daß ein echter Revolutionär derjenige ist, der die Produktionsnormen übererfüllt und der Obrigkeit gehorcht. Der positive Held ist ein wohlgestalteter Mensch der nordischen Rasse (dunkelblonde Haare, blaue Augen, einfacher russischer Nachname, einfacher Vorname). Er ist immer bereit, sich für die Rettung des Vaterlandes, des Banners, des sozialistischen Besitzes, für den Stahlguß oder die Getreideernte zu opfern. Er arbeitet viel, raucht viel und schläft wenig. Seine Beziehungen zu Frauen bleiben rätselhaft. Er liest nur Marx, Lenin und den jeweils lebenden Generalsekretär. Er ist immer von der Richtigkeit seines Handelns überzeugt, spricht leise, aber bestimmt, drückt die Hand fest, blickt

* Siehe Anm. S. 87.

direkt in die Augen. Die Lieblingsbeschäftigung in den seltenen freien Minuten: Angeln.

Dem positiven Helden steht ein negativer gegenüber. Er
ist gewöhnlich ein kränklicher Intellektueller, und wenn er
nicht direkt ein Saboteur ist, so will er zumindest das Vaterland nicht retten, auch das Banner nicht, und er drückt
sich vor der Planerfüllung. Seine Hände sind verschwitzt,
die Augen blicken unruhig, aus dem Mund riecht es nach
faulen Zähnen. Zum Angeln geht er nicht, statt dessen
liest er unverständliche Gedichte. Sein Nachname erinnert
gewöhnlich an einen polnischen, obwohl vollkommen klar
ist, daß er Jude ist. Natürlich ist er antipatriotisch eingestellt und allem Ausländischen zugetan (Whisky, Jeans,
Jazz). Negativ werden außerdem auch Ausländer und
Gläubige dargestellt. (Ich habe einen antireligiösen Roman
gelesen, in dem das Leben der Sekte der Verschnittenen
dargestellt war. Der Autor steigerte sich so sehr in die ne-
gative Darstellung seiner handelnden Personen, daß er
den Anführer der Sekte als äußerst aktiven und erfolgreichen Frauenhelden darstellte.)

Unbedingt müssen sogenannte »Kennzeichen der neuen
Zeit« in einer solchen Musterprosa enthalten sein. Wenn
etwa der positive Held der positiven Heldin seine Liebe erklärt, unterbricht sie ihn im innigsten Moment mit einem
Ausruf wie: »Oh, da oben fliegt ein Sputnik!« Auch muß
der Autor ein besonderes Feingefühl in der Nationalitäten-
frage entwickeln. Wenn in einem Werk ein Russe und ein
Tadschike vorkommen, muß der Tadschike unbedingt gut
sein, aber der Russe ein bißchen besser.

Die faktische Wahrheit und die Wahrheit der Epoche

»Schreibt die Wahrheit!« sagte Stalin einmal zu sowjetischen Schriftstellern. Die Wahrheit?

Was ist denn die Wahrheit? fragte der sowjetische Kritiker. Und er erklärte: Wir brauchen nicht jede Wahrheit, sondern nur die, die wir brauchen. Es gibt die faktische Wahrheit, und es gibt die Wahrheit der Epoche. Die Armut der Bauern, das elende Leben der Arbeiter, Kommunalwohnungen (in denen jedes Zimmer von einer Familie bewohnt wird), Schlangen vor den Läden, allgemeiner Alkoholismus, Gleichgültigkeit der Bevölkerung für die offizielle Ideologie – all das ist die faktische Wahrheit. Blühende Kolchosen, Arbeiter, die nur an die Planübererfüllung denken, heldenhafter Einsatz der Massen an der Arbeitsfront, fabelhaft wachsender Wohlstand, grenzenlose Hingabe des Volkes an die Ideen des Kommunismus, das ist die andere Wahrheit, die der Epoche.

Es heißt, die Literatur müsse dem Volk dienen. Aber wie? Das bestimmt die Partei. Genauer gesagt, ihre obersten Führer. Sie selbst haben, jedenfalls die heutigen, in der Regel keine Bücher gelesen. In ihrer Muttersprache können sie sich nicht gewandt ausdrücken. Fremdwörter wie sozialistisch, kommunistisch, imperialistisch, die sie ihr ganzes Leben hindurch von Tag zu Tag wiederholen, können sie nicht richtig aussprechen, ohne ins Schwitzen zu kommen. Sie verstehen ehrlich nicht, wozu Literatur gut ist und warum man Staatsgelder für sie verschwenden soll. So kommen sie schließlich auf den für sie natürlichen Gedanken, daß die Literatur wenigstens für Lobgesänge zu gebrauchen sei. Aber wer soll gelobt werden? Klar, zuerst natürlich sie selbst.

Einige einfachere Leute denken auch so. Ein Verwandter von mir, der von meinen Unbilden erfahren hatte, kam extra aus der Provinz zu mir, um mir beizubringen, wie ich aus meiner mißlichen Lage kommen könne. »Schreib über Breschnew«, sagte er in der Annahme, daß ich, ein Mensch aus einer anderen Welt, nicht auf diesen naheliegenden Gedanken kommen konnte.

Übrigens gibt es unter den Parteiführern auch solche, die bereitwillig zugeben, daß die Literatur nicht nur zum

Lobpreis, sondern auch noch für etwas anderes gut ist. »Die Literatur«, so sagen sie, »muß unsere Entwicklung fördern.« Ja, sie soll also beispielsweise die Erfüllung der Produktionsaufgaben im Gußeisenbereich, die Automobilherstellung oder die Ernte fördern.

Ich hatte vor Jahren einen Bekannten, der Sekretär eines Dorfsowjets der KPdSU war. Er schätzte mich sehr und interessierte sich für meine Arbeit. Eines Tages gab ich ihm eine Erzählung von mir, die damit endet, daß der Held in einem Bauernhaus verbrennt, das versehentlich von einer verrückten alten Frau in Brand gesetzt worden war. Dem Sekretär gefiel die Erzählung. Er sagte mir sogar, daß er geweint habe, als er sie las. Aber er wollte auch eine Verbesserung anbringen, indem er sie den aktuellen Bedürfnissen anpaßte. Er sagte mir etwa folgendes: »Weißt du, die Erzählung ist gut. Aber wozu die verrückte Alte? Die brauchst du doch gar nicht. Schau, wir bekommen Heizlüfter in unseren Kolchosen. Die sind oft defekt. Und derentwegen brennt es manchmal in den Unterkünften der Arbeiter auf den Feldern.« In der ehrlichen Absicht, mir zu helfen, schlug er mir vor, das Ende der Erzählung so abzuändern, daß das Feuer durch einen defekten Heizlüfter entfacht wurde. Er gab mir die Anschrift der Fabrik, damit ich sie in der Erzählung anführen könnte.

Sich in die Literatur einzumischen, Schriftsteller zu verbessern, ihnen die Werke zu korrigieren oder gar zu verbieten, das ist übrigens gar nicht so selten, das kann jeder, der dazu Lust hat, unabhängig von seiner Kompetenz. Eines meiner Stücke etwa wurde verboten, weil es dem Vorsitzenden des Präsidiums des Obersten Sowjets, Podgornyj, der dem Dominospiel den Vorzug vor allen Arten intellektueller Zerstreuung gab, nicht gefiel. In einem Lied mit meinem Text wurde eine Zeile auf Weisung des Kosmonauten Popowitsch verbessert. Nach einem scharfen Artikel eines Anstreichers in der Zeitung »Iswestija« wurde die beste Erzählung aus meinem Buch weggelassen.

Einige Literaturwissenschaftler schätzen die sowjetische Literatur sehr hoch ein. Sie weisen darauf hin, daß die Literatur nicht einmal in den schwierigsten Zeiten zu existieren aufgehört habe, daß in ihr Bulgakow, Platonow, Sostschenko, Pasternak gelebt und gearbeitet haben. Das ist natürlich richtig. Aber man darf nicht vergessen, daß es unter den Autoren, die im Schriftstellerverband waren und die in sowjetischen Verlagen herausgegeben wurden, immer zwei Kategorien gegeben hat, die einander so ähnlich waren wie Wolf und Schaf.

Die erste Kategorie kann man die »staatliche« nennen. In ihr sind Schriftsteller, die sich das Vertrauen der Sowjetmacht auf Dauer erworben haben. Sie bekleiden entweder höhere Ämter im Schriftstellerverband oder sind Chefredakteure der großen Zeitschriften. Außerdem sind sie gewöhnlich Abgeordnete im Obersten Sowjet der UdSSR oder der Russischen Teilrepublik oder Mitglieder und Kandidaten im ZK der KPdSU. Alles von ihnen Verfaßte gilt als staatstragend. Kein Redakteur kann ihre Manuskripte aufgrund eigenen Ermessens ablehnen. Wenn ihm im Manuskript etwas nicht gefällt, so kann er mit dem Autor sprechen oder sich an das ZK wenden, und dort entscheidet man dann endgültig, wie zu verfahren ist. Nachdem ein Buch eines staatlichen Schriftstellers erschienen ist, darf kein Kritiker und keine Zeitung es negativ beurteilen, außer aufgrund einer besonderen Anweisung von oben. Stellt es sich dennoch heraus, daß ein staatlicher Schriftsteller einen Fehler gemacht hat, so kann ihn nur das ZK korrigieren. Es gibt übrigens nur einen: der staatliche Schriftsteller hat die Rolle der Partei ungenügend dargestellt. Diesen Fehler machten seinerzeit Fadejew in der »Jungen Garde« und Scholochow im »Stillen Don«. Die Partei korrigierte sie, sie überarbeitete ihre Werke (Scholochow mehrfach), und danach wurden die Bücher akzeptiert und in die Liste der Klassiker eingereiht. Inzwischen sind die staatlichen Schriftsteller reifer geworden, solche Fehler begehen sie nicht mehr. Sie stellen die Rolle der Partei über alle Maßen dar, und das Zentralkomitee muß sie nicht mehr korrigieren, ja nicht einmal mehr lesen.

Die zweite Kategorie bilden die »geduldeten« Schriftsteller, die nicht die Prachtstraße der sowjetischen Literatur nehmen, sondern irgendwo nebenher fahren. Sie schreiben gewöhnlich nicht über Helden der Arbeit oder Sekretäre von Gebiets- und Bezirkskomitees, sondern über irgendwelche asozialen Elemente, Häftlinge, Selbstmörder, Trinker oder Bewohner von Kommunalwohnungen, die sich gegenseitig mit der Bratpfanne die Köpfe einschlagen.

Mit einem solchen Schriftsteller kann man umgehen, wie man will. Man kann ihn drucken, man kann es auch sein lassen, man kann ihn loben, kann ihn vernichtend kritisieren, man kann ihn auch einfach ignorieren, solange bis jemand bemerkt, daß der geduldete Schriftsteller unvorhergesehene Popularität bei den Lesern gewonnen hat, denen aus irgendeinem Grund all diese armen Teufel besser gefallen als die Gebietsparteisekretäre und Helden der Arbeit.

Zur Literatur, die ich die geduldete nenne, gehören die besten Schriftsteller der Sowjetzeit. Unter ihnen ist keiner, der sein Leben unbehelligt verbracht hätte. Einige von ihnen druckte man gelegentlich nach ihrem Tod, aber ungern. Noch immer verehrt man nicht sie, sondern ihre Verfolger. In der Sowjetunion gibt es Pawlenkostraßen, ein Serafimowitsch-Haus des Schaffens, das Fadejew-Literaten-Haus, eine Fedin-Bibliothek, ein Nikolaj-Ostrowskij-Museum und die Stadt Gorki. Aber keine Bibliothek, kein Museum, keine Straße ist nach Bulgakow, Platonow, Sostschenko, Mandelstam, nach der Zwetajewa, der Achmatowa und nach Pasternak benannt. Und das ist richtig so. Ich persönlich wäre dagegen, wenn diese zwei Reihen von Namen miteinander verbunden würden.

In der Einschätzung der Leistungen der Sowjetliteratur stimme ich mit den allerorthodoxesten Kritikern überein. Ich stelle an die Spitze dieser Literatur gern »Die Mutter« von Gorki und Majakowskis Poem »Wladimir Iljitsch Lenin«. Ohne Bedauern gebe ich auch »Die Neunzehn« von Fadejew und den »Tschapajew« von Furmanow dafür her. Der gelähmte Nikolaj Ostrowskij hat seinen Roman »Wie der Stahl gehärtet würde« selbst an diese Spitze geschleppt. »Der stille Don« gehört nicht zur Literatur des sozialistischen Realismus, dafür ist er zu menschlich und entspricht nicht einmal nach den vielen Abänderungen ihren Grundforderungen. (Der wilde Kosak Melechow, der erfolgreich mit seinem Säbel die Bolschewiken fällt, kann wohl kaum als Muster eines positiven Helden gelten.) Aber »Neuland unterm Pflug« oder »Sie kämpften für die Heimat« gehören ganz eindeutig zur Literatur des Sozrealismus. Mit Vergnügen überlasse ich dieser Literatur den »Eisenstrom« von Serafimowitsch, »Zement« von Gladkow, Panferows »Kanthölzer«, den »Scheiterhaufen« von Fedin sowie alle Romane von Kotschetow, Markow, Sartakow, Bondarjew, Stadnjuk, Sakrutkin und noch Tausende anderer Bücher im Ziegelsteinformat. Man kann jedes davon unter den Schrank legen, wenn er wackelt, oder aus ihnen allen zusammen einen Turm als Denkmal dieser totgeborenen Literatur errichten.

Aus den Büchern der »geduldeten« Schriftsteller läßt sich kein Turm errichten. Vielleicht reichen sie nicht einmal aus, ein Bücherregal zu füllen. Aber sie haben ihre Verfasser und ihre Peiniger überlebt. Diese Bücher kann man nicht erschießen, nicht in einer Brühe von Verleumdungen ersäufen und nicht durch Totschweigen ersticken. Gorki hatte nicht recht. Wenn sich der Feind ergibt, muß man ihn vernichten. Wenn er sich nicht ergibt, kann man ihn nicht vernichten.

Manche behaupten, daß es ein Tauwetter gar nicht gegeben habe. Andere beurteilen diese Epoche günstiger. Ich gehe noch weiter und sage, daß das Tauwetter überhaupt der Wendepunkt in der sowjetischen Geschichte gewesen ist. Wie zaghaft und inkonsequent auch die Demaskierung Stalins durch Chruschtschow gewesen sein mag, sie hat – unabhängig von Chruschtschows wahren Absichten – das ideologische Fundament des Staates untergraben. Die Folgen davon hat der Staat bis heute nicht überwunden. Er wird sie auch nie überwinden.

Ein Tauwetter ist ein Tauwetter. Das ist noch kein Frühling. Aber das Eis taut, es verwandelt sich in kaltes Wasser, und im Wasser entsteht neues Leben.

Während des Tauwetters ist in der Sowjetunion manches aufgetaut, und das wirkte sich in erster Linie auf die Literatur aus. Sie begann aufzuleben. Ihre alten Organismen erwachten, und es kamen neue hinzu. Es begannen Schriftsteller in die Literatur einzusickern, deren Existenz noch kurz vorher undenkbar gewesen wäre. Schließlich bildete sich eine ziemlich große Gruppe, die der jetzige Aufseher über die Literatur, Felix Kusnezow, die vierte Generation genannt hat. Nachdem ich zu dieser Generation gehöre, kann ich sagen, daß wir alle, unabhängig von unseren Ansichten, unserem Geschmack und unseren Fähigkeiten, so etwas wie die neuen Mitläufer waren. Formal haben wir die Sowjetmacht anerkannt. Formal haben wir auch den sozialistischen Realismus anerkannt. Aber praktisch lehnten wir die ganze Literatur ab, die mit Hilfe dieser Methode entstanden war. Unseren älteren Kollegen gegenüber empfanden wir Verachtung, und unsere Lehrer waren Bunin, Tschechow, Hemingway oder Salinger, aber auf keinen Fall Fedin oder Gladkow. Dieser Prozeß zog weite Kreise und erreichte auch Autoren der älteren Generation, die aus ihrer Erstarrung erwachten und den jungen nachliefen. Eine Literatur entstand, die man nach alten Kriterien durchaus verleumderisch, wenn nicht antisowjetisch nennen konnte. Die Obrigkeit verstopfte von Zeit zu Zeit ein Loch, doch dafür tat sich ein anderes auf. Der Prozeß endete damit, daß Solschenizyn die Szene betrat. Er gab sich schon nicht mehr als Mitläufer aus. Die Erzählung »Ein Tag im Leben des Iwan Denissowitsch«, in der absolut nichts Sowjetisches war, wurde nicht nur gedruckt, sondern auch für einen Leninpreis vorgeschlagen.

Die Behörden besannen sich schnell, aber es war schon zu spät: der Geist war aus der Flasche entwichen. (Wenn es kein Tauwetter gegeben hätte, lebte der pensionierte Lehrer Solschenizyn heute bestenfalls in Rjasan und schriebe heimlich seine »Knoten« oder »Krümel« ab.)

Kurz gesagt, als Folge des Tauwetters entstand eine Literatur, mit der die Behörden bis heute kämpfen. Die paar bemerkenswerten Schriftsteller, die es inzwischen gibt – seien es »Dorfautoren«, »Städter« oder Emigranten –, sie sind alle Kinder des Tauwetters.

Je länger das Schweigen währt . . .

Ende der sechziger Jahre war ich nicht nur Mitglied des Schriftstellerverbandes, sondern auch Mitglied des »Büros der Vereinigung ›Prosa‹«. Eines Tages fand eine der routinemäßigen Sitzungen des Büros statt. Zunächst wurden einige zweitrangige Fragen erörtert, dann schritt man zur Aufnahme neuer Mitglieder. Zu diesem Zeitpunkt betraten die zwei Sekretäre der Moskauer Abteilung des Schriftstellerverbandes das Zimmer, Lasar Karelin und Viktor Iljin, ein ehemaliger KGB-General. »Genossen«, verkündete Karelin, »heute ist ein Freudentag für uns. Wir haben einen Antrag von Nikolaj Trofimowitsch Sisow um Aufnahme in den Schriftstellerverband erhalten. Genosse Sisow ist ein großer Staatsmann und ein bedeutender Schriftsteller . . .«

Die literarische Karriere des Genossen Sisow hat vor meinen Augen begonnen. Früher arbeitete ich am Rundfunk, wo Sisow mein direkter Vorgesetzter war. Seine Tätigkeit: Chef der Hauptverwaltung für die politischen Sendungen des Allunionsradios. Da er zur Nomenklatur gehörte, konnte die Partei ihn hinstecken, wo sie wollte. Eines schönen Tages wurde er vom Rundfunkdirektor zum Chef der Moskauer Miliz gemacht und erhielt den Rang eines Generalmajors. Dann wurde er Stellvertretender Vorsitzender des Moskauer Stadtsowjets. Dann Generaldirektor der Filmindustrie von »Mosfilm«, wo er, wie es scheint, noch jetzt arbeitet.

Als er Chef der Miliz war, wandte sich der Chefredakteur der Zeitschrift »Oktober« und Klassiker der sowjetischen Literatur, Kotschetow, an ihn mit der Bitte, einen seiner Verwandten in Moskau anmelden zu können. Der Milizchef sagte nicht nein. Und der Chefredakteur von »Oktober« druckte einen Roman des Milizchefs ab. Dann gingen andere Romane, Novellen und Erzählungen in Druck. Der Held eines Romans von Sisow war ein Sekretär eines Gebietskomitees mit einer Biographie, die der Chruschtschows ähnelte. So wurde ein weiterer sowjetischer Schriftsteller geboren. Der Gerechtigkeit halber muß man sagen, daß Sisow nicht schlechter schreibt als obengenannter Karelin und auch nicht schlechter als die meisten Sekretäre des Schriftstellerverbandes, denn schlechter geht es nicht.

Unter Stalin blieben Parteibeamte, die als Aufseher zum Schriftstellerverband kamen, Parteibeamte, und sie hüteten sich davor, sich Schriftsteller zu nennen. Das hätte Stalin, der übrigens verboten hatte, seine eigenen Jugendgedichte zu drucken, mißfallen können. In den liberaleren Zeiten Chruschtschows sickerten die Beamten langsam in die Literatur ein, und unter Breschnew strömten sie in Massen. Jetzt blüht dort die Korruption nicht schlechter als im Handel.

Schriftsteller zu sein ist sehr ehrenhaft: man ist sofort in einer Gesellschaft mit Puschkin und Tolstoi. Schriftsteller zu sein ist günstig, denn der Umfang der Bücher, die Auflagenzahlen und entsprechend auch die Honorare hängen nicht von der Qualität und nicht von der Nachfrage der Leser, sondern ausschließlich vom Platz in der sowjetischen Hierarchie ab. Schriftsteller zu sein ist ungefährlich, denn die Bestechungsgelder gehen hier nicht von Hand zu Hand, sondern von Kasse zu Kasse. Du hast mich gedruckt, ich habe dich gedruckt, und beide sind wir hingegangen und haben uns unser Honorar auf ganz gesetzliche Weise abgeholt. Früher hat ein Chefredakteur den anderen gedruckt und umgekehrt. Heute muß man auch diejenigen drucken, von denen andere Annehmlichkeiten des Lebens abhängen. Und so kamen Milizionäre, KGB-Leute, Direktoren von Geschäften und Saunas, Chefs von Wohnungsverwaltungen und Vorsitzende von Landhaus-Kooperativen in die Literatur. Und alle mit soliden Empfehlungen. Den General Sisow hat Leonid Leonow protegiert, den KGB-Obersten Iwanjko kein Geringerer als Viktor Schklowskij. Wadim Koschewnikow hat ein begeistertes Vorwort zum Buch des KGB-Armeegenerals Zwigun geschrieben. Die Grenzen zwischen professionellen Autoren und solchen, die durch Beziehungen etwas geworden sind, verwischen. Der KGB-Mann Zwigun schrieb tatsächlich nicht schlechter als der »Profi« Koschewnikow, und Koschewnikow schrieb nicht besser als der Direktor eines Geschäfts.

Es scheint, als habe sich nun die sowjetische Literatur dem Ideal angenähert, dem sie seit ihrer Entstehung instinktiv zustrebte. Warum hatte man eigentlich soviel Mühe darauf verwendet, einen Schriftsteller zum Nomenklaturmitglied zu machen, wenn es doch viel einfacher war, aus einem Nomenklaturisten einen Autor zu machen? Die lebendige Literatur war ein Feind der neuen Ordnung. Jetzt ist dieser Feind niedergeworfen und fast vernichtet.

Von der Literatur, die ich die geduldete genannt habe, ist in Rußland fast nichts mehr übriggeblieben. Die einen sind emigriert, andere (Schukschin, Kasakow, Trifonow) sind gestorben. Alle einigermaßen ernsthaften Schriftsteller, die heute noch in dieser Kategorie existieren, kann man an den Fingern abzählen. Aber sie alle sind, wie ich schon sagte, Kinder des Tauwetters. Die jüngsten von ihnen sind um die Fünfzig. Die meisten von ihnen haben ihre wichtigsten Bücher schon geschrieben. Die Zukunft der Literatur gehört der Jugend. Aber wo ist sie? Innerhalb der Grenzen der offiziellen Literatur ist sie nicht zu sehen. Junge Schriftsteller leiten in der Regel keine Saunas oder Geschäfte, von ihnen läßt sich nichts holen, wer wird sie dann also drucken und wozu?

An einer amerikanischen Universität hat man mich einmal gefragt, was ein junger Schriftsteller eigentlich außer Papier und Bleistift brauche. Ich antwortete damals und wiederhole es hier: Er braucht einen Verlag und einen Leser. Um sich entwickeln zu können, muß man gedruckt werden, Reaktionen von Lesern bekommen, Unterstützung, Zustimmung und Kritik älterer Kollegen. Ohne all dies verliert ein junger Autor in der Regel das Gefühl, daß seine Arbeit für irgend jemanden nötig ist. Er wird stumm, resigniert, er kann nie etwas werden.

Ich spreche vor allem von der Prosa. Mit ihr ist es schlecht bestellt. Innerhalb der offiziellen sowjetischen Literatur jedenfalls erwarte ich unter den in ihr heute herrschenden Bedingungen keine neuen Entdeckungen oder Leistungen in dieser Gattung.

Das ist also der ruhmreiche Weg, den die sowjetische Literatur in den Jahren ihres Bestehens zurückgelegt hat. Es ist nicht meine Schuld, daß der Jubiläumsartikel nicht sehr fröhlich ausgefallen ist. Und dennoch glaube ich (um in diesem Genre oder auch nur bei meinem natürlichen Optimismus zu bleiben), daß man Literatur nicht endgültig vernichten kann. In Zeiten erzwungenen Schweigens sammelt sich Energie an. Läßt der Druck nach (und das wird eines Tages geschehen), dann bricht diese aufgestaute Energie nach außen durch, und es wird eine neue, vielleicht sogar bedeutende Literatur geboren werden.

Wie sagte Nikolaj Uschakow:

> Ich habe gelernt, der Worte Schweigen
> Zu bewahren in den Kellern und zu behüten.
> Je länger das Schweigen währt,
> Um so wundervoller die Rede.

III. Abrakadabra

Absurditäten des sowjetischen Lebens

Null-Lösung

Sobald mich das sowjetische Volk zu seinem Führer gewählt hat, werde ich als erstes versuchen, mit dem Präsidenten der Vereinigten Staaten von Amerika zusammenzutreffen. An jedem Ort, sei er passend oder unpassend.

»Ronnie« (oder vielleicht »John«), werde ich zu ihm sagen, »lassen Sie uns doch endlich über Abrüstung reden, nicht nur zu Propagandazwecken, sondern wirklich offen und ohne Unklarheiten. Sie sind für die Null-Lösung, ich ebenso. Lassen Sie uns also sämtliche Zünder von den Atomsprengköpfen entfernen und aus Raketen Pflugscharen schmieden. Eine runde Null Ihrerseits und eine genauso runde meinerseits. Wie auf einer Klotür. Ich stimme sogar zu, daß die Engländer und Franzosen ihre Raketen für sich behalten dürfen. (Sie sollen sich aber, sofern sie sich für anständige Leute halten, dazu verpflichten, im Falle eines Weltkonfliktes ihre Atomwaffen gegeneinander zu richten.)

Doch ehrlich gesagt, in jedem langwierigen Krieg (und ein Krieg ohne Atomwaffen wird ganz bestimmt langwierig) ist nicht nur das militärische, sondern auch das wirtschaftliche Potential bedeutsam. Von letzterem aber kann nicht einmal die kapitalistische Propaganda behaupten, daß wir die Abrüstung oder irgend etwas anderes dazu benutzt hätten, darin Überlegenheit über den Westen zu erlangen.

Es ist genau umgekehrt. Den Prinzipien einer friedlichen Außenpolitik treu, hat unser Staat seit seinem Bestehen einseitig auch unaufhaltsam sein wirtschaftliches Potential gesenkt, während die kapitalistischen Staaten das ihre erhöht haben. Mit unserem Potential haben wir die Null-Lösung schon beinahe erreicht. Ich sage ›beinahe‹, denn einiges besitzen wir ja noch immer. In einigen Läden kann man sogar noch ein Stückchen Wurst kaufen.

Das erklärt sich daraus, daß wir die ersten waren. Wir sind bislang unerforschte Wege gegangen. Hinzu kommt die Tatsache, daß wir unglücklicherweise zu viele Rohstoffe besaßen, die wir bis heute nicht aufbrauchen konnten. Aber auch in diesem Bereich verzeichnen wir grandiose Erfolge. Sie werden mir gerne zustimmen, sobald Ihnen Ihre Berater einen zuverlässigen Bericht darüber vorlegen, welche Menge an Gold, Erdöl, Pelzen und Kaviar wir jedes Jahr ins Ausland verkaufen. Und wenn wir die Erdgasleitung fertiggestellt haben, schaffen wir es auch, unser gesamtes Erdgas in den Westen zu pumpen. Was die dabei verdiente harte Währung anlangt, so lohnt es nicht, sich darüber zu beunruhigen. Dafür werden wir irgendwelche technisch sehr komplizierten Geräte kaufen und sie aufs offene Feld stellen; da können sie verrosten.

Bis zur runden Null haben wir es also nicht mehr weit. Wir müssen nur noch unsere Programme weiter realisieren, die Disziplin weiter stärken, und dann stehen wir im Hemd da.

Wir haben Amerika immerfort eingeholt und sogar überholt. Versuchen doch Sie nun auch einmal uns einzuholen! Bringen Sie doch Ihre Wirtschaft auf unser Niveau, damit ein Gleichgewicht nicht nur militärisch herrscht, sondern auf allen Gebieten.

Ich bin keineswegs ein Utopist und glaube nicht daran, daß die Wirtschaft eines so reichen Landes wie des Ihrigen unverzüglich zerstört werden könnte. Und doch wäre dies möglich, wenn man ein kluges und dauerhaftes Programm ausarbeiten würde. Wir helfen Ihnen mit Vergnügen. Für alle Fälle habe ich streng wissenschaftliche Empfehlungen vorbereitet, die auf unserer eigenen historischen Erfahrung beruhen. Wenn Sie diesen Empfehlungen folgen, so ist Ihnen der Erfolg sicher. Zwar haben diese Empfehlungen nur sehr allgemeinen Charakter, sie können aber in der Realisierungsphase vervollständigt und verfeinert werden.

Um also die wirtschaftliche Parität mit der Sowjetunion zu erreichen, müssen Sie folgendes tun:

1. Einen politischen Umsturz durchführen, Ihre Partei zur einzigen, führenden und richtungweisenden Kraft der amerikanischen Gesellschaft erklären, mit Ihnen persönlich an der Spitze.

2. Alle übrigen Parteien verbieten, die aktivsten Mitglieder verhaften, die Parteiführer in die Sowjetunion schicken oder, besser noch, erschießen.

3. Diejenigen Mitglieder Ihrer eigenen Partei, die sich Veränderungen widersetzen, verhaften, einigen von ihnen einen Schauprozeß machen und sie ebenfalls erschießen.

4. Alle in Privatbesitz befindlichen Banken, Fabriken, Geschäfte, Restaurants, Schiffe, Flugzeuge, Autos, Pferde, Kühe, Ziegen, Schafe und Schweine beschlagnahmen.

5. Sämtliche privaten Wohnungen in Gemeinschaftswohnungen umwandeln und in den restlichen Privatwohnungen Museen, öffentliche Toiletten, Stallungen und sonstige gemeinnützige Einrichtungen schaffen.

6. Das Capitol sprengen, an seiner Stelle ein Schwimmbad für die Arbeiterklasse errichten, geradeso wie wir es mit der Erlöserkathedrale gemacht haben.

7. Sämtliche Farmer nach Alaska verschicken, damit sie dort eine strategische Transalaskische Eisenbahn bauen; ihre Farmen in Kolchosen umwandeln; in ihnen örtliche Komitees Ihrer Partei einrichten sowie solche des Staatssicherheitsdienstes, der aus CIA und FBI gebildet worden ist. Zu den Kolchosen und örtlichen Komitees unfähige Leute heranziehen, so daß ein für allemal das Problem der Arbeitslosigkeit gelöst wäre.

8. Irgendeine Wissenschaft (zum Beispiel die Botanik) zu einer pseudokommunistischen Wissenschaft erklären.

9. Maßnahmen zu einer gigantischen Veränderung der Landschaft der Vereinigten Staaten ergreifen; zu diesem Zweck den Mississippi in die Nevada-Wüste umleiten, wo in der Folge Baumwolle und Reis angebaut werden könnten. Der ehemalige Flußlauf des Mississippi wird sich natürlich mit der Zeit in eine Wüste verwandeln, aus welcher dann Sand gefördert werden kann.

10. Die Bevölkerung von Hawaii in den Staat Maine umsiedeln und sie dort als Holzfäller einsetzen.

11. Höchstpersönlich die direkte Führung in allen politischen, wirtschaftlichen und sozialen Lebensbereichen übernehmen, ständig Direktiven darüber erlassen, wie beispielsweise Kühe zu melken und Häuser zu bauen sind, wie die Quantenmechanik zu entwickeln ist, wie Kaninchen zu vermehren und Bücher zu schreiben sind, wie Musik zu komponieren ist usw.

12. Sämtliche Massenmedien, Zeitungen, Rundfunk und Fernsehen, täglich zur Verbreitung Ihrer langen und langweiligen Reden heranziehen.

13. Städte, Märkte, Fabriken, Kolchosen, verschiedene Verkehrsmittel, Straßen und Gebäude mit Ihrem Namen benennen.

14. In allen Städten, Märkten, Dörfern Ihr Denkmal aufstellen und Ihr Porträt aufhängen lassen.

15. Einige hundert neuer Orden für Verdienste im Krieg und in der Arbeit stiften und vor allem sich selbst damit auszeichnen lassen. Die Verleihungszeremonien müssen selbstverständlich eine weite Verbreitung durch Presse, Rundfunk und Fernsehen erfahren.

16. Ihre Bücher, Artikel, Notizen und einzelnen Aussprüche müssen bei den Werktätigen stürmischen Beifall finden und in allen Lehranstalten, Arbeiterkollektiven und Militäreinheiten eifrig studiert werden.

Ich könnte Ihnen selbstredend noch eine Reihe von nützlichen Ratschlägen geben, doch schon wenn Sie sich nur auf die hier aufgeführten beschränken, würde die

Wirtschaft Ihres Landes im Laufe einer kurzen historischen Übergangsperiode – sagen wir innerhalb von 60 bis
70 Jahren – einer Null-Lösung nahekommen.

Es bleibt zwar noch das Problem des geostrategischen
Gleichgewichtes, denn im Unterschied zu Amerika sind
wir von feindlichen Bruderstaaten umgeben, die sich im
Falle eines Weltkonfliktes auf höchst hinterhältige Weise
benehmen könnten. Dieses Problem ist aber ganz leicht zu
lösen. Zu diesem Zweck bräuchte man nur die Hälfte aller
Chinesen nach Mexiko und die Hälfte aller Polen, Tschechen, Bulgaren, Rumänen, Ungarn und Ostdeutschen nach
Kanada umzusiedeln. Dies sollte am zweckmäßigsten erfolgen, während sie schlafen, damit sie in dem Glauben
aufwachen, ihr großer Bruder, die Sowjetunion, lebe weiterhin neben ihnen.

Sobald Sie das alles vollbracht haben, können wir uns
erneut treffen und dann die Verhandlungen über die Null-
Lösung in der Raketenfrage mit voller Kraft vorantreiben.«

Wie ich in die Vereinigten Staaten gereist bin

Da hab' ich mir doch unlängst vorgenommen, wieder einmal in die USA zu fahren. Teils um mein Schäfchen, so gut es geht, ins Trockene zu bringen, teils um überhaupt zu sehen, was sich dort tut. Zumal mir der Weg dorthin nicht unbekannt ist, in den gut drei Jahren meines Aufenthalts im Westen bin ich in diese Zitadelle des Kapitalismus schon fünfmal geflogen, und nun wollte ich es das sechste Mal tun. Habe mich aufgerafft, das Ticket gekauft, den Koffer gepackt, nun wurde es Zeit, sich um die Papiere zu kümmern. Die Sache war die, daß mein voriges Visum abgelaufen war, ich mußte mir ein neues besorgen. Freilich, für die fünf anderen Flüge hatte ich es auch besorgt, doch da konnte ich jedesmal offizielle Einladungen vorweisen – auf offiziellen Formularen und mit Unterschriften offizieller Persönlichkeiten. Auch dieses Mal war ich eingeladen, aber nur telefonisch. Ich war also durch keinerlei Stempel abgesichert. Natürlich hätte ich um eine schriftliche Einladung bitten können, ich war aber nicht rechtzeitig draufgekommen, dachte mir, o. k., geht auch so. Jetzt aber . . . wenn nun die auf dem Konsulat fragen sollten, warum ich in ihr Land eindringen will . . . Ich wurde sehr nachdenklich und begann, mir möglichst gewichtige Gründe zurechtzulegen, beispielsweise, daß ich der Einladung einer sehr prominenten Persönlichkeit folgen wollte . . . Bei der Persönlichkeit aber, die mich eingeladen hatte, na ja, da kam es auf den Blickpunkt an. Für mich war sie sehr bedeutsam, fürs Konsulat jedoch war der Name vielleicht

Schall und Rauch. Angenommen, sie, diese Persönlichkeit, ist auch für das Konsulat bedeutsam, könnten sie mich dort fragen: »Wenn diese Persönlichkeit Sie wirklich eingeladen hat, müßten Sie doch einen Einladung vorweisen können; etwas Schriftliches also, ein Papier.« Na ja, denk' ich, dann sage ich ihnen, ich hätte es nicht gewußt, daß so ein Papier unbedingt notwendig ist. Daraufhin könnte das Konsulat womöglich beleidigt sein. »Na, hören Sie«, könnte es sagen, »Sie halten wohl von unserem Land reinweg gar nichts, Sie denken, jeder Dahergelaufene könnte so mir nichts, dir nichts ohne jedes Papier, bloß auf einen Anruf hin, bei uns einreisen?« Kurz gesagt, ich bin ganz schön ins Schwitzen geraten. Wird mir das Visum verweigert, weiß ich nicht, was ich machen soll – der Termin der Ankunft ist abgesprochen, das Geld für das Ticket bezahlt, und an Zeit, um von jenseits des Ozeans ein Papier zu erbitten, fehlt es ganz und gar. Ratlos, verwirrt, den Kopf voller Überlegungen gehe ich zu Bett. Und beim Einschlafen, wenn es im Gehirn so durcheinandergeht, daß man nicht weiß, was Traum, was Wirklichkeit ist, da wird mir ganz sonderbar zumute. Na schön, denke ich, mit den Amerikanern, da komme ich vielleicht irgendwie klar, aber bei den Deutschen habe ich doch auch nicht um eine Erlaubnis nachgesucht, mich an keine Ausreisekommission gewandt. Zwar war mir so, als gäbe es hier keinerlei Kommissionen dieser Art, als könntest du, wenn du wolltest, in alle vier Himmelsrichtungen abhauen, bitte schön, kein Mensch braucht dich hier . . . ja, das dachte ich, indem ich einschlief. Aber zur gleichen Zeit wachte der sowjetische Mensch in mir auf und entgegnete: »Was denn, wieso braucht dich kein Mensch? Meinst du, hier gibt es überhaupt keine Obrigkeit? Und wieso sollte hier jeder hinfahren können, wohin er will? Und wenn er nun gar nicht zurückkommt?«

Kurz und gut, wegen all der Gedanken, die mich zur Nacht heimgesucht haben, träumte ich zwar nicht direkt einen Alptraum, aber auch nicht gerade was Rosiges. Ich träumte, daß ich vor eine Kommission irgendeines Münchner Stadtsowjets oder Gebietskomitees hingestellt worden bin. Da sitzt eine Gruppe sehr gewichtiger Leute und führender Kräfte der hiesigen Privatwirtschaft, alle wohlgenährt, in dunkelblauen Anzügen mit allerhand Orden dran. Ich trete also ein, sie aber studieren unterdessen meinen ausgefüllten Fragebogen, keinen sehr detaillierten, aber immerhin so an die anderthalb Kilometer lang. Nun ist meine Biographie, ohne prahlen zu wollen, gar nicht so übel. Bin geboren, habe gelernt, gearbeitet, in der Weißen Armee nicht gekämpft, vor Gericht nicht gestanden, nicht in einem von den Deutschen während des Krieges besetzten Gebiet gelebt. Ein durchaus passabler Lebenslauf, so einen kann sich jeder nur wünschen. Und ich sehe, die Mitglieder der Kommission sind mit mir im großen und ganzen zufrieden. »Sie wollen also«, fragen sie, »in die USA?« – »Jawohl«, sage ich, »möchte ich gern.« – »Und wozu?« fragen sie. »Na, wieso denn«, sage ich, »wieso denn wozu? Einfach«, sage ich, »aus Interesse, um das dortige Leben kennenzulernen.« Die Alten in dieser wichtigen Kommission sind mit mir wiederum sehr zufrieden, nikken beifällig mit ihren flaumigen weißen Köpfen. »Stimmt«, sagen sie, »der Wissensdrang ist eine sehr lobenswerte Eigenschaft, aber«, sagen sie, »Sie wollen ja ganz allein auf sich gestellt reisen, ohne jede sachkundige Begleitung, doch die internationale Lage ist heute, wie Sie ja wissen, sehr angespannt, Sie könnten auf alle möglichen Extremisten stoßen, die Ihnen provozierende Fragen stellen, beispielsweise, nehmen wir an, ob es bei uns wirklich Arbeitslosigkeit, Drogenmißbrauch und Kriminalität gibt. Was dann?« – »Also, was solche provozierenden Fragen betrifft«, sage ich, »da brauchen Sie sich keine Sorgen zu machen, darin bin ich, das kann ich wohl sagen, olympiareif. In begrenztem Umfang ist eine saisonbedingte Arbeitslosigkeit«, werde ich sagen, »leider nicht zu leugnen, doch sind wir dabei, sie erfolgreich zu überwinden; was aber das andere anbetrifft, so sollten Sie, ehe Sie Fragen dieser Art stellen, mal in Ihrem Harlem spazierengehen, so um die Mitternacht etwa und ohne Polizeischutz.« Die Kommission ist, das sehe ich, von meinem politischen Bewußtsein höchst angetan. »Na gut«, sagt sie, »wir sehen, Sie haben sich zu der Reise gut vorbereitet, sind in politischer Hinsicht einwandfrei. Können Sie uns vielleicht auch noch sagen, wer der Generalsekretär der kapitalistischen Partei Amerikas ist?« – »Ich bitte Sie«, sage ich, »warum stellen Sie mir so läppische Fragen? Das weiß doch«, sage ich, »jeder Säugling, der Generalsekretär der kapitalistischen Partei Amerikas ist der unerschütterliche Kapitalist und herausragende Friedenskämpfer Genosse Ronald Reagan.« – »Richtig«, sagen sie, »richtig.« Und ich hätte vor dieser verdammten Kommission spielend bestanden, doch da erhebt sich so eine vollbusige Madam, nebenbei gesagt eine Heldin der kapitalistischen Arbeit, und fragt, ob ich keine Verwandten im Ausland hätte. Na, da ist meine Antwort eindeutig: nein. Darauf wechseln sie alle untereinander bedeutungsvolle Blicke. »So?« fragen sie. »Denken Sie mal gut nach.« Also denke ich nach. »Nein, keinerlei Verwandte«, sage ich. »Haben Sie denn in der Sowjetunion niemanden mehr?« – »In der Sowjetunion habe ich«, sage ich, »natürlich Verwandte, aber im Ausland nicht einen einzigen.« Und hier brach nun ein Streit aus, ein sehr dummer, würde ich sagen. Sie sagen zu mir: »Aber die Sowjetunion ist ja Ausland. Also befinden sich Ihre Verwandten im Ausland.« – »Was die Sowjetunion angeht, da bestreite ich's nicht, aber in bezug auf meine Verwandten bin ich ganz sicher, die schreiben sogar im Lebenslauf auf die Frage, ob sie jemals im Ausland waren: nein, niemals. Ja, glauben Sie denn, die lügen?« Da sprang so ein Alter auf seine rheumatischen Beine und rief: »Ja, was ist denn das für ein Depp? Der will uns hier wohl für dumm verkaufen?« Da konnte ich mich auch nicht mehr beherrschen.

Zum Teufel mit Amerika, dachte ich, soll es von mir aus der Kuckuck holen, eh' ich mir hier meine Menschenwürde mit Füßen treten lasse. »Sie sind ja, Opa«, sagte ich, »mitsamt Ihrer Kommission ganz und gar vernagelt, versuchen Sie mal mit Ihrem Kopf zu denken, betrachten Sie die Sache einmal logisch. Ich war es doch, der seinerzeit ins Ausland fuhr, meine Verwandten aber haben ihr Land lebenslänglich nicht verlassen. Sie können es ja leicht überprüfen. Selbst Ihre hiesigen kapitalistischen Zeitungen schreiben ja von einigen sowjetischen Menschen, daß die um ihre Ausreise kämpfen. Was hätten die es nötig zu kämpfen, wenn sie schon im Ausland wären?«

In diesem Augenblick wurde ich heftig geschüttelt. Und wachte auf. Meine Frau beugte sich über mich. »Was ist mit dir?« fragte sie. »Was schreist du so und fuchtelst mit den Armen?« – »Wie soll ich denn nicht mit den Armen fuchteln«, rief ich, »wenn die mir so dämliche Fragen stellen!« Und ich erzählte ihr von den Dummköpfen aus meinem Traum. »Na ja, beruhige dich«, sagte sie, »es waren ja keine richtigen Dummköpfe, bloß geträumte.« – »Das ist mir egal«, sagte ich, »ob richtige, ob geträumte – Dummköpfe sind mir alle verhaßt.«

Nach und nach habe ich mich dann beruhigt. Denn Dummköpfe gibt es zwar auch hier nicht zu knapp, aber solche Kommissionen bilden und idiotische Fragen stellen tun sie nur im Traum. Im realen Leben aber, falls einer wohin auch immer reisen will, braucht er bei der hiesigen, der deutschen Obrigkeit überhaupt nicht um Erlaubnis zu fragen. Muß nur auf dem Weg zum Flugzeug einem Polizisten seinen Paß vorzeigen. Der guckt sich den Paß an, und dann guckt er in so eine Liste. Nämlich, ob der Betreffende nicht etwa ein gesuchter Verbrecher ist. Ist er es nicht – bitte schön, gehen Sie durch, alles o. k.

Für die Länder aber, in die man will, braucht man wirklich ein Visum – wenn auch nicht für alle, nur für einige. Zum Beispiel eben für die USA. Und wegen der fehlenden schriftlichen Einladung habe ich mich wirklich aufgeregt. Doch niemand fragte danach. Man gab mir nur den üblichen Fragebogen, der unter anderem die Frage enthält: Waren Sie jemals Kommunist? Worauf ich immer mit Vergnügen antworte: Nein, nie im Leben. Und dann noch die Frage: Warum reisen sie in die USA? Ich zögerte, dachte nach und schrieb: »Just for fun.« Zum Vergnügen also. Und diese Antwort hat die amerikanischen Behörden offensichtlich befriedigt, denn innerhalb von fünfzehn Minuten wurde mir ein Visum für die Dauer von vier Jahren ausgestellt, damit hätte ich auch täglich hin- und herfliegen können, vorausgesetzt, mein Geld würde reichen. Doch das reicht natürlich nicht, denn – genau wie in der Sowjetunion – wächst das Geld auch hier leider nicht auf den Bäumen.

Abrakadabra

Also da kann man sagen, was man will, aber die »Literaturnaja gaseta«* – das ist doch ein einmaliges Druckerzeugnis. Läge es in meiner Macht, ich würde sie in allen Sprachen der Welt verbreiten, damit nicht nur die Russisch le-
senden, sondern auch alle anderen Leute sich an ihrem oft
recht ausgefallenen Inhalt delektieren könnten. Da las ich
doch zum Beispiel in der Ausgabe vom 4. Juli den hochin-
teressanten Artikel von Alexander Sabow »›Longo mai‹ –
der Versuch, anders zu leben«. Das ist kein normaler Zei-
tungsartikel – das ist eine Perle. Urteilen Sie selbst.

Genosse Sabow schreibt, daß im Jahre 1972 irgendwelche jungen Leute in den Alpen eine landwirtschaftliche
Kooperative gegründet haben, die sie »Longo mai« nannten und wohin sie (ich zitiere) »das junge Europa zu sich
zu sommerlichen Konferenzen einluden. Den Gästen wurden bescheidenes Essen und unbeschränkte Möglichkeiten
für Arbeit und Diskussionen geboten. Strengstens uner-
wünscht waren nur zwei Kategorien von Ankömmlingen:
Faulpelze und ideologische Waschlappen.«

Ich las diesen Absatz einige Male und gab mir Mühe, zu
verstehen, was er besagt. Junge Leute gründeten eine landwirtschaftliche Kooperative. Also so was ähnliches, wie
einen Kolchos. Sie baten das junge Europa zu sich. Boten
bescheidenes Essen und unbeschränkte Möglichkeiten für

---

* »Literaturnaja gaseta« – die 1929 gegründete, seit 1967 wöchentlich
erscheinende »Literaturzeitung«, Organ des Schriftstellerverbands der
UdSSR (Anm. d. Übers.).

Arbeit und Diskussionen. Welche Arbeit? An Konferenzen teilnehmen oder die Erde pflügen? Und was haben ideologische Waschlappen damit zu tun? Ganz zu Anfang kamen so viele Leute in diesen seltsamen Kolchos geströmt, daß die Kolchosmitglieder im Winter nur noch Spinat und Rüben zu essen hatten, berichtet uns der Autor. Versteh' ich alles nicht. Wenn die angereisten ideologischen Nicht-Waschlappen keine Faulpelze waren, wenn sie nicht nur diskutierten, sondern auch arbeiteten, warum fiel die Ernte dann so mager aus, daß sie gezwungen waren, sich nur von Spinat und Rüben zu ernähren?

Weiter heißt es, die jungen Kolchosbauern seien zusammengekommen, um neue Gärten zu pflanzen, etwas tiefer aber steht, sie hätte gar nichts gepflanzt, sondern Lavendel gesammelt und ihn dann in der Schweiz auf Märkten verkauft. Wie durch ein Wunder bekamen sie ein von der Schweizer Armee abgeschriebenes Pferd. Jede Zeile ruft verständnisloses Staunen hervor. Was haben sie denn nun eigentlich getan? Neue Gärten gepflanzt oder das gesammelt, was die Natur eh hervorgebracht hat? Ein Pferd ist in der Schweiz kein Wunder und auch kein genehmigungspflichtiges Tier wie in der Sowjetunion. Hier kann nicht nur eine Kooperative, sondern jeder gewöhnliche Mensch ein Pferd kaufen. Und wenn es eine alte abgeschriebene Schindmähre ist, dann kriegt man sie fast nachgeschmissen. Dazu bedarf es keines Wunders. Dann steht in dem Artikel, daß die jungen Leute das Pferd vor einen Leiterwagen spannten, auf den Wagen »Pionierdorf Longo mai« schrieben und sich, nach den Worten des Autors, »auf ihre erste europäische Reise begaben«. Das sind mir die rechten Kolchosbauern! Statt auf Berghängen zu schuften, gehen sie auf Reisen. Auf dem Leiterwagen, schreibt der Autor, waren außer Bulletins und Lavendel noch eine Gitarre, eine Geige und ein Akkordeon. Hier verblüffen mich nicht so sehr die Geige und die Gitarre als diese wundersame Zusammensetzung: Bulletins und Lavendel.

Was ist das für ein Abrakadabra? Wenn sie mit Lavendel handelten, wozu dienten ihnen die Bulletins? Und wenn sie Bulletins verteilten – was sollte da der Lavendel?

Es folgt noch eine Reihe interessanter Tatsachen: Die reaktionären französischen Behörden erlaubten ihnen nicht, einhundertfünfundsechzig Schafe über die Staatsgrenze zu bringen. Und was meinen Sie, worauf kamen da die Kolchosbauern? Sehr einfach. Sie fabrizierten für jedes der einhundertfünfundsechzig Schafe einen Paß mit Foto, banden ihnen Halsbänder um, und den französischen Zöllnern blieb gar nichts anderes übrig, als diese Schäfchen mit ihren Pässen durchzulassen.

So – so. Also, wir wollen zusammenfassen. Konferenz, alter Gaul, neue Gärten, Bulletins, Lavendel, Schäfchen mit Pässen. Ach, so ist das also! Irgendein reaktionärer französischer Präfekt hat diese Kolchosbauern aus Frankreich ausgewiesen, wobei er keine Bedenken hatte, öffentlich zu verkünden, sie hätten sich in einem Landstrich angesiedelt, der im Interesse der nationalen Verteidigung einer besonders wachsamen Kontrolle unterliegt. Dabei hat der Präfekt die Überzeugung geäußert, daß diese jungen Leute einer »internationalen Organisation« angehörten, »deren Ziele und Aktivitäten eine Bedrohung für die Behörden unseres Landes« darstellten.

Ich war schon drauf und dran, mich über die selbstherrlichen Taten dieses Reaktionärs zu empören, der gegen junge Leute vorging, die ebenso unschuldig waren wie ihre Schäfchen, und ich nahm an, Alexander Sabow würde mir ihre Unschuld in seinem Artikel bestätigen. Doch zwei Absätze weiter berichtet der Korrespondent der »Literaturnaja gaseta« recht Fragwürdiges über dieses junge Volk. Es stellt sich heraus, daß einer von ihnen im zarten Alter von sechzehn Jahren nach Südamerika fahren wollte, um dort ... Der Korrespondent begnügt sich hier mit drei Pünktchen ... und fährt fort: ... wie Che Guevara. Hier macht der Korrespondent einen Punkt. Was: Wie Che

Guevara? Um wie Che Guevara zu leben oder nur auf seine Art Lavendel zu sammeln? Doch soviel ich weiß, war Lavendelverkauf nicht Che Guevaras Haupttätigkeit. Der Argentinier Che Guevara hat an der kubanischen Revolution teilgenommen, sich dann mit Fidel Castro überworfen, eine eigene Partisanentruppe gebildet und ist losgezogen, um die anderen Länder Südamerikas zu befreien. Über Bulletins weiß ich nichts, Lavendel aber hat er bestimmt nicht mitgeführt, allenfalls Maschinengewehre und Granaten. Nachdem er andere getötet hat, wurde er selbst in Bolivien getötet. Der junge Österreicher Willi ist dann doch nicht nach Südamerika gefahren, weil einer der anderen Kolchosbauern, Rolland, ihn davon überzeugte, daß auch in Europa, wo es bald losgehen wird, künftige Che Guevaras alle Hände voll zu tun haben würden.

Drei Jahre später desertierte Willi aus der Armee, wobei er dies per Telegramm dem österreichischen Kanzler mitteilte. Sein Kumpel Rolland saß zu dieser Zeit im Gefängnis, da er sich an der Rebellion eines Luftlandegeschwaders beteiligt hatte. Ein dritter Freund hat, wie Sabow schreibt, »in der Wüste ein mit OAS-Generälen besetztes Flugzeug zum Landen gezwungen und damit eine wichtige militärische Operation scheitern lassen«. Du lieber Gott! Was denn für OAS-Generäle? Wie konnte dieser Kolchosbauer in der Wüste ein Flugzeug zum Landen zwingen? War er denn Flieger? Oder hat er auf das Flugzeug geschossen? Womit? Unwichtig! Es gehört nicht zu den Traditionen der »Literaturnaja gaseta«, die Leser mit präzisen Erklärungen zu verwöhnen. Die reaktionären französischen Politiker haben ihn selbstverständlich in die Todeszelle gesperrt, aus der er wie durch ein Wunder herauskam. Dem Gefängnis sind beide durch eine Solidaritätskampagne entrissen worden, die ganz Frankreich erfaßt hatte. In der Schweiz aber setzte sich Friedrich Dürrenmatt für ihre Befreiung ein.

Na ja. Stellen wir uns doch für einen Augenblick einen

sowjetischen Soldaten vor, der desertiert und seinem Staatsoberhaupt dies in einem Telegramm mitteilt. Oder einen, der ein Flugzeug mit sowjetischen Generälen zum Landen zwingt und damit eine wichtige militärische Operation, etwa in Afghanistan, scheitern läßt. Die sowjetischen Gesetze sind hart, es ist schon möglich, daß so ein Soldat in der Todeszelle landet. Doch da entsteht eine Befreiungskampagne, progressive sowjetische Schriftsteller treten in der »Literaturnaja gaseta« für sie ein, und schon sind die Soldaten frei.

Weiter im Text. So heimtückisch die reaktionären französischen Behörden auch sein mochten, die Schweizer erwiesen sich als noch tückischer. Sie haben die Kolchosbauern gar nicht erst ins Gefängnis gesteckt, sondern im Gegenteil ihren Abzug in die Berge begünstigt, damit sie in den Städten keine Unruhe säten. Die schweizerischen Zeitungen riefen sogar zu einer Geldsammlung in Höhe von hunderttausend Franken zugunsten von »Longo mai« auf. Und dem langen Lulatsch Nicky hat der eigene Papa aus seinen kärglichen Mitteln Geld für einen ganzen Hektar Land zukommen lassen. Doch Nicky hat trotzdem tagelang von morgens bis abends auf den Märkten Geige gespielt, um für die gemeinsame Sache Francs, Franken und Markstücke einzuheimsen.

Inzwischen ist die Kooperative »Longo mai« aufgeblüht: Weberei, Getreide, Schafzucht. Also doch ein Kolchos? Sie haben Zweigniederlassungen in anderen Ländern.

Doch Sabow zitiert einen der Leiter des »Longo mai«, die Kooperative sei »als juristische Form für uns wichtig im Verhältnis zur Außenwelt, doch innen bedeutet sie wenig«. Das heißt, die Kooperative ist nur Augenwischerei, in Wirklichkeit aber (ich zitiere wieder) »ist das unsere Alternative zu der bestehenden Gesellschaftsform«.

Über diese wackeren, schaffensfreudigen Menschen wird, so Sabow, im Westen zu viel Irreführendes geredet. Man nenne sie Sekte, Mai-Kinder, Anarcho-Syndikalisten, Neo-Blancisten, Netschajewzen, Kropotkinisten, Pazifisten und Terroristen. Nachdem sie das alles aufgezählt haben, brachen die »Longomaier« in ein Gelächter aus, das der Berg, so wollte es Sabow scheinen, davon zu wackeln begann. All diese Bezeichnungen passen natürlich gar nicht zu ihnen. Denn sie seien lediglich Gegner ... nein, hören Sie bloß! ... Gegner der Militarisierung, der Industrie und der Gesellschaft, und weiter nichts.

Man muß schon sagen, ein solches Material kommt sogar in der »Literaturnaja gaseta« nicht häufig vor. Und doch hätte mich dieser Artikel nicht unbedingt zu einem Feuilleton beflügelt, hätte es da nicht ganz am Ende einige Zeilen als Redaktionsbemerkung gegeben. Wörtlich hieß es: »Nach Mitteilung unseres Korrespondenten aus Frankreich suchen die jungen Leute, von denen hier die Rede war, Briefpartner in sowjetischen Kolchosen oder Sowchosen. Wir bitten die Interessenten, an uns zu schreiben.«

Das hat mich glatt umgehauen! Also wirklich! Was schreibt da das Organ des Schriftstellerverbandes, wozu ruft es unsere ländliche Kolchosjugend auf?! Los, Kinder, tut euch zusammen, nehmt in eure Reihen Deserteure, Rebellen, Terroristen auf, versammelt euch in Landstrichen, wo sowjetische Militärstützpunkte sind, ruft das junge Europa auf, euch zu besuchen, kauft einen alten Armeegaul, sammelt Lavendel, nehmt, wenn ihr reist, Bulletins, eine Geige und ein Akkordeon mit, schafft eine Alternative zu dem existierenden Regime, bekämpft Militarisierung, Industrie und die Gesellschaft!

Ich habe in der Sowjetunion verschiedene Kolchosen gesehen, aber solche noch nie. Jetzt, nach diesem Aufruf der »Literaturnaja gaseta« hoffe ich aber, auch diese Variante kennenzulernen.

Die vierte Seite des Humanismus

Im Arsenal der sowjetischen Propaganda gibt es ein Thema, das sich ständig wiederholt und fortentwickelt, das nie veraltet.

Nehmen wir zum Beispiel wieder die »Literaturnaja gaseta«, die Ausgabe vom 16. Januar 1985. Man könnte auch eine beliebige Ausgabe jeder anderen Zeitung nehmen, aber die »Literaturnaja« ist einfach ausdrucksvoller, sie wird ja immerhin von den Meistern des Wortes gemacht. Also nehmen wir sie.

Auf der ersten Seite prangen zwei Orden: Lenin und Völkerfreundschaft; die hat die Zeitung als Auszeichnung für ihre großen Verdienste bei der Erziehung der Werktätigen verliehen bekommen. Außerdem sind die Silhouetten von Puschkin und Gorki als den geistigen Vätern der heutigen Herausgeber auf der ersten Seite zu sehen. Dann ein Foto: irgendein selbstzufriedener Abgeordneten-Kandidat bei einer Begegnung mit von ihm beglückten Wähler-Kandidaten. Artikel unter den Überschriften »Vertrauen des Volkes«, »Der Heimat dienen«. Alles in allem – eine normale, landesübliche Ausgabe.

Ich schlage die zweite Seite auf und stoße auf die Überschrift: »Das Antlitz des Hasses« – eine Notiz in der Rubrik »Publizistische Leinwand«. Die Notiz gilt der letzten Errungenschaft sowjetischer Dokumentarfilmemacher, »Die Verschwörung gegen das Land der Sowjets«. Der Titel könnte Interesse wecken, wenn er nicht schon so gründlich und dauerhaft abgenutzt wäre. Soviel ich der

Notiz entnehme, ist das Thema des Films auch nicht gerade neu. Die Weißgardisten, die Entente, die faschistischen Heerscharen – sie alle haben versucht, die Sowjetmacht zu stürzen, schafften es aber nicht. Und dennoch hoffen sie weiter. Das, was die Entente mit ihren Gewehren, die Faschisten mit ihren MGs nicht erreicht haben, gedenken die heutigen finsteren Mächte mit den Waffen der Lüge, der Verleumdung und dem Schlagwort von den Menschenrechten fertigzubringen. Die Notiz ist recht kurz, darum wird nicht klar, ob es den Filmemachern gelungen ist, alle hinterlistigen Methoden des internationalen Imperialismus zu beleuchten, etwa solche wie die Jeans, den Jazz, die T-Shirts mit ihren Aufschriften, Coca-Cola und ähnliches. Die sogenannten Dissidenten haben die Filmemacher freilich keineswegs links liegenlassen. In der Notiz heißt es: »Weißgardistische Überbleibsel, faschistische Speichellecker, Nationalisten – dieses ganze antisowjetische Pack findet heute seine Gesinnungsgenossen in Leuten wie dem abtrünnigen Schtscharanskij, dem literarischen Wlassow-Vasallen Solschenizyn und . . .«

Für Sacharow ist dem Autor dieser Notiz schon kein Beiwort mehr eingefallen, er nennt ihn einfach »Verteidiger der Menschenrechte« – eben in Anführungsstrichen. Wahrscheinlich sind im Film auch noch andere Finsterlinge zu sehen, aber in der Notiz haben sie keinen Platz mehr gefunden. Abschließend heißt es nur: »Die Leinwand ist mitleidslos in der Demaskierung der verschiedensten Larven, und wir sehen, wie hinter der Maske des jeweiligen ›Menschenrechtskämpfers‹ oder eines ›Barden des kapitalistischen Paradieses‹ immer das gleiche Antlitz erscheint: das Antlitz des Hasses.«

Ich persönlich hasse auch einige Leute. So zum Beispiel die Hersteller solcher Filme und die Schreiber, die sie positiv beurteilen.

Die »Literaturnaja gaseta« aber kämpft gegen den Haß an. Das ist natürlich goldrichtig. Immerhin ist diese Wo-

chenzeitung das Organ des Schriftstellerverbandes, die
Schriftsteller aber haben in Rußland nicht Haß, sondern
Güte gepredigt. Ein wenig weicht die »Literaturnaja ga-
seta« von dieser Tradition freilich ab. Sie bekämpft den
Haß, doch sie predigt auch Haß: Auf der gleichen zweiten
Seite bringt sie unter der Überschrift »Unvergeßliches«
einen großen Artikel des Literaturkritikers Iwan Koslow
und weist in Klammern auf das Thema hin: »Sowjetische
Literatur über die letzten Etappen des Krieges«. Eine reichlich lange Passage dieses Artikels beschäftigt sich mit der
schriftstellerischen Darstellung des »heiligen« (wie der
Autor es nennt) Gefühls des Hasses, des Hasses im Namen der Menschenliebe. Koslow behauptet, die sowjetische Literatur hätte während des Krieges bei den Soldaten
das Gefühl des Hasses kultiviert, freilich nicht des Hasses
gegen das deutsche Volk, sondern gegen den Faschismus.
Nun ja, es ist wahr, zu Beginn des Krieges war es so. Danach veränderte sich die Stimmung, und die Propaganda-
weisungen veränderten sich auch. Scholochow dichtete
eine »Wissenschaft des Hasses«, Ehrenburg schrieb: »Töte
den Deutschen«. Der Dichter Konstantin Simonow aber
weitete das Thema aus: »Sooft du ihn siehst, sooft töte ihn
auch.« Doch das war die Zeit eines fürchterlichen Krieges,
einer allgemeinen Erbitterung, eines Hasses auf den Haß.
Allerdings gab es auch damals Leute, die einen Unterschied zwischen einem Deutschen und einem Faschisten
machten. Wie es auch heute Leute gibt, die zwischen
einem Russen und einem Kommunisten zu unterscheiden
wissen. Doch da bekräftigt Koslow seinen Gedanken mit
einem Zitat aus der fernen Vorkriegszeit. Er schreibt:
»Über den Haß im Namen der Liebe zum Menschen und
zur Menschheit als einem der wesentlichsten Bestandteile
des sozialistischen Humanismus hat auf dem ersten
Schriftstellerkongreß 1934 der Schriftsteller A. Surkow
sehr überzeugend und gut gesprochen.« Und es folgt ein
Zitat aus Surkows Rede: »Zu Recht nehmen in unserem

dichterischen Sprachgebrauch die Begriffe LIEBE, FREUDE, STOLZ einen breiten Raum ein, sie bilden den Inhalt des Begriffs HUMANISMUS . . .«

Hier möchte ich das Zitat unterbrechen und gestatte mir, zu sagen, daß diese Behauptung weder gut und überzeugend, sondern einfach blödsinnig ist. Denn, wenn man auch die »Liebe« mit Ach und Krach als Bestandteil des Humanismus akzeptieren könnte, so haben »Freude« und »Stolz« da gar nichts zu suchen. Darauf folgt allerdings nicht nur simpler Unsinn, sondern etwas, das schlimmer ist. Um die einzelnen Aussagen des Dichters nicht aus dem Zusammenhang zu reißen, will ich das Zitat von Anfang an wiederholen. Es lautet: »Zu Recht nehmen in unserem dichterischen Sprachgebrauch die Begriffe LIEBE, FREUDE, STOLZ einen breiten Raum ein, sie bilden den Inhalt des Begriffs HUMANISMUS. Doch einige Dichter machen irgendwie einen Bogen um die vierte Seite des Humanismus, die in dem strengen und herrlichen Begriff HASS ihren Ausdruck findet.« Das Wort »Haß« ist in Versalien (lauter Großbuchstaben) gesetzt, und in Klammern wird darauf hingewiesen, das nicht der Autor des heutigen Artikels, sondern Surkow selbst das Wort so hervorgehoben hat. Und zugleich wird lobend vermerkt, daß diese Rede nicht während des Krieges, sondern sieben Jahre zuvor gehalten worden ist. Also noch bevor es einen Grund dafür gab, war der Haß schon da.

Obwohl die sowjetische Propaganda schon lange und unermüdlich sich darum bemüht, alle menschlichen Vorstellungen von Gut und Böse ins Gegenteil zu verkehren, findet man sogar bei ihr nur recht selten eine so deutliche Formulierung für Menschenhaß. Nicht umsonst hat der Autor dieses Artikels eine Äußerung ausgegraben, die vor fünfzig Jahren getan worden ist. Offenbar hat er nichts gefunden, das neuer wäre.

Seinerzeit schienen die Parolen der von Orwell beschriebenen Gesellschaft – »Friede – das ist Krieg«, »Freiheit –

291

das ist Sklaverei« – vielen Lesern als die Ausgeburt der üppigen Phantasie des Autors. Ebenso wie die von ihm beschriebenen Unterrichtsstunden im Hassen. Doch all das war schon zu Orwells Zeiten nicht mehr Science-fiction, sondern etablierte Realität.

Die Prediger des sogenannten sozialistischen Humanismus waren immer der Ansicht, daß er, im Gegensatz zum gewöhnlichen Humanismus, nicht zu trennen ist von Grausamkeit, von Haß im Namen des hehren Zieles, versteht sich.

Ich entsinne mich, daß ein sowjetischer Dichter viele Jahre nach dem Ende des Krieges zum Thema »Sozialistischer Humanismus« eine Dichtung geschrieben hat: Krieg, sowjetische Soldaten in Schützengräben, ihnen gegenüber die Deutschen, auch in Schützengräben, dazwischen ein Minenfeld, von dem die Deutschen nichts wissen. Und plötzlich erscheint auf diesem Felde von wer weiß woher ein kleines Mädchen. Der Autor schildert es in der rührendsten Weise: klein, dünn, im weißen Kleidchen, mit Schleifen in den Zöpfchen. Die Soldaten sind entsetzt. Nein, nicht nur, weil das Mädchen jetzt gleich von einer Mine zerrissen werden wird, sondern weil dadurch dem Feind klarwerden wird, daß es ein Minenfeld ist. Die Lage ist schwierig, doch die Lösung einfach. Der MG-Schütze, ein sozialistischer Humanist, legt das Mädchen um, und der Feind bleibt der Genasführte. Viele Jahre waren vergangen, der Dichter entsann sich der Vorfalls, dachte nach und schrieb, daß, sollte sich in seinem Leben ähnliches wiederholen . . .: »Ich weiß, und schmerzte es noch so sehr / Ich drückte die unrasierte Wange ans Maschinengewehr.«

Das Thema der »unumgänglichen Grausamkeit« ist eines der meistverbreiteten in der Literatur des sozialistischen Realismus. Doch Grausamkeit und Haß wurden auch ohne zwingenden Grund besungen. In einem seiner scheinbar scherzhaften Gedichte hat der von mir schon erwähnte Konstantin Simonow geschrieben, daß, sollte der Herrgott, wenn er ihn ins Jenseits ruft, ihm gestatten, das mitzunehmen, was ihm teuer ist, so würde er Freunde mit sich nehmen, um dort Freundschaft zu pflegen, aber auch Feinde, damit es dort jemanden gebe, den er bekämpfen könnte. Das eben ist der Wesenskern des menschenfeindlichen sozialistischen Humanismus. Sogar im Jenseits möchte er mit jemandem kämpfen.

Doch kehren wir zur Ausgabe vom 16. Januar der »Literaturnaja gaseta« zurück. Haß ist also die vierte Seite des Humanismus. Ein starkes Wort. Ich denke, würde man die Verfasser ähnlicher Formulierungen einer erzwungenen psychiatrischen Behandlung unterziehen, so würde die humane sowjetische Psychiatrie durch diese Maßnahme ihre Autorität in keiner Weise einbüßen.

Ihr humanistisches Pathos hat die »Literaturnaja gaseta« damit nicht erschöpft. Ich überschlage die Seite mit den internationalen Ereignissen, die meistens von Kostproben des Surkowschen Humanismus strotzt, und lenke die Aufmerksamkeit meiner Leser auf die vierzehnte Seite, auf den Artikel des bekannten Schriftstellers Grigorij Baklanow »Kein Risiko, auf Mißbilligung zu stoßen«. Baklanow hat den Ruf, die Wahrheit über den Krieg zu schreiben. Nun, über den Krieg mag er wohl wirklich die Wahrheit schreiben, doch in der Jetzt-Zeit angelangt, macht auch er um die Lüge keinen Bogen. Freilich, wollte man Surkows Theorie weiterentwickeln, so ist Lüge offenbar eine Seite der Wahrheit. Oder, um mit Orwell zu sprechen: »Lüge – das ist die Wahrheit.«

Baklanows Artikel ist die Antwort auf einen Artikel in der amerikanischen Zeitschrift »Esquire«: »Warum lieben Männer den Krieg?« Schon daß es sich um eine Antwort handeln soll, ist eine Lüge. Denn es entsteht der Eindruck, als sei es selbstverständlich, daß der freie Schriftsteller Baklanow in seiner Freizeit in der ihm frei zugänglichen Zeitschrift »Esquire« (die man natürlich genau wie andere aus-

ländische, jenseits der Grenzen unseres Vaterlandes erscheinende Presseerzeugnisse frei an jedem Moskauer
Kiosk kaufen kann!) geblättert hat, zufällig auf diesen
schrecklichen Artikel gestoßen ist, ihn mit Leichtigkeit
englisch gelesen und nun beschlossen hat, seine Empörung ganz frei in schriftlicher Form darzulegen.

Den Schrifsteller Baklanow kenne ich persönlich und
bezweifle sehr, daß er überhaupt die englische Sprache beherrscht. Und ich zweifle gar nicht daran, daß für ihn der
»Esquire«, genau wie alle übrigen ausländischen Zeitschriften, unzugänglich ist. Ich denke, man hat ihm die
Übersetzung dieses Artikels gegeben, vermutlich sogar
nicht des ganzen Artikels, sondern nur einiger Zitate. Und
man wird ihm zu verstehen gegeben haben, es wäre nicht
übel, wenn er sich dazu äußerte. Sogar nach den angeführ-
ten Zitaten kann man erkennen, daß der Autor des »Esquire«, ein ehemaliger amerikanischer Offizier, nicht die
Liebe zum Krieg meint, sondern die Gewöhnung an den
Krieg, mit der man den psychischen Zustand vieler im
Krieg kämpfender Menschen erklären kann. Und daß er
diesen psychischen Zustand keineswegs in Schutz nimmt.
Während er diesen Artikel mit eigenen Worten wiedergibt,
während er verschiedene Kriegshetzer zitiert, erzählt Baklanow zwischendurch auch seine Eindrücke von einer
Reise durch Amerika. Drei Wochen lang bereiste er mehrere Staaten, hielt Vorträge in verschiedenen Universitäten
und ist offenbar kein einziges Mal einer Äußerung des
Hasses gegen sein Land und sein Volk begegnet. Und zugleich behauptet er mit seinem ganzen Artikel, ja schon
mit dessen Überschrift: Die Proklamierung des Hasses ist
in den Vereinigten Staaten bereits so alltäglich geworden,
daß sie bei niemandem mehr Mißbilligung hervorruft. Das
nun ist eine direkte Lüge und allein für sich genommen
eine Propaganda des Hasses. Denn wenn die Amerikaner
uns hassen, so müssen auch wir sie hassen.

Das ist nur eine einzige Ausgabe der »Literaturnaja gaseta«. Und die fällt, wie schon oben gesagt, keineswegs aus der Reihe. Mit der Produktion des Hasses beschäftigt sich überhaupt die ganze sowjetische Propaganda. Sowjetische Journalisten stöbern in allen Ländern des Westens herum und zeichnen das Leben in diesen Ländern nur in düsteren Farben. Ihren Schilderungen nach gibt es in diesen Ländern überhaupt nichts Gutes, nur Arbeitslosigkeit, Inflation, Kriminalität, Laster und, das versteht sich von selbst, alle möglichen Neonazis, Revanchisten und unverschleierte Kriegshetzer. Was wollen denn die sowjetischen Ideologen damit erreichen? Welche Empfindungen wollen sie sowjetischen Menschen anerziehen? »Liebe, Freude, Stolz?« Nein, nur Haß, »die vierte Seite des Humanismus«. Wie läßt sich das alles überhaupt mit den sogenannten friedenfördernden Initiativen der Sowjetunion, mit ihrem Streben nach internationaler Entspannung unter einen Hut bringen? Kann man denn eine stabile Welt errichten, wenn man Haß predigt?

Haß ist keine einzige Seite des Humanismus. Haß ist von allen Seiten nur Haß. Er wird von böswilligen, talentlosen, seelisch verkrüppelten Leuten produziert. Sie sind es, die sich feindselig zum wahren Humanismus verhalten, zu dem Humanismus, der auf Achtung vor der menschlichen Persönlichkeit basiert. Sie hassen solche Begriffe wie Mitleid, Barmherzigkeit. Das Wort »Menschenrechte« gebraucht die sowjetische Propaganda nie anders als in Anführungszeichen. Diesen Lektionen in Haß ist kein voller Erfolg beschieden, und doch, da sie Jahr um Jahr auf das Bewußtsein der Menschen einwirken, haben sie einige Wirkung. Fragen Sie beispielsweise einen durchschnittlichen, gebildeten sowjetischen Mann, was Mitleid ist, und er sagt Ihnen, das sei ein Gefühl, das die Menschen erniedrigt. Was für ein Unsinn! Jeder, in dem normale menschliche Empfindungen nicht verkümmert sind, empfindet Mitleid mit dem, der leidet, und braucht gelegentlich selbst das Mitgefühl eines anderen.

Ich sprach schon davon, daß auf der ersten Seite, der »Literaturnaja gaseta« Puschkins Profil als Wahrzeichen prangt. Doch obwohl Puschkin seinerzeit auch eine Literaturzeitung herausgab, hat er mit der heutigen Zeitung gleichen Namens nichts zu tun. Für ihn war Haß nicht eine Seite des Humanismus. Sein Jahrhundert, das immerhin solche Greueltaten wie das unsere nicht gekannt hat, nannte Puschkin »grausam«, er pries die Freiheit und bat um Gnade für die Gestrauchelten. Etwa so, wie es heute Sacharow tut. Gnade für die Gestrauchelten, nicht Haß.

Darum müßte man, wenn es nach Ehr und Gewissen zuginge, Puschkins Bild von der ersten Seite der »Literaturnaja gaseta« entfernen. Und es gegen das Bild – nun, sagen wir mal, Surkows eintauschen. Obwohl man aus der Reihe derjenigen, die den menschenvernichtenden Humanismus predigen, auch einen von größerem Kaliber aussuchen könnte. Jemanden in der Art von Hitler, Goebbels, Stalin, Schdanow . . . Eben einen von dieser geistigen Beschaffenheit.

Heimweh

Heimweh! Der längst
entlarvte Selbstbetrug!
Ganz gleich ist mir,
wo ich ganz einsam trug
mein Bündel.

Fremd jedes Haus, leer jeder Kirchenraum,
und alles gleich, und alles fern.
Doch wenn am Wegesrand ein Baum
steht – eine Eberesche . . .

Marina Zwetajewa

Nach Moskau heimgekehrt ist Lana Peters (alias Swetlana Allilujewa, geb. Stalin). Heimgekehrt ist Oleg Bitow, Korrespondent der sowjetischen Wochenzeitung »Literaturnaja gaseta«. Zwei sowjetische Soldaten kehrten aus London heim, ein dritter aus Washington. Die jungen Leute haben sich in der Fremde nicht einleben, sich den unbegreiflichen Sitten nicht anpassen, diese seltsame Sprache, bei der die Zunge am Gaumen festkleben muß, nicht erlernen können. (Die Zunge, obwohl knochenlos und biegsam, erweist sich in manchen Lebenslagen als ein sehr ungelenker und unbeholfener Teil des menschlichen Organismus.) Möglicherweise sind die Jungen reichlich kopflos und voreilig nach Hause desertiert. Möglicherweise hätten sie sich in zehn bis zwanzig Jahren die neuen Lebensgepflogenheiten angeeignet, sich an Popcorn und Coca-Cola und die neue Sprache gewöhnt.

Die Zeit heilt alles, darunter auch das Heimweh, wenn auch nicht immer für immer. Jüngst kehrte eine gewisse Mary Armstrong nach fünfundsechzig in Amerika verbrachten Jahren in ihre Heimat, nach England, zurück. Und zwar im Alter von neunundneunzig Jahren. Den Journalisten, die sie auf dem Heathrow Airport umlagerten, sagte sie: »Ich kann Amerika und die Amerikaner nicht leiden. Die Engländer sind viel netter.«

Heimweh ist eine recht seltsame Krankheit. Sie befällt Menschen nicht nur außerhalb, sondern auch innerhalb der Grenzen ihrer Heimat. Ich kenne eine alte Bäuerin, die es immer nach Moskau, zur Tochter, hinzieht. Ihr Alter ist gestorben, eine Kuh hat sie nicht, im Hause gibt's kaum was zu tun, dort aber, in Moskau, sind Tochter und Enkelkinder, die Alte könnte ihnen zur Hand gehen, das Gefühl haben, gebraucht zu werden. Also beginnt sie zu packen. Holt aus der Truhe das Kleid hervor, das sie schon 1928, noch vor der Landenteignung, erworben hatte, nimmt ein Gastgeschenk (immer das gleiche, ein Eimerchen voll glitschiger eingelegter Pfifferlinge) mit, kauft sich die Fahrkarte dritter Klasse und fährt los. Nach Moskau, nach Moskau . . .

Kommt glücklich an und ist anfangs auch vollauf zufrieden. Sie kocht, sie wäscht, sie versorgt die Enkelkinder, geht auch mal zur Kirche, um dort eine Kerze für das Seelenheil ihres Alten anzuzünden.

So vergeht die erste Woche, die zweite, und langsam verspürt sie Heimweh, die Unruhe packt sie. Da sitzt sie am Fenster und schaut unsagbar verdrossen auf diese Schachteln, vollgestopft mit Menschen wie Bienenstöcke mit Bienen. Und geht sie auf die Straße hinaus, wird's noch schlimmer. Autos, Busse, Preßlufthämmer . . . Überall dröhnt es, kracht es, quietscht es, Menschenmassen noch und noch, mit Einkaufsnetzen, mit Aktentaschen, alle haben es eilig, alle sind sie grämlich, schubsen und treten einander, laufen schier in die Autos hinein . . . Und plötzlich, von Sehnsucht gepackt, ergreift die Alte ihr leeres Eimerchen und – ab nach Hause, ins Hinterland, ins Dorf, nach Saratow . . . Wenn man's richtig betrachtet, ist es dieser Alten gänzlich egal, ob es um Moskau geht, um New York oder um Rio de Janeiro. Alles ist ihr gleichermaßen fremd. Und würde es irgendwelchen Journalisten einfallen, für sie eine Pressekonferenz zu veranstalten, hätte sie viele bittere Worte über die Metropole unserer Heimat zu

sagen. Doch die Alte ist alt, wen interessiert sie schon? Mit
berühmten Tyrannen ist sie weder verwandt noch ver-
schwägert (obwohl ihr Verblichener auch ein rechter Ty-
rann war), aus der Sowjetarmee ist sie nicht desertiert, hat
im KGB nicht gearbeitet.

Apropos KGB. Hier im Westen werden die Mitarbeiter
dieser Institution von manchen so ehrerbietig behandelt,
daß man sogar den kleinen Kagebisten Oleg Bitow wie
einen Filmstar empfing und jedem seiner albernen Worte
aufmerksam lauschte. Ich weiß nicht, womit er die Phantasie der Journalisten entflammte, welche Geheimnisse er zu
enthüllen versprach, doch geschrieben hat er für westliche
Zeitungen nur Geschwafel, für die heimatliche »Literaturnaja gaseta« aber erst recht puren Quatsch. Seit er nach
Moskau zurückkehrte, ist im Westen viel gegrübelt, geschrieben und sogar im Film (in London) darüber gerätselt
worden, ob Oleg Bitow entführt worden oder freiwillig
heimgekehrt ist. Und ob, wenn es freiwillig geschah, er
seinerzeit wirklich in den Westen geflüchtet oder aber mit
einem Geheimauftrag geschickt worden war. Soviel ich gehört habe, meinen seine Kollegen von der »Literaturnaja
gaseta«, daß er geschickt wurde und nennen ihn dement-
sprechend den »Schickser«.

Noch mehr gerätselt wurde über Swetlana Alliluiewa-
Peters. Ist sie doch nicht etwa eine Kagebistin, sondern gar
so etwas wie eine Prinzessin. Darum hat jede ihrer Bewe-
gungen den Charakter einer Sensation. Sie flüchtet aus der
Sowjetunion – eine Sensation. Sie flüchtet in die Sowjetunion zurück – desgleichen.

Zum ersten Mal flüchtete sie vor siebzehn Jahren, als
die Sowjetregierung ihr gestattet hatte, die sterblichen
Überreste ihres vorletzten Gatten nach Indien zu überfüh-
ren. Nachdem sie sich seiner Asche entledigt hatte, wandte
sie sich mit der Bitte um politisches Asyl an die amerikanische Botschaft und verursachte dort eine solche Verwir-
rung, als wäre Stalin persönlich erschienen.

Ich erinnere mich sehr gut an ihre Flucht. Wie viele andere Bewohner unseres Landes, hörte ich über ausländische Radiosender ihre zahllosen Interviews. Ich muß sagen, es war wirklich eine Sensation. Geflüchtet war ja nicht irgendwer, nicht irgendein mickriger Zeitungsfritze, sondern die Tochter von Stalin persönlich. Die Welt hielt den Atem an: Was wird sie sagen? Welche makabren Geheimnisse wird sie enthüllen? Warum ist sie geflüchtet und wovor?

Jetzt wissen wir: sie flüchtete vor sich selbst. Und wir wissen ja auch: auf der Flucht vor sich selbst kommt man nicht weit.

Vor nicht allzulanger Zeit verbrachte ich ein Jahr an der berühmten Universität von Princeton. Dort hat Einstein in den letzten Jahren seines Lebens gearbeitet. Und auch jetzt leben und wirken dort viele bekannte Wissenschaftler, Schriftsteller, Politiker und Diplomaten. Auch Swetlana Allilujewa hat in Princeton gelebt und verließ es erst kurz, bevor ich dort hinkam. Man erwähnte sie noch recht häufig. Es hieß, sie sei ein schwieriger, ungeselliger Mensch, sie komme nur schwer in Kontakt zu anderen Menschen, löse sich dann aber leicht wieder von ihnen. Kontakte zu Russen meide sie. Mit ihrer Tochter aus der letzten amerikanischen Ehe unterhalte sie sich nur auf englisch und verheimliche ihr die eigene Herkunft. In Princeton hatte Swetlana sich nicht einleben können, schließlich wanderte sie nach England aus, nach Cambridge. Ich weiß nicht, ob sich ihre Enttäuschung über den Westen erst dort oder schon in Amerika bemerkbar gemacht hat, auf jeden Fall hatte sie Zeit genug, enttäuscht zu werden, diese Zeitspanne hätte ausgereicht, um nicht nur am Westen zu verzweifeln, sondern auch, um vieles von dem zu vergessen, vor dem sie fluchend vor siebzehn Jahren geflohen war.

In diesen siebzehn Jahren hatte sie viel gesehen, durchdacht und begriffen. Sie begriff, daß »diese westliche Welt« nicht gar so gut ist, wie sie aus der Ferne zu sein scheint. Und daß jene Welt, in der sie aufgewachsen war, nicht ganz so schlecht ist, wie sie, aus der Nähe betrachtet, zu sein schien. Freilich, seinerzeit hatte Väterchen beim Hobeln jede Menge Späne fallen lassen, doch das waren »verständliche Pannen auf neuen Wegen«, sie gehören nunmehr der Vergangenheit an. Was aber die Freiheit betrifft, so gibt es die auch im Westen nicht. Sie zum Beispiel, Swetlana Allilujewa, war »im Westen nicht einen einzigen Tag frei«.

Als ich diese ihre Erkenntnisse las, überlegte ich: Wie meint sie das, wieso war sie »nicht frei«? Hatte sie im Gefängnis gesessen? Hatte ihr jemand verboten, zu schreiben oder zu veröffentlichen, was immer sie wollte? Oder zu reisen – von Ort zu Ort, von Land zu Land, oder gar zurück in die Sowjetunion? Ich glaube sogar, man könnte, wollte man Swetlanas Aktivitäten beurteilen, zu der Meinung gelangen, daß sie sich ungemein frei von vielen Verpflichtungen gefühlt haben muß, die zu ignorieren sich keineswegs jeder erlauben würde. Sie hat die ersten Kinder damals in der Sowjetunion zurückgelassen, jetzt brachte sie ihre dreizehnjährige Tochter mit. Und dieses amerikanische Mädchen wird nicht nur die ihr fremde Sprache, von der man sie bisher sorgsam abgeschirmt hat, erlernen, sie wird auch die fremden Sitten, die Geschichte irgend so einer KPdSU und vielleicht sogar die stinklangweiligen Werke der Nachfolger ihres Herrn Großvaters studieren müssen. Und sollte diese amerikanische Tochter je Heimweh verspüren, könnte sie keineswegs einfach zu den heimatlichen Sequoien zurückkehren. Die heutigen Kreml-Opas gehen mit Auslandsvisa nicht gerade verschwenderisch um.

Die verlorene Tochter kehrte zurück unter das heimatliche Espenlaub. Es heißt, daß sie sich gleich nach der Rückkehr zu der Grabstätte ihres Papas an der Kremlmauer begeben und dort einen Blumenstrauß niedergelegt hat. (Ich achte die töchterlichen Gefühle, doch mein persönlicher

Wunsch wäre: Möge Unkraut dieses Grab überwuchern, möge der unheilvolle Geist dessen, der darunter liegt, nie mehr über Rußland schweben.)

Nach der Niederlegung der Blumen veranstaltete Swetlana eine Pressekonferenz, um ihre Vorbehalte gegen den Westen darzutun. Im Westen, so sagte sie, war sie von Juristen und Geschäftemachern umgeben, während sie lieber Umgang mit Schriftstellern, Malern und Schauspielern gepflogen hätte. Sieh mal an, was für ein romantischer Infantilismus! Und wenn sie nun wirklich in diesen glühend ersehnten Kreis hineingeraten wäre? Hätte sie dann keine tiefe Schuld vor der Heimat empfunden? Wäre sie dann nicht zurückgekehrt? Ich könnte mir zum Beispiel denken, daß selbst die Aufnahme in den Kreis der Literaten und Künstler ihre fordernde Natur nicht befriedigt hätte. Und vielleicht wäre es für sie überhaupt richtiger gewesen, nicht diesen Kreis anzupeilen, sondern ihresgleichen zu suchen. Sagen wir mal, die Kinder von Hitler, Mussolini, Mao oder Enver Hodscha (soweit diese Nachkommen hinterließen).

Und ihr zweiter Vorbehalt: Man habe sie im Westen nicht als eigenständige Persönlichkeit, sondern als Stalins Tochter aufgenommen. Ja, womit hatte sie denn gerechnet? Als wen hätte man sie aufnehmen und behandeln sollen?

An diesem Unglück, als Stalins Tochter dazustehen, sind nicht der Westen und nicht der Osten schuld, sondern Stalin selbst (und das ist die einzige Schuld, die ich bereit bin, ihm zu verzeihen) und dessen Frau, die sich später erschoß (oder von ihm erschossen wurde).

Unser Interesse an Stalin ist verständlich. Wie so viele andere, habe auch ich Swetlana Allilujewas Bücher nur darum gelesen, weil sie von Stalins Tochter geschrieben worden sind . . .

Ich begreife – die Tochter eines solchen Verbrechers zu sein, ist kein einfaches Los. Doch verschafft es ihr Privilegien, gegen die sie sich keineswegs sträubt, und zwar nicht nur im Westen. So ist es auch heute: Wäre sie nicht Stalins Tochter, hätte man ihr bei ihrer Rückkehr nach Moskau nicht etwa ein Zimmer im Hotel »Sowjetskaja« zur Verfügung gestellt, sondern eine Zelle im Lefortowo-Gefängnis. Sie hat übrigens selbst gesagt, daß die meisten Flüchtlinge nur darum nicht zurückkehren, weil sie Angst vor Strafe haben. Und ich möchte hinzufügen: Gäbe es solche Strafen nicht, so wären diese Flüchtlinge vielleicht gar nicht geflohen.

Natürlich empfing man sie als Stalins Tochter.

In einem Interview, das sie vor elf Jahren der in Amerika erscheinenden russischen Emigrantenzeitung »Nowoje russkoje slowo« gab (und das diese Zeitung kürzlich wieder gedruckt hat), beklagte sich die Allilujewa über die Presse, die die Höhe ihrer Honorare stark übertreibe, indem sie behaupte, Swetlana hätte vier oder gar sechs Millionen Dollar kassiert. Sie aber habe für das erste Buch nur zwei Millionen, und für das zweite gar lächerliche Fünfzig- und später noch Neunzigtausend bekommen. Und dieses Geld habe sich so nach und nach verflüchtigt. Zweihunderttausend habe sie für den Bau eines Krankenhauses ausgegeben, Zweihunderttausend in die Swetlana-Allilujewa-Foundation gesteckt, Fünfzigtausend der Tolstoy-Foundation gespendet, Zweihunderttausend hätten ihr die Rechtsanwälte abgeluchst. Als sie Bill Peters heiratete, waren ihr nur noch eine Million und dreihunderttausend Dollar geblieben. Und dieser Ehe sei sie schließlich nur noch mit einer halben Million entronnen.

Diesen Rechenkünsten ist zu entnehmen, daß die Dame nicht gerade sehr praktisch veranlagt ist. Doch mich interessiert dabei etwas anderes: Denkt sie denn wirklich, sie hätte, wäre sie nicht Stalins Tochter, mit ihren Büchern diese Millionen oder wenigstens Tausende verdienen können? Emigrierte Autoren von Büchern etwa der gleichen oder besseren Qualität verdienen in Amerika ihr Geld als

Nachtwächter oder Flickschuster (wie übrigens seinerzeit auch Wissarion Dschugaschwili, Stalins Vater), oder aber sie leben von der sogenannten »Welfare«.

Niemand kann es bestreiten – im Westen gibt es viele Ungerechtigkeiten. Doch auch die Sowjetunion ist noch nicht frei davon. Die Tochter des Tyrannen hat schon früher in einer künstlichen Atmosphäre gelebt, sie wird es auch künftig tun. Wollte sie aber wirklich in jener, ihr neuerdings wieder liebgewordenen Gesellschaft leben, und zwar unter den gleichen Lebensumständen, unter denen der Durchschnitt dieser Gesellschaft lebt, so hätte sie in eine Kommunalwohnung mit gemeinsamer Küche und gemeinsamer Toilette ziehen müssen. Ihre Rente würde (angesichts ihrer für sowjetische Verhältnisse höchst ungenügenden Arbeitsleistung und -dauer) an die dreißig bis vierzig Rubel, vielleicht auch weniger, betragen. Und was die interessante Gesellschaft betrifft, so läßt sich sagen, daß sie in einer Gemeinschaftsküche Tag für Tag zusammenkommt. Zu Stalins Zeiten war diese Gesellschaft freilich noch interessanter, noch lebendiger. Da wurde in fremde Kochtöpfe gespuckt, da sausten Bratpfannen auf die Köpfe nieder. Jetzt aber treffen sich dort Rentner und Rentnerinnen, die der Sowjetstaat einer eigenen Wohnung nicht für würdig befunden hat. Wäre Swetlana Jossifowna nur die Tochter irgendeines unbedeutenden Normalbürgers, hätte sich auch für sie ein Plätzchen am gemeinsamen Herd solcher interessanten Gesellschaft gefunden.

»Heimweh! Dieser längst entlarvte Selbstbetrug!« schrieb einst Marina Zwetajewa[*].

Ja, entlarvt – aber doch nicht vollständig.

Da lebe ich nun fern von jenen Orten, wo ich geboren und aufgewachsen bin. Über materielle Schwierigkeiten habe ich nicht zu klagen, habe allerdings auch durchaus

---

[*] Marina Zwetajewa (1892–1941) – eine der bedeutendsten russischen Dichterinnen, die 1922 emigrierte, 1939 zurückkehrte und 1941 Selbstmord beging (Anm. d. Übers.).

brave Eltern abgekriegt, für die mir hier (Swetlana hat recht, die westliche Welt ist sehr verkehrt eingerichet!) kein Mensch auch nur eine müde Million gegeben hat. So daß ich mir schon aus eigener Kraft aus der Patsche helfen muß. Natürlich habe ich Kontakt mit der einheimischen Bevölkerung – mit Rechtsanwäten und Geschäftemachern, mit Klempnern und Bäckern. Mag sein, daß ich mehr Glück habe als Swetlana – mit Schriftstellern und Künstlern komme ich auch hie und da zusammen.

Was fehlt mir denn noch? Die russische Sprache? Jene, die ich liebe, habe ich noch nicht vergessen (glaube auch, ehrlich gesagt, nicht, daß mir das jemals widerfahren könnte), nach der anderen aber, der hohlen, papierenen, der Sprache der sowjetischen Führer oder der Verhörprotokolle habe ich keine gesteigerte Sehnsucht. Was noch? Die sprichwörtlichen russischen Birken? Dieser Baum hat, wie ich feststellen konnte, keine bestimmte Nationalität. Ich bin ihm in Amerika, in Schweden, in Frankreich begegnet. Und auch hier, im ländlichen Stockdorf bei München, wachsen direkt vor meinem Fenster drei prächtige Birken. Genau die gleichen, wie ich sie in dem Dorf Wertoschino bei Moskau gesehen habe.

Da sitze ich, schreibe und schaue mir von Zeit zu Zeit diese Birken an. Und habe ich sie satt, so kaufe ich eine Fahrkarte und fahre wo immer ich hin will. Nach Amerika etwa oder nach Italien oder nach Island. Jedes Land steht mir offen. Bis auf das eine. Das mir dennoch teurer ist als alle anderen zusammengenommen. Selbst wenn das Leben dort beengt und armselig ist, selbst wenn es dort an Wurst, elektrischen Birnen oder Waschpulver fehlt – es ist, wie es ist. Doch fehlt es dort auch an etwas sehr Wichtigem – an Freiheit, die, allen Behauptungen zum Trotz, nicht eine bewußtgewordene Notwendigkeit, sondern ein lebensnotwendiges Bedürfnis all jener Menschen ist, die sich als eigenständige Wesen empfinden. Ich meine damit nicht die vielen Freiheiten, die zwar nicht real existieren, aber doch von der sowjetischen Verfassung verkündet werden – wie etwa die Freiheit des Wortes, der Versammlungen, der Kundgebungen und Demonstrationen. Ich meine Freiheit schlechthin. Darunter auch die Freiheit, diese Versammlungen und Demonstrationen nicht zu besuchen, zu sagen, was man will, zu schreiben, was einem in den Sinn kommt. Und hat man alles satt – die Freiheit, auf alles zu pfeifen, nach Princeton, Cambridge oder München zu fahren und auch zurückzukehren, ohne für diese Rückkehr mit Gefängnis oder mit Interviews auf idiotischen Pressekonferenzen bezahlen zu müssen.

Übrigens gibt es auch Rückkehrer, die keine Pressekonferenzen abhalten. Unlängst ist aus Paris Schaljapins Asche nach Moskau heimgekehrt. Die sowjetische Presse berichtete davon als von einem bedeutsamen ideologischen Sieg. Schaljapins sterbliche Überreste wurden im Bolschoi-Theater aufgebahrt, danach hat eine Prozession, bestehend aus berühmten Sängern und Schauspielern, sie auf den Nowodewitschje-Friedhof geleitet. Das alles wurde im sowjetischen Fernsehen gezeigt und den Zuschauern verkündet, damit habe sich der Wille oder sogar der Wunschtraum des großen Sängers posthum erfüllt. Ich weiß nicht, ob man davon träumen kann, als Asche in die Heimat zurückzukehren.

Schaljapin jedenfalls scheint keine Träume dieser Art gehegt zu haben. In einem Brief an Gorki formulierte er es so: »Zurück zu diesen Schweinehunden? Weder tot noch lebendig!«

Klar und eindeutig, nicht wahr?

Doch über seine eigene Asche kann der Mensch eben nicht verfügen, und so hat man Schljapins sterbliche Überreste in Paris ausgegraben und in Moskau wieder eingegraben.

Überhaupt muß man sagen: Die Sowjetunion hat eine schier krankhafte Neigung, sterbliche Überreste aufzuspüren und umzubetten. 1966 exhumierte und überführte man aus London die Asche von Nikolaj Ogarjow*. Und schon seit vielen Jahren kämpft man um die sterblichen Überreste des in Nizza bestatteten Alexander Herzen**. Wozu man diese toten, seinerzeit emigrierten Rebellen noch braucht, ist schwer zu sagen. Wären sie am Leben, sie wären die erbittertsten Gegner der heute in Rußland herrschenden Ordnung, daran ist nicht zu zweifeln. Wie recht hatte Puschkin: »Die vermögen nur Tote zu lieben.«

Natürlich auch nicht alle Toten. Während sie in der Fremde auf Leichenjagd gehen, haben sie im eigenen Lande erst unlängst das Haus von Boris Pasternak verwüstet, Manuskripte und Bücher des Dichters hinausgeworfen und den Flügel, auf dem Pianisten wie Swjatoslaw Richter, wie Heinrich und Stanislaus Neuhaus gespielt hatten, zertrümmert . . .

Zur Zeit bricht eine solche Schändung über das Haus von Kornej Tschukowskij*** herein – eines Dichters, dessen Bücher Generationen russischer Menschen von Kind an lieb und vertraut sind.

Und sie schämen sich nicht. Schämen sich ganz und gar nicht.

Wenn man das alles hört, schwindet das Heimweh. Doch der bittere Schmerz um die Heimat, um die Kränkung, die ihr widerfährt – der wächst.

* Nikolaj Ogarjow (1813–1877), revolutionärer Schriftsteller und Publizist, Mitstreiter A. Herzens (Anm. d. Übers.).
** Alexander Herzen (1812–1870), bedeutender Schriftsteller und Publizist. Gab als Emigrant in London und Genf die revolutionäre russische Zeitschrift »Die Glocke« heraus (Anm. d. Übers.).
*** Kornej Tschukowskij (1882–1969), Autor vieler, in der Sowjetunion sehr beliebter und verbreiteter Kindergedichte, hervorragender Übersetzer und Essayist. Vater von Lydia Tschukowskaja (Anm. d. Übers.).

Worin liegt das Problem?
Wer ist schuld? Was tun?*

Das Problem sind die Seidel

Ich sah eine lange Schlange Leute nach Bier anstehen und reihte mich unüberlegt hinten an. Eine Stunde verging, aber die Entfernung zum Bierkiosk hatte sich höchstens um die Hälfte verringert. Da stand ich nun, vom Zwiespalt geplagt. Einerseits – zum Teufel mit dem Bier, andererseits – sollte ich für nichts und wieder nichts eine Stunde gestanden haben? Schon wollte ich weggehen, da spürte ich einen Aufruhr in der Schlange keimen. Einen Aufruhr...? Na, das wohl kaum, eher, sagen wir mal, ein Murren. Die Männer wurden ungeduldig – warum ging es nicht weiter? Da sind wohl welche so frech und drängeln sich dazwischen? Oder nehmen gleich zehn Seidel auf einmal? Oder die Verkäuferin bedient ihre Stammkundschaft hintenherum? So setzte sich das Murren fort, lief wie bei einer Zeitzünderschnur von hinten nach vorn, landete schließlich direkt am Kiosk, verstummte dort eine Weile, dann setzte sich von vorn nach hinten eine Erklärung in Gang.

»Das Problem sind die Seidel«, hörte ich's raunen. Das Problem bestand also darin, daß es viele durstige Männer, aber nur wenige Seidel gab.

---

* Dem russischen Leser sind die Anspielungen sofort klar: »Wer ist schuld?« ist der Titel eines Romans von Alexander Herzen (vgl. Anm. S. 307). Den Titel »Was tun?« trägt nicht nur der sozialutopische Roman des zur radikalen Intelligenzia gehörenden Nikolaj Tschernyschewskij (1828–1889), sondern auch ein berühmter Aufsatz Lenins (Anm. d. Übers.).

»Das Problem sind die Seidel«, gaben die Männer den jeweils hinter ihnen stehenden kund.

Das Problem sind die Seidel. Und alle nicken verständnisvoll, alle sind beruhigt: Niemand will sie übers Ohr hauen, niemand sich vordrängeln, niemand das Bier hintenherum bekommen – es fehlt nur an Seideln. Und so stehen sie weiter, beschwichtigt und ohne Groll gegen die Vordermänner. Und auch ich bleibe stehen. Und erstehe mir nach anderthalb Stunden mein Bier, wobei ich – obwohl kein ausgesprochener Biertrinker, mehr als ein Seidel trinke ich nie – mir dieses Mal gleich zwei nehme: Es wäre doch ärgerlich, zweieinhalb Stunden nach einem einzigen Seidel Bier angestanden zu haben.

Wer ist schuld?

Anfang des Jahres 1953. Ich bin Soldat. Besuche die Schule für Flugzeugmechaniker. Der Tag verläuft nach dem üblichen Militärschema: Wecken, Aufstellung, Abort, Aufstellung, Morgengymnastik, Waschen und Bettenmachen, Aufstellung, Morgenappell, Frühstück (»Singend marschieren wir los!«), Aufstellung, Rückkehr in die Kaserne, Aufstellung (»Singend marschieren wir los!«), acht Stunden Unterricht (Exerzieren, Motorkunde, Sport, Topographie, Reglements, Fluglehre, politische Schulung), Mittagessen, Mittagsschlaf, drei Stunden schriftliche Aufgaben (»Singend marschieren wir los!«), Abendessen, vierzig Minuten für private Angelegenheiten (Briefe schreiben, Uniformknöpfe blankputzen, Kragenbinde annähen), Aufstellung, Abendspaziergang (»Singend marschieren wir los!«), fünf Minuten für private Angelegenheiten (der Hauptfeldwebel befiehlt: »Rauchen, Lockerstehen, Achtung ... wegtreten!«), Aufstellung, Abendappell – aus!

Zum Lesen von Zeitungen und Zeitschriften bleibt keine Zeit, doch schon beim flüchtigen Hingucken sieht man überall Kosmopoliten: sie stehlen, sie treiben Schwarzhandel, sie liebedienern vor dem Ausland – »essen aber unseren Speck«, wie Michalkow* gesagt hat. Hier ein hämisches Feuilleton über Juden, ein satirisches Poem: »Wer lebt in Rußland gut und glücklich?« (Antwort: die Juden). Und schließlich, als Höhepunkt der Kampagne: »Die Mörder in weißen Kitteln«, die Ärzte, die auf Geheiß der jüdischen, bürgerlich-nationalistischen Organistion »Joint« eine Verschwörung gebildet, Schdanow und Schtscherbakow bereits ermordet haben, einige Marschälle und sogar den Generalissimus Stalin ermorden wollten.

Ich war damals weit von der Heimat entfernt, darum bin ich kein Augenzeuge, doch später erfuhr ich, daß die Bevölkerung durch diese Nachrichten in Panik geriet. Die Menschen weigerten sich, von jüdischen Ärzten behandelt zu werden, warfen die ihnen verschriebene Medizin fort, russische Schüler verprügelten ihre jüdischen Mitschüler, und die Juden selbst lebten nicht nur in Angst vor dem Zorn des Volkes, sondern schämten sich auch ihrer Zugehörigkeit zu einem so verruchten Volk.

Bei uns in der Militärschule ging alles seinen Gang. Doch eines Tages, während der politischen Schulung, erhob sich plötzlich der Offiziersschüler Wassiljew und fragte, rot vor Anspannung, im Bewußtsein, nicht länger schweigen zu können: »Genosse Oberleutnant, warum werden bei uns in der Sowjetunion die Juden nicht erschossen?«

Es folgte verlegenes Schweigen. Die Klasse hielt den Atem an. Der Oberleutnant überlegte eine Weile wortlos und lächelte schließlich Wassiljew zu.

»Ich verstehe, warum Sie in Sorge sind, aber Ihre Frage ist nicht ganz richtig gestellt. Natürlich rufen die Verbrechen einiger Leute jüdischer Nationalität unsere Empörung hervor, doch müssen wir uns immerhin dessen bewußt sein, daß wir Humanisten sind, Internationalisten,

* Sergej Michalkow, geb. 1913, Lyriker und Dramatiker, aktiver, dogmatischer Literaturfunktionär (Anm. d. Übers.).

die wissen: Juden sind unterschiedlich. Es gibt schlechte Juden, aber es gibt auch gute, arbeitsame Juden.«

»Wie zum Beispiel Fischman«, meldete sich erfreut Kasimir Jermolenko zu Wort.

»Wie zum Beispiel Fischman«, bestätigte der Oberleutnant bereitwillig und verneigte sich förmlich vor dem hinten sitzenden, verlegen gewordenen Fischman.

Wassiljew errötete noch mehr, ballte die Fäuste und verkündete entschlossen:

»Fischman ist kein Jude.«

Obwohl er keinerlei Gründe hatte, Fischmans Abstammung anzuzweifeln, wußte Wassiljew genau: Fischman war, mochte er auch seine Fehler haben, ein echter, verläßlicher Kumpel. Und Wassiljew war willens, alle Juden zu erschießen – außer dem einen: Fischman.

Das Jahr 1979. In Moskau lerne ich bei Bekannten einen Psychiater kennen. Er erzählt, er habe gerade das Buch des Schriftstellers F. gelesen. Es sei ein Roman über einen nicht mehr jungen Juden, der, nachdem er seine früheren kommunistischen Illusionen überwunden hat, zum christlich-orthodoxen Glauben übergetreten ist und viel über die historische Schuld der Juden vor dem russischen Volk nachgedacht hat.

Dem Psychiater hat der Roman sehr gut gefallen.

»Was hat Ihnen daran denn gefallen?« frage ich. »Er ist doch miserabel geschrieben. Und einfach langweilig.«

»Wissen Sie, ich bin schon aus dem Alter raus, da man im Buch eine spannende Fabel oder stilistische Feinheiten sucht. Mich interessieren nur die Gedanken.«

»Und was für Gedanken haben Sie in diesem Roman gefunden?«

»Ich fand darin einen sehr wesentlichen, sehr richtigen Gedanken, nämlich den Beweis, daß die Juden an allem schuld sind. Und in erster Linie – Blank. Wußten Sie, daß das Lenins richtiger Familienname ist – Blank?«

»Nein«, sage ich, »ich weiß, daß Lenins richtiger Name Uljanow ist.«

»Nicht Uljanow, sondern Blank. Der Vater seiner Mutter war der Jude Blank.«

»Na schön. Und wer war Ihr Großvater mütterlicherseits?«

Ich habe Glück: Sein Großvater war Tatar.

»Also sind Sie auch Tatar?«

»Nein, ich bin Russe.«

Damit endet unser Streit. Denn wenn schon jemand kraft eigener Überlegung zu der Überzeugung gelangt, daß an allem die Juden schuld sind, gibt es kein einziges Argument, das ihn von diesem Standpunkt abbringen könnte.

Das Jahr 1981. Deutschland. Eine ältere Frau, die gleich nach der Oktoberrevolution emigriert ist, hatte mich zu sich eingeladen. Hatte mir und ihrem Mann, einem deutschen Geschäftsmann, Wodka vorgesetzt, sie selbst trank Tee. Es interessierte sie sehr, was jetzt in Rußland vor sich ging, vor allem die nationale Frage.

»Ich streite mich hier mit allen herum, keiner ist meiner Meinung. Sagen Sie, es stimmt doch, daß es eine eigenständige ukrainische Sprache nicht gibt, es gibt nur eine kleinrussische Abart des Russischen?«

»Nein«, sagte ich, »ich denke, das stimmt nicht. Würden Sie Ukrainisch hören, ohne es zu kennen, könnten Sie wahrscheinlich gar nichts verstehen. Und das bedeutet, daß es eine ukrainische Sprache gibt.«

Sie schwieg, war aber sichtlich nicht überzeugt. Wir sprachen weiter über dieses und jenes.

»Sagen Sie«, fragte sie, »warum gibt es unter den Dissidenten und unter den sowjetischen Politikern so viele Nichtrussen?«

»Sie wollen sagen, daß es viele Juden unter ihnen gibt?«

»Nun ja«, erwiderte sie etwas verlegen.

»Was die Dissidenten betrifft, so gibt es unter ihnen natürlich auch Juden. Aber unter den Politikern ... Sagen Sie, glauben Sie etwa, Breschnew wäre Jude?«

»Etwa nicht?«

»Nein. Breschnew ist kein Jude. Und die anderen Mitglieder des Politbüros sind auch keine Juden.«

»Wieso denn?« sprach sie, holte eine hinter Büchern versteckte sowjetische Zeitung mit den Fotos der Politbüro-Mitglieder hervor und betrachtete sie mit Abscheu. »Sind das denn Russen?«

»Jedenfalls keine Juden. Doch wenn Sie es genau wissen wollen, schauen wir sie uns an. Breschnew ist Russe, Andropow ist Russe. Grischin ist Russe, Gromyko ist Russe, Kirilenko ist Russe, Kossygin ist Russe, Kunajew ist Kasach, Pelsche – Lette, Romanow – Russe, Suslow – Russe, Tichonow – Ukrainer, Ustinow – Russe, Tschernenko – Russe, Schtscherbizkij – Ukrainer. Von diesen vierzehn Leuten, die die Sowjetunion regieren, sind also zehn Russen, zwei Ukrainer, einer Kasach und einer Lette.«

Die alte Dame faltete die Zeitung sorgsam zusammen und steckte sie wieder hinter die Bücher. Sie widersprach mir nicht, doch ihre Meinung hat sie, glaube ich, nicht geändert.

Vor rund dreißig Jahren wurde ein bekannter sowjetischer Dichter und Antisemit, Sergej Smirnow, der unter einem körperlichen Gebrechen und darum unter Minderwertigkeitskomplexen litt, durch folgendes Epigramm verspottet:
»Er selbst ist bucklig,
seine Verse sind bucklig ...
Und wer ist schuld?
Die Juden sind schuld.«

Was tun?

Ein Gedicht in Prosa

Einmal ging ich vormittags um halb elf mit dem Einkaufsbeutel über den Minajew-Markt. Da hörte ich hinter mir eine Stimme!

»Was tun, was soll man bloß tun?« fragte ein Mann verzweifelt und leidenschaftlich.

Kaum vernahm ich diese Frage, die vor rund hundertzwanzig Jahren die russische Öfentlichkeit so sehr erregt hat, da wurde auch ich von Erregung gepackt.

»Nein, so etwas!« dachte ich. »Wie oft schon wurde diese Frage gestellt! Erstmals von Tschernyschewskij mit seinen Schlössern aus Kristall und den Träumen der Wera Pawlowna, dann von Lenin* mit seinen brennenden, ungelösten Problemen. Dabei ist doch scheinbar schon alles getan: Die Schlösser errichtet, die Probleme gelöst, was will man mehr? Die Frage aber bleibt die gleiche.«

Ich wandte mich um.

Direkt hinter mir gingen zwei schwer leidende, dem eitlen Weltgeschehen entrückte Alkoholiker, die weder die Marktstände noch die Menschen um sich herum wahrnahmen.

Mit Händen, die in Stoffhandschuhen steckten, hielt sich der größere der beiden den Kopf, als täten ihm gleichzeitig Zähne, Schläfen und Ohren weh; und er wiederholte immer aufs neue die Frage, auf die es für ihn keine Antwort gab:

»Was tun? Was soll man bloß tun?«

Der andere, kleiner von Wuchs, auch leidend und unrasiert, tippte seinen Kumpel immer mal am Ellbogen und redete begütigend auf ihn ein:

»Na, dreh noch 'ne Runde, dreh noch 'ne Runde! In 'ner

* In dem im März 1902 veröffentlichten Aufsatz plädiert Lenin für eine zentralisierte, disziplinierte Partei, die der Arbeiterbewegung nicht folgen, sondern sich an ihre Spitzen setzen solle (Anm. d. Übers.).

halben Stunde heben sie die Blockade auf, da nehmen wir gleich zwei Flaschen auf einmal.«

Und ich dachte: »In Tagen des Zweifels, in Tagen drükkender Sorge um das Schicksal meines Heimatlandes bist du allein mir Halt und Stütze, du große, mächtige, wahrhaftige und freie russische Sprache! Wenn du nicht wärst – müßte man da nicht verzweifeln angesichts alles dessen, was sich daheim vollzieht? Undenkbar aber ist es, daß eine solche Sprache nicht auch einem großen Volke sollte gegeben sein!«*

Und wirklich – mit welchem anderem Wort außer »Blokkade« kann man diese Pein bezeichnen, dieses elende Warten auf das Öffnen der Alkoholabteilung, die (warum nur?) nicht wie alle anderen Abteilungen ihre Pforten um acht, sondern erst um elf Uhr öffnet? Und kommen Ihnen wirklich die Träume von Wera Pawlowna wichtiger vor?

Und wie anderes als mit den Worten »Dreh eine Runde«, kann man dieses qualvolle Kreisen rund um die Marktstände und an ihnen entlang bezeichnen, da man weder stehen noch sitzen, weder reden noch an irgendwas anderes zu denken vermag, da man nur warten, nur diese unerträgliche, nicht enden wollende halbe Stunde überstehen muß?

»Na, dreh noch 'ne Runde, dreh noch 'ne Runde! In 'ner halben Stunde heben sie die Blockade auf, da nehmen wir uns gleich zwei Flaschen.«

O du große, mächtige, wahrhaftige und freie russische Sprache!

* Zitat aus: »Die russische Sprache«, eines der »Gedichte in Prosa«, von Iwan Turgenjew (1818–1883), Übersetzung von T. Commichau (Anm. d. Übers.).

Die einzig wahre Weltanschauung

Einmal, es war noch in Moskau, saß ich in einem Kreis intelligenter Leute in der Küche beim Teetrinken. Wir diskutierten natürlich über alle oder beinahe alle lokalen und weltweiten Probleme, über die kürzlich erfolgte Verhaftung zweier Dissidenten und die Haussuchung bei einem dritten, über den gestiegenen Goldpreis (der für die Anwesenden ohne Belang war), über Reagans Pressekonferenz, Sacharows jüngste Erklärung, Nordkorea und Südafrika. Wir schweiften ab in die Zukunft, kehrten zur Vergangenheit zurück und landeten schließlich bei der Ermordung des Zaren Alexander II. durch die Mitglieder der »Narodnaja wolja«* vor mehr als hundert Jahren (Anm. d. Übers.).

Zu unserer Gesprächsrunde gehörte eine temperamentvolle und mutige junge Frau. Sie hatte schon einmal wegen Mitarbeit an einer Samisdat-Zeitschrift im Gefängnis gesessen, möglicherweise drohte ihr eine zweite Verhaftung, sie war mehrmals vom KGB verhört worden, wobei sie sich unerschrocken verhalten, den Untersuchungsrichter durch ihre Respektlosigkeit irritiert und keinerlei Auskünfte gegeben hatte.

Über das, was vor einem Jahrhundert geschehen war, sprach sie jetzt ebenso leidenschaftlich und beteiligt, wie über das gestrige Verhör im Lefortowo-Gefängnis.

* »Narodnaja wolja« (wörtlich: »Wille des Volkes«) – eine sozial-revolutionäre, terroristische Geheimorganisation, gegründet 1879. Verübte am 1. 3. 1881 das Attentat auf Alexander II. Daran beteiligt war auch Sofia Perowskaja, die mit vier anderen Attentätern hingerichtet wurde (Anm. d. Übers.).

»Oh, diese ›Narodnaja wolja‹! Diese Perowskaja! Hätte ich damals gelebt, ich hätte sie mit eigenen Händen erwürgt!«

»Sie verleumden sich selbst«, sagte ich. »Die Perowskaja hätten Sie nicht erwürgt.«

Die Frau wurde noch erregter.

»Nein? Hätte ich nicht? Die Perowskaja nicht? Nicht dieses Luder, die Väterchen Zar mit einer Bombe...? Ich schwöre – ich hätte sie erwürgt, ohne mit der Wimper zu zucken!«

»Aber, ich bitte Sie«, sagte ich, »Sie brauchen sich gar nicht so aufzuregen. Sie kennen sich nicht gut genug. Damals, zu jener Zeit, hätten Sie die Perowskaja nicht nur nicht erwürgt, nein, Sie hätten sogar mit ihr gemeinsam Bomben auf Väterchen Zar geworfen.«

Sie mochte auf alles mögliche gefaßt gewesen sein, nur nicht auf diesen Einwand.

»Ich? Auf Väterchen Zar? Wissen Sie nicht, daß ich eine überzeugte Monarchistin bin?«

»Ja, ich sehe, Sie sind eine überzeugte Monarchistin. Weil es heute modern ist, eine überzeugte Monarchistin zu sein. Damals aber war es modern, Bomben auf Väterchen Zar zu werfen. Und Sie, mit Ihrem Charakter, hätten unweigerlich zu den Bombenwerfern gehört.«

Ich weiß nicht genau, welche Ideen den Geist dieser Dame früher beherrscht hatten, doch kann ich es mir ungefähr denken.

Auch heute noch lebt in Moskau ein Literat, mit dem ich rund zwanzig Jahre lang befreundet war. Als wir uns kennenlernten, war er ein verhältnismäßig junger Mann, sehr impulsiv, romantisch und zutiefst davon durchdrungen, unwandelbare Überzeugungen zu haben. In Wirklichkeit hatte er keinerlei eigene Überzeugungen, denn jene, die er dafür hielt, waren ihm nicht etwa aus unmittelbarer Beobachtung und Lebenserfahrung erwachsen, sondern bestanden aus Zitaten der Begründer von Weltanschauungen, zu deren unzähligen Jüngern er jeweils gehörte. Die Welt war für ihn einfach und leicht durchschaubar, denn jede komplizierte Frage, die das Leben ihm stellte, fand immer eine voll befriedigende Antwort in Form eines passenden Zitats.

Wie sich leicht erraten läßt, war damals sein unfehlbares Glaubensbekenntnis, seine einzig wahre Weltanschauung der Marxismus, der noch millionenfach die Köpfe beherrschte, wenn er auch schon langsam aus der Mode zu geraten begann. Zum Zeitpunkt unserer Bekanntschaft war mein Freund schon von Stalin enttäuscht und zu Lenin »zurückgekehrt«. Ein kleines Leninporträt stand eingerahmt auf seinem Schreibtisch, an der Wand hing ein Bild von Majakowski und auf einem Blumenständer thronte die große Büste von Garibaldi.

Mein Freund hielt mich für einen Zyniker, weil ich mich über seine Ideale mokierte; meine ironischen Bemerkungen über Lenin empfand er als Gotteslästerung, er fand mich unprogressiv, veraltet, unfähig, die Geschehnisse in ihrer komplizierten Verflechtung richtig einzuschätzen, weil ich Lenins Werke nur oberflächlich kannte.

»Hättest du Lenin gelesen«, sprach er zu mir mit erhobenem Zeigefinger, »würdest du alles verstehen, denn Lenin hat Antworten auf alle Fragen.«

Ich war nicht gerade ein Leningegner, doch vermochte ich nicht zu glauben, daß ein einziger Mensch, und sei er ein dreifaches Genie, alle Fragen beantworten kann, die die Menschen Jahrzehnte nach seinem Ableben beunruhigen.

Die Jahre gingen dahin. Mein Freund trat nicht auf der Stelle, er machte eine Entwicklung durch. Eines Tages war das Leninporträt verschwunden, seinen Platz nahm Rosa Luxemburg ein. Neben Majakowski tauchte Bertolt Brecht auf. Dann, einander ablösend, gelegentlich aber auch in zeitlich begrenzter Nachbarschaft, erschienen bei ihm die Porträts von Hemingway, Faulkner, Che Guevara, Fidel Castro, Pasternak, Anna Achmatowa, Solschenizyn.

Sacharow hing nicht allzu lange. Garibaldi hielt seine Stellung länger als die anderen, vielleicht weil es teurer ist, Büsten zu wechseln.

Eine Zeitlang waren wir miteinander verkracht.

Als ich einige Jahre später zu meinem Freund kam, sah ich eine völlig veränderte Dekoration. An den Wänden hingen Ikonen, Porträts des Zaren Nikolaus II., der Geistlichen Pawel Florenskij und Ioann Kronstadtskij*, auch anderer, mir unbekannter Personen in Priestergewändern und Mönchskapuzen. Den dick mit Staub bedeckten Garibaldi entdeckte ich hinter dem Schrank.

Wir sprachen über dies und jenes, und als ich aus irgendeinem Anlaß meine rückständigen Ansichten äußerte, meinte mein Freund herablassend, daß ich mich irre. Und die Erklärung für meinen Irrtum sei die, daß ich die Werke von Pawel Florenskij nicht kenne, der in diesem Zusammenhang gesagt habe ... Und mir wurde ein Zitat präsentiert, das mich im Nu zermalmen sollte. Und ich begriff, daß die Jahre, in denen wir uns nicht gesehen hatten, an meinem Freund nicht spurlos vorübergegangen waren, er war bereits voll und ganz im Banne einer neuen, fortschrittlichen, einzig wahren Weltanschauung – und ich hinkte wieder einmal hoffnungslos hinter ihm her.

Das Schema der Entwicklung meines Freundes ist charakteristisch für viele Menschen meiner und vorangegangener Generationen. Die früheren Marxisten und Atheisten haben sich heute teils dem christlich-orthodoxen Glauben, teils dem Buddhismus teils dem Zionismus, manche aber auch der Parapsychologie oder dem Jogging zugewandt.

Einst aber waren es romantisch empfindsame Buben und Mädchen mit flammendem Blick und einem Gehirn, das vollgestopft war mit Zitaten aus den Werken der Klassiker der »einzig wahren Weltanschauung«. Ich persönlich

* P. Florenskij (1882–1943) und I. Kronstadtskij (1829–1908) – orthodoxe Priester und Religionsphilosophen (Anm. d. Übers.).

fürchtete sie viel mehr als die professionellen KGB-Leute oder Denunzianten. Diese konnten aus Trägheit oder weil sie sich nicht für zuständig hielten so einiges überhören. Doch jene Buben und Mädchen, ihren Idealen verpflichtet und prinzipiell unerbittlich, konnten einen bestenfalls mit einem Trommelfeuer von Zitaten in die Enge treiben, schlimmstenfalls aber auf einer öffentlichen Versammlung in die Pfanne hauen, schonungslos – egal, ob es sich um den besten Freund, den geliebten Lehrer, Papa oder Mama handelte.

Jetzt haben sich diese ehemaligen Buben und Mädchen enttäuscht von ihren Idolen abgewandt. Einige haben sich aus dem aktiven gesellschaftlichen Leben zurückgezogen, widmen sich konzentriert ihrer beruflichen Arbeit, und sollten sie immer noch nach der Wahrheit suchen, so jedenfalls nicht mehr in den Werken ihrer früheren Idole. Und sie sind still geworden.

Doch es gibt noch eine andere Kategorie. Jene, die ihre Ideale ganz rasch abgestreift und sich selbst ihren Irrtum verziehen haben. Und die nun behaupten, damals seien alle so gewesen wie sie. Was aber nicht wahr ist. Mehr noch: es ist eine Verleumdung.

Natürlich, wir alle oder jedenfalls die Mehrheit waren einer unglaublichen Beeinflussung ausgesetzt. Die Ideologie wurde uns schier mit der Muttermilch eingetrichtert. Einige haben aufrichtig daran geglaubt. Andere verhielten sich zur Ideologie wie zur Religion – mit einer Mischung aus Glaube und Zweifel: Wenn gelehrte Männer (mit unsereins nicht zu vergleichen!) behaupten, der Marxismus sei unfehlbar, so wird es wohl stimmen, sie müssen's ja wissen. Wenn junge Leute nicht gerade unter dem Einfluß einer religiösen Sekte aufwuchsen, wurden sie erst Pioniere, dann Komsomolzen, denn einen anderen Weg kannten sie nicht. Sogar der Umstand, dem Komsomol nicht beigetreten zu sein, wurde als eine Herausforderung der allgegenwärtigen Macht gewertet (denn »wer nicht für uns ist, ist gegen uns«). Doch selbst dann, wenn sie in den Komsomol und dann später in die Partei eintraten, behielten die meisten die Fähigkeit zu zweifeln. Und eine Art Gewissensinstinkt hinderte manchen daran, auf einer Versammlung den Freund zu denunzieren, der flüsternd einen Witz über Stalin erzählt oder eingestanden hatte, daß sein Vater nicht im Krieg gefallen, sondern als »Feind des Volkes« erschossen worden war. Die Mehrzahl hat sich freilich nicht aufgelehnt (die, die es taten, wurden einfach vernichtet), sondern geschwiegen und Ausflüchte gebraucht. Viele, die an den Marxismus geglaubt haben, konnten in privaten Beziehungen durchaus anständig und menschlich sein.

Die ehemals glühend engagierten Buben und Mädchen sind heute zuweilen wirklich davon überzeugt, daß seinerzeit alle so waren wie sie – weil sie außer sich selbst niemanden gehört haben. Und einige von denen, die jetzt antikommunistische Thesen verbreiten, sind wieder sehr lautstark, obwohl es gerade ihnen – und sei es aus Taktgefühl – wohl anstehen würde, den Mund zu halten.

Ich kenne eine keineswegs junge Dame, die zu Zeiten, als sie ein Mädchen war, an ihrer Hochschule so sehr gegen ideologische Ketzerei gewütet hatte, daß sogar die Parteigruppenleiter sie im Zaum halten mußten. 1953 hat sie in einer Komsomol-Versammlung ihre Freundin beschuldigt, sie hätte bei Stalins Tod nicht geweint. Wenn dieses ehemalige Mädchen jetzt in der westlichen Emigranten presse schreibt »Wir Christen«, geht mir das wirklich gegen den Strich. Mit dem Begriff »Christ« verband ich immer das Bild eines hochherzigen, seinem Gewissen verpflichteten Menschen, doch bei weitem nicht jeder unserer bekehrten Christen gehört dieser Kategorie an.

Ich bin keineswegs dagegen, daß Menschen ihre Überzeugungen ändern. Im Gegenteil, ich teile die Meinung von Leo Tolstoi, der es einmal etwa so ausgedrückt hat: »Es heißt, es sei eine Schande, seine Überzeugung zu ändern. Ich aber sage: Es ist eine Schande, sie nicht zu ändern.«

An Überzeugungen, die der Lebens- oder Geschichtserfahrung widersprechen, festzuhalten, ist dumm und gelegentlich sogar verbrecherisch. Ich selbst freilich traue (man möge mir den kategorischen Ton verzeihen!) *keiner einzigen* Überzeugung, die nicht von Zweifeln begleitet wird. Und daran, daß eine Lehre für *jedermann* akzeptabel sein kann – daran glaube ich auch nicht.

Mein früherer Freund aber glaubte es. Von einem Glauben zum anderen überwechselnd, meinte er, sich verändert zu haben. In Wirklichkeit blieb er, wie er war. Er hatte nur die einen Zitate aus seinem Kopf geworfen und ihn mit anderen vollgestopft. Blieb aber ansonsten so militant wie früher. Mit seinen neuen (alten) Zitaten argumentierend, tat er es nicht nur zur eigenen Erbauung, nicht nur, um selbst einem neuen Ziel entgegenzuschreiten, sondern auch, um andere hinter sich herzuschleifen.

Mein Freund und seine Gesinnungsgenossen wiederholen das uralte Hirngespinst, daß Rußland ein ganz besonderes Land sei, daß die Erfahrungen anderer Völker auf Rußland nicht übertragbar seien, daß es seinen eigenen Weg gehen müsse (als hätte es das nicht getan!). Die Demokratie paßt den Schöpfern neuer Lehren nicht ins Konzept. Sie sagen, die demokratische Gesellschaftsordnung zerfalle am Überfluß von Freiheit, sie sei schwach, sie widme zuviel Aufmerksamkeit der Wahrung der Menschenrechte und zu wenig der Einhaltung der Pflichten. Und daß die Demokratie nicht von herausragenden Persönlichkeiten, sondern vom grauen Durchschnitt regiert werde. Der Demokratie wird der Autoritarismus gegenübergestellt, und zwar nicht als eine Kompromißlösung, sondern als die allervernünftigste Form des Regierens. Ich habe viele Befürworter des Autoritarismus gefragt, was das eigentlich sei. Mir wurde höchst unklar geantwortet, das sei die Macht der Autorität, also einer gewissen weisen Persönlichkeit, die für alle eine Autorität darstellt. Doch wenn man auf die jahrhundertelang bewährte Praxis der demokratischen allgemeinen und freien Wahl einer Autoritäts-Persönlichkeit – und zwar auf eine begrenzte Zeit und mit begrenzten Vollmachten – verzichtet, so erhebt sich die Frage: mittels welcher anderen Methode, durch wen und für wie lange wird eine Autorität als solche proklamiert? Und könnte diese Autorität nicht vielleicht sich selbst das Amt der Autorität zusprechen? Und würde die Gesellschaft unter der »weisen« Führung der Autorität nicht wieder zu einer Herde tumber Gefolgsleute mit Zitaten im Kopf und Maschinengewehren im Arm werden? Haben denn nicht Hunderte Millionen Menschen mit echter Überzeugung an Autoritäten wie Lenin, Stalin, Hitler oder Mao geglaubt? Und ist etwa Chomeini keine Autoritäts-Persönlichkeit?

All diese weisen Reden von einer hochgebildeten, autoritätsgetragenen Regierung könnten zu einem neuen ideologischen Wahnsinn führen. Sie basieren weder auf historischer Erfahrung noch auf irgendwelchen realen Tatsachen. Wo, in welchem Land existiert auch nur *ein* weiser, autoritätsstarker Staatslenker? Wodurch wäre er besser als die führenden Politiker, die demokratisch gewählt und von der »grauen Masse« kontrolliert werden? Wieso sollen die autoritären Staaten besser sein als die demokratischen?

Die aus der Sowjetunion emigrierten Autoritätsprediger beantworten diese Fragen sehr beeindruckend, indem sie sich in demokratischen, niemals aber in autoritären Staaten niederlassen.

Die Autoritätsbefürworter neigen, genau wie ihre Vorgänger, die Schöpfer der einzig wahren Weltanschauung, zu Rhetorik und Demagogie. Sie sagen: »Na schön, die Demokratie – und was weiter?« Man könnte auch sie fragen: »Der Autoritarismus – und was weiter?«

Einige der »Autoritaristen«, die nur sich selbst für wahre Patrioten halten (was zumindest sehr unbescheiden ist), bezeichnen schon heute alle, die nicht ihrer Meinung sind, als Verleumder und Hasser Rußlands. (Ebenso nannten die Bolschewiki ihre Widersacher »Feinde des Volkes«.) Und ich kann es mir mühelos vorstellen, wie und gegen wen sie den Polizeiapparat des künftigen autoritären Staates einsetzen werden – falls dieser Staat je gegründet werden sollte.

Solange das noch nicht geschehen ist, wage ich zu behaupten, daß man ohne Demokratie keine wirklich ernsten Probleme lösen kann. Die Frage »Demokratie – und was weiter?« ist ohne Sinn, denn Demokratie ist nicht ein Ziel, sondern eine Existenzart, bei der jedes Volk, jede beliebige Volksgruppe, jeder beliebige Mensch gemäß seinen nationalen, religiösen, kulturellen oder sonstigen Neigungen und Bedürfnissen leben kann, ohne andere daran zu hindern, gleichfalls ihren Neigungen und Bedürfnissen gemäß zu leben. Im Gegensatz zu den einzig wahren Weltanschauungen beläßt die Demokratie jedem Volk seine Eigenart, in der Demokratie bleiben die Deutschen – Deutsche, die Engländer – Engländer, die Japaner – Japaner.

Ich behaupte keineswegs, Rußland sei jetzt schon reif für eine Umkehr zur Demokratie. Ich vermute sogar, daß es dazu noch gar nicht fähig wäre. Ich weiß nur das eine: Wenn ein Organismus an Krebs erkrankt ist, ist es dumm anzunehmen, er könnte ohne jede Heilbehandlung oder durch eine der Krankheit nicht entsprechende Behandlung gesunden.

Schlußbemerkung

Würde man die sowjetischen Emigranten reden hören und nicht wissen, wo sie früher gelebt haben, könnte man meinen, jeder von ihnen wäre aus einem anderen Land.

Der eine kommt aus einem Land, wo die Russen allen mit Gewalt ihre Sprache und ihre Lebensform aufzwingen.

Der andere aus einem Land orthodoxen Glaubens, in dem die Russen von Kommunisten unbekannter nationaler Herkunft unterdrückt werden.

Der dritte hat ein Land verlassen, in dem das Volk und die Kommunistische Partei einander lieben und in völliger Übereinstimmung handeln.

Der vierte lebte in einem Land, das seine traditionellen imperialen Ambitionen verfolgt.

Der fünfte ist aus einer Gesellschaft geflohen, die den Marxismus verraten hat.

Der sechste hat in einem Land existieren müssen, wo sich alles genau nach der Marxschen Lehre entwickelt hat.

Die Anhänger dieser unterschiedlichen Meinungen streiten verbissen miteinander – und haben doch alle recht.

Die Sowjetunion – das ist ein Land, in dem die Russen alle knechten und mehr als alle geknechtet werden. Ein Land, in dem es achtzehn Millionen Mitglieder der Kommunistischen Partei gibt und keinen einzigen Kommunisten. Ein Land, wo in Worten das eine verkündet und in Taten das andere getan wird. Ein Land, das immer vorwärts marschiert und sich stets nach rückwärts bewegt. Das nach links abbog und rechts angekommen ist.

Das sowjetische Regime, das außerhalb seiner Grenzen staatszersetzende Elemente der äußersten Linken unterstützt, hat sich im Inneren längst von einem ultraradikalen zu einem ultrareaktionären und in jeder Hinsicht rechten Regime gewandelt, das seine Hauptaufgabe darin sieht, sich selbst unverändert zu bewahren. Ein verknöcherter Mechanismus, der sich jedweden Versuchen widersetzt, ihn auch nur bis zu einem gewissen Grade zu verbessern, ihn effizienter zu machen und zwischen seiner Funktionsweise und dem gesunden Menschenverstand eine Übereinstimmung herzustellen.

Derzeit ruft die neue »junge« Führung des Landes zur Erneuerung auf, zu Reformen; doch sollte sie sie ernsthaft in Angriff nehmen, wird das gesamte System diesen Reformen wütenden Widerstand entgegensetzen – und wer siegt, ist offen.

Gorbatschow ist zwar um vieles jünger und gesünder als seine unmittelbaren Vorgänger, doch er thront auf dem von ihnen ererbten Krankensessel, der seinem Besitzer nur wenig Spielraum läßt.

Das sowjetische System – so heißt es in einem der neuesten Witze – stützt sich auf sechs Wunder, und zwar in dieser Abfolge:

1. Es gibt keine Arbeitslosigkeit, aber niemand arbeitet.

2. Niemand arbeitet, aber alle beziehen Lohn.

3. Alle beziehen Lohn, aber man kann sich nichts dafür kaufen.

4. Man kann sich nichts kaufen, aber alle haben alles.

5. Alle haben alles, aber alle sind unzufrieden.

6. Alle sind unzufrieden, aber alle stimmen sie dafür.

Und so mag diese Wundergeschichte nun das Buch beschließen, in dem ich versucht habe zu erzählen, wie es heute in einem der mächtigsten Staaten der Gegenwart aussieht.

München, im November 1985

Bibliographische Angaben zu den vorabgedruckten Texten

Die unschätzbare Bürde, zuerst in: Süddeutsche Zeitung, 31. 12. 1983/1. 1. 1984.

Unser täglich Brot, zuerst in: Süddeutsche Zeitung, 5./6. 1. 1985.

Yolki-Palki, zuerst in: Die politische Meinung, 1983, Nr. 211.

Ohne Fürsorge der Leninistischen Partei, unter dem Titel *Irina und die vollen Regale* zuerst in: Die Welt, 7. 4. 1984.

Eine ganz gewöhnliche Werktätige, zuerst in: Süddeutsche Zeitung, 9. 6. 1984.

DOS, zuerst in: Kontinent, 1985.

Andrej Dmitrijewitsch Sacharow, unter dem Titel *Der Blick in den Abgrund* zuerst in: Süddeutsche Zeitung, 29./30. 8. 1981.

Der wahre Parasit, unter dem Titel *Parasiten müssen sich bewähren* zuerst in: Die Welt, 1. 9. 1984.

U-Bahn-Station Aeroport, Erstfassung unter dem Titel *Halbtote Seelen* zuerst in: Die politische Meinung, 1982, Nr. 202.

Leben und Schicksal Wassilij Grossmans und seines Romans, unter dem Titel *Konterbande vom Farbband* zuerst in: Die Welt, 18. 10. 1984.

Von der Zensur, zuerst in: Die politische Meinung, 1984, Nr. 215.

Wenn der Feind sich nicht ergibt . . ., zuerst in: Merkur, 1984, Nr. 8.

Null-Lösung, zuerst in: Süddeutsche Zeitung, 29./30. 10. 1983.

Fjodor M. Dostojewski

Aufzeichnungen aus einem Totenhaus und drei Erzählungen
Übertragen von E. K. Rahsin. 4. Aufl., 12. Tsd. 1976.
863 Seiten. Leinen und Leder

Gesammelte Briefe 1833–1881
Übersetzt, herausgegeben, kommentiert und mit einem Nachwort versehen von Friedrich Hitzer
unter Benutzung der Übertragung von Alexander Eliasberg. 1986. 410 Seiten. Serie Piper 466

Die Brüder Karamasoff
Roman in vier Teilen mit einem Epilog von E. K. Rahsin.
8. Aufl., 108. Tsd. 1977. 1 303 Seiten. Leinen und Leder
(Auch in der Serie Piper 402 lieferbar)

Die Dämonen
Roman. Übertragen von E. K. Rahsin. 15. Aufl., 93. Tsd. 1985. 1 031 Seiten.
Leinen (Auch in der Serie Piper 403 lieferbar)

Der Doppelgänger
Frühe Romane und Erzählungen. Übertragen von E. K. Rahsin.
3. Aufl., 9. Tsd. 1976. 918 Seiten. Leinen und Leder

Der Idiot
Roman. Aus dem Russischen übertragen von E. K. Rahsin.
Mit einem Nachwort und einer Zeittafel von Ilma Rakusa.
16., im Anhang veränderte Aufl., 106. Tsd. 1983. 983 Seiten. Leinen
(Auch in der Serie Piper 400 lieferbar)

Onkelchens Traum
Drei Romane. Übertragen von E. K. Rahsin. 2. Aufl., 7. Tsd. 1970.
1 002 Seiten. Leinen

Rodion Raskolnikoff
Schuld und Sühne. Roman. Übertragen von E. K. Rahsin.
11. Aufl., 71. Tsd. 1975. 763 Seiten. Leinen
(Auch in der Serie Piper 401 lieferbar)

Sämtliche Erzählungen
Übertragen von E. K. Rahsin. 6. Aufl., 49. Tsd. 1984. 528 Seiten. Geb.
(Auch in der Serie Piper 338 lieferbar)

Sämtliche Werke in zehn Bänden
Übertragen von E. K. Rahsin. 1980. 9 223 Seiten.
Leinen und Leder in Kassette

Der Spieler
Späte Romane und Novellen. Übertragen von E. K. Rahsin.
3. Aufl., 12. Tsd. 1984. 783 Seiten. Leinen

Tagebuch eines Schriftstellers
Übertragen von E. K. Rahsin. 3. Aufl., 9. Tsd. 1977. 666 Seiten. Leinen

Anna Grigorjewna Dostojewski
Erinnerungen
Das Leben Dostojewskis in den Aufzeichnungen seiner Frau. Herausgegeben von René
Fülöp-Miller und Friedrich Eckstein. Aus dem Russischen übersetzt von Dmitri Umanski.
3. Aufl., 21. Tsd. 1980. 426 Seiten; 26 Fotos. Leinen.

Jewgenia Ginsburg

Marschroute eines Lebens

Aus dem Russischen von Swetlana Geier. 1986.
383 Seiten. Serie Piper 462

»»Die Marschroute‹ – das ist der Anfang eines neuen Kapitels
unseres gesellschaftlichen Denkens und unserer Literatur«,
schrieb Lew Kopelew über dieses erschütternde Dokument, den
ersten Bericht, in dem eine russische Frau – »ein weiblicher
Hiob« (Heinrich Böll) – Zeugnis über ihren Leidensweg während
der Stalinzeit ablegt. Jewgenia Ginsburg schildert die zwei Jahre
dauernde sadistische Tortur des Parteiverfahrens, den Ausschluß
aus der Partei, die Verurteilung zu zehn Jahren Haft (insgesamt
wird sie achtzehn Jahre im Gefängnis und im Lager verbringen).
Nach langer Einzelhaft wird sie 1940 in die Eiswüste von Kolyma
verschickt.

Hier schließt »Gratwanderung« an.

Gratwanderung

Aus dem Russischen von Nena Schawina. Vorwort von Heinrich
Böll. Nachwort von Lew Kopelew und Raissa Orlowa. 3. Aufl.,
21. Tsd. 1984. 512 Seiten. Serie Piper 293

»Ich tauche auf aus einer Lektüre, die mich für Tage in einen weit
entfernten Archipel entführt hat, in den Archipel Gulag von
Kolyma, am Ochotskischen Meer im nordöstlichen Sibirien
gelegen, eine Strafkolonie, furchtbarer noch als sie ein Kafka
beschreiben konnte, in der zeitweilig mehrere hunderttausend
politische Häftlinge gelebt, geschuftet, gelitten haben und
Zehntausende umgekommen sind, hauptsächlich bei der Arbeit
in Goldbergwerken. Tauche auf aus dem Kreis der Hölle, der hier
in Prosa und in seiner ganzen Furchtbarkeit beschworen wird,
begleitet von den Bildern des Schreckens, aber auch angerührt
von den Gesten der Menschlichkeit, des Trostes, des Überlebens.
Das ist kein Buch, das man einfach liest, sondern ein Stück
Geschichte, in die man hineingezogen wird.«

Horst Bienek, Die Zeit

Piper

Russische Literatur

Wassilij Aksjonow
Defizitposten – Faßleergut

Novelle mit Übertreibungen und Traumgeschichten. Aus dem Russischen von Thomas Reschke. 2. Aufl., 7. Tsd. 1985. 98 Seiten. Serie Piper 115

Faßleergut soll per Lastwagen ins Depot der nächsten Kreisstadt befördert werden. Wie einst Gogols berühmte Troika rast der Wagen in wildem Zickzack tage- und nächtelang über Land, während Fahrer und Fahrgäste gammeln und träumen – es ist eine Fahrt ins Unbekannte, ins Land der Verheißung, wo der »gute Mensch« ihrer Träume auf sie wartet.

»Dieses ebenso übermütige wie hintersinnige Prosastück ist eine rare Ausnahmeerscheinung innerhalb der zeitgenössischen Sowjetliteratur.«   Süddeutsche Zeitung

Jurij Trifonow
Der Tausch

Aus dem Russischen von Alexander Kaempfe und Helen von Ssachno. 1986. 87 Seiten. Serie Piper 79

Trifonows Erzählung liegt ein Nichts an Handlung zugrunde: der Tausch einer Wohnung, womit in psychologisch ungemein präziser Form die Analyse einer Ehe beginnt, die sich als Lebenslüge entpuppt. Der Prozeß dieser Entlarvung geht lautlos vor sich – es gibt keine dramatischen Höhepunkte, keine Scheidung, so daß auch die Katastrophe unsichtbar bleibt. Schicksal heißt hier: Alltag, Wiederholung, Zustand gegenseitiger Vortäuschungen – vor dem Wohnungstausch noch mit gnädig geschlossenen Augen, danach im vollen Besitz der inneren Sehkraft. Damit aber wird eine Allgemeingültigkeit erreicht, die Trifonows Erzählung den Rang des Meisterhaften verleiht. Selten ist die gegenseitige emotionale Abnutzung präziser geschildert worden.

PIPER

Russische Lyrik

Gedichte aus drei Jahrhunderten
Ausgewählt und eingeleitet von Efim Etkind. 1981.
575 Seiten. Leinen

Die umfassendste Anthologie russischer Lyrik, die es auf
deutsch jemals gegeben hat, herausgegeben von dem
bedeutenden russischen Literaturwissenschaftler Efim
Etkind. Sie enthält Gedichte so bedeutender Lyriker wie
Puschkin, Nekrassow, Alexej Tolstoi, Blok, Mandelstam,
Achmatowa, Chlebnikow, Jessenin, Zwetajewa, Pasternak,
Jewtuschenko, aber auch lyrische Proben aus dem Werk
von Autoren wie Turgenjew, Lermontow, Bunin, Gorki
und Nabokow, die in erster Linie als Prosaisten
weltberühmt wurden. Nicht zuletzt bietet diese Anthologie
dem Leser die Möglichkeit, zahlreiche Entdeckungen zu
machen – sie umfaßt mehr als 500 Gedichte von über
130 Lyrikern. Besonderen Wert legte der Herausgeber,
selbst vorzüglicher Kenner sowohl der deutschen als auch
der russischen Lyrik, auf die Qualität der Übersetzer, zu
denen neben vielen anderen Dichtern wie Chamisso, Paul
Celan, Rilke, aber auch Sarah Kirsch, H. M. Enzensberger
und Christa Reinig zählen. Ein ausführlicher
Anmerkungsteil, der auch die Viten der Autoren enthält,
beschließt den Band.

PIPER